V&R

KATSUMI TAKIZAWA

# Das Heil im Heute

## Texte einer japanischen Theologie

Herausgegeben
von Theo Sundermeier

VANDENHOECK & RUPRECHT
IN GÖTTINGEN

THEOLOGIE DER ÖKUMENE
Herausgegeben von Theo Sundermeier
Band 21

*CIP-Kurztitelaufnahme der Deutschen Bibliothek*

*Takizawa, Katsumi:*
Das Heil im Heute: Texte e. japan. Theologie/
Katsumi Takizawa. Hrsg. von Theo Sundermeier. –
Göttingen: Vandenhoeck und Ruprecht, 1987.
(Theologie der Ökumene; Bd. 21)
ISBN 3-525-56325-6


Gesetzt aus Garamond auf Linotron 202 System 3 (Linotype).
Satz und Druck: Gulde-Druck GmbH, Tübingen.
Bindearbeit: Hubert & Co., Göttingen.

# Inhalt


Vorwort . . . . . . . . . . . . . . . . . . . . . . . . . . . . . . . . . 7

*Theo Sundermeier:*
Präsentische Theologie. Der Beitrag K. Takizawas im interkulturellen theologischen Gespräch . . . . . . . . . . . . . . . . . . 11

*Katsumi Takizawa:*
Was hindert mich noch, getauft zu werden? . . . . . . . . . . . . . . . . . . 25

Der Einzelne und die Gemeinschaft – Anläßlich der Geschichte von Adam und Eva . . . . . . . . . . . . . . . . 41

Wettspiel und Leben . . . . . . . . . . . . . . . . . . . . . . . . . . . . 69

Der Tod des Lehrers. N. Sōsekis Roman „Kokoro" und die Evangelien . . . . . . . . . . . . . . 128

„Rechtfertigung" im Buddhismus und im Christentum . . . . . . . . . 181

*Jürgen Moltmann,* Brief an K. Takizawa vom 10. 1. 1975 . . . . . . . . . . 197

*Katsumi Takizawa,* Antwort an J. Moltmann vom 21. 1. 1975 . . . . . . 198

*Helmut Gollwitzer,* Brief an K. Takizawa vom 29. 11. 1977 . . . . . . . . 204

*Katsumi Takizawa,* Antwort an H. Gollwitzer vom 3. 12. 1977 . . . . . 214

Liste der auf deutsch erschienenen Beiträge K. Takizawas . . . . . . . . . . 218

Literatur über K. Takizawa im deutschen Sprachraum . . . . . . . . . . . . 219

Quellennachweise . . . . . . . . . . . . . . . . . . . . . . . . . . . . 220

# Vorwort

In einem Nachruf von H. E. Hamer wird Leben und Werk Katsumi Takizawas wie folgt zusammengefaßt: „Am 26. Juni 1984 ist der japanische Philosoph und Theologe Katsumi Takizawa (geb. 8. März 1909) in seiner Heimatstadt Fukuoka gestorben. Der Tod überraschte ihn bei den Vorbereitungen einer Reise nach Heidelberg, wo ihm am 18. Juli der theologische Ehrendoktor verliehen werden sollte. – Takizawa wurde als Sohn eines Lackwarenhändlers in Utsunomiya geboren. Als er nach abgeschlossenem Studium ein Stipendium für ein Auslandsstudium in Deutschland erhielt, ließ er sich vor der Abreise von seinem buddhistischen Philosophie-Professor Nishida beraten. Dieser empfahl ihm zu seiner Verwunderung, den ‚unvergleichlich festen' Theologen Karl Barth zu hören. Auf diese Empfehlung hin reiste Takizawa im November 1933 über Berlin nach Bonn. Ihn fesselte das Problem ‚Gott und Mensch' und somit das, was er bei Barth in der Vorlesung über die Jungfrauengeburt hörte.

‚Ich wußte nicht, wie mir geschah, aber eine unsägliche Freude erfüllte mich. Nirgendwo sonst, in keinem Hörsaal oder Seminar der Philosophen, fühlte ich mich selbst so frei wie hier. Trotz meiner Unwissenheit und meiner sprachlichen Schwierigkeiten war mir seine Erklärung des Glaubensbekenntnisses – ‚empfangen durch den Heiligen Geist, geboren von der Jungfrau Maria' – nicht ganz fremd, sondern klar und vertraut, als ob es unmittelbar mich und mein eigenes Selbst anginge. . .'

Überraschend ist, daß Takizawa ohne Schwierigkeiten – obwohl doch buddhistisch geschult – Barths Ausführungen nachvollziehen und sich als Christ verstehen konnte. Es war, als ob das vorher Aufgenommene nunmehr bei Barth bestätigt und vertieft, dabei zugleich als eine Befreiung erfahren wurde, die froh macht und anhält.

Als Takizawa 1935 nach Japan zurückgekehrt war, konnte er bis zum Ende des Weltkrieges eine akademische Tätigkeit in Fukuoka und Yamaguchi ausüben. Während dieser Zeit hielt er den Kontakt zu anderen ‚Barthianern' in Japan und unter ihnen zu einem deutschen Missionspfarrer der Bekennenden Kirche, für den er sich bei seiner Ausweisung 1940 gegenüber den japanischen Dienststellen erfolgreich einsetzen konnte. Nach dem Kriege wurde er Professor für europäische Philosophie und Ethik an der staatlichen Kyushu Universität in Fukuoka (1947–1971). Weihnachten 1958 ließ er sich zusammen mit seiner Frau Toshi, geb. Ogasawara in Fukuoka taufen.

Takizawas theologisches Denken kreist seit seiner Begegnung mit Barth unablässig um die Verhältnisbestimmung von Gott und Mensch, von ewigem Vater und ewigem Sohn. Bei seinem Lehrer Nishida hatte er gelernt, daß allem menschlichen Sein ein ‚Urfaktum' zugrundeliegt, das jeden Menschen hebt und trägt. Als Christ nennt er diese Urfaktum ‚Immanuel' (Gott mit uns) . . . Takizawa hat nach dem letzten Krieg mehrfach die Gelegenheit wahrgenommen, seine ‚Immanuel-Theologie' zur Diskussion zu stellen. Er lehrte als Gastprofessor 1965/66 an der Kirchlichen Hochschule Berlin, 1974/75 an der Universität Heidelberg, 1977/78 an der Universität Mainz und 1979 an der Universität Essen. . ."

Dieser Nachruf macht deutlich, wie stark Takizawa in der christlichen Theologie verwurzelt ist, der er durch Karl Barth begegnet war, und der er sein Leben lang verbunden blieb. Er wollte die ihm so wertvolle Theologie mit den Erkenntnissen verbinden, die er durch den japanischen Buddhismus empfangen hatte und die zeitlebens für ihn Gültigkeit besaßen. Obwohl er in einem intensiven Austausch mit deutschsprachigen Theologen stand und verschiedene Lehraufträge an theologischen Fakultäten wahrnahm, blieb sein eigentliches Werk bei uns weitgehend unbekannt. Zwar erschien 1980 eine erste Aufsatzsammlung, doch die theologische Rezeption steht noch aus. Das liegt sicherlich daran, daß die Textbasis verhältnismäßig schmal ist. Darüber hinaus macht es Takizawa einem deutschen Leser, der in der japanischen Geistigkeit nicht zu Hause ist, nicht leicht, mit seiner Gedankenwelt vertraut zu werden. Takizawa ist ein strenger Lehrer und erwartet, daß man sich auf sein Lebensthema einläßt, seine eigenständige Diktion akzeptiert und sich an dem intensiven Gespräch beteiligt, das er mit der deutschen Theologie und der japanischen Philosophie, vornehmlich repräsentiert durch Barth und Nishida, führt. Im Folgenden sind Texte zusammengestellt, die sich nicht direkt mit diesen beiden Lehrern auseinandersetzen, sondern das Gespräch mit der japanischen Kultur und der biblischen Tradition suchen. Takizawas weitläufige Geistigkeit, sein Interpretationsvermögen, seine eigene Theologie treten hier deutlicher ans Licht als in den Texten, in denen er sich hinter den Lehrern verbirgt und nur vorsichtig die eigene Position vorträgt. Am 10. September 1984 habe ich in Fukuoka während einer akademischen Feierstunde zum Gedenken Takizawas im Auftrag des Dekans der Theologischen Fakultät Heidelberg der Familie die Urkunde überreicht. Der bei dieser Gelegenheit gehaltene Vortrag wird hier als Einführung in die Theologie Takizawas vorangestellt. Er zeigt die Aspekte seiner Theologie auf, die ich in der ökumenischen Diskussion für weiterführend halte. Die Korrespondenz Takizawas mit Jürgen Moltmann und Helmut Gollwitzer zeigt weitere Möglichkeiten der Auseinandersetzung und Rezeption auf.

Ich hoffe, daß dieser Band Anstöße für eine vertiefte Rezeption der Theologie Takizawas geben wird.

Für freundlich gewährte Druckkostenzuschüsse danke ich der Evangelischen Kirche der Union und der Evangelischen Kirche im Rheinland.

Theo Sundermeier

# Präsentische Theologie

## Der Beitrag Katsumi Takizawas im interkulturellen theologischen Gespräch

Von Theo Sundermeier*

Als die Theologische Fakultät der Universität Heidelberg beschloß, Prof. Takizawa aus Anlaß seines 75. Geburtstages mit der Verleihung eines theologischen Ehrendoktors zu ehren, tat sie das in Anerkennung seines theologischen Werkes als einem eigenständigen Beitrag zum interkulturellen Dialog zwischen deutscher und japanischer Geistesgeschichte und Theologie. Zugleich erhoffte sie sich davon einen Impuls, sein Werk stärker ins theologische Gespräch zu bringen, so daß man deutlicher als bisher auf seine genuine Stimme im ökumenischen Dialog hört. Noch sind es eher Einzelne, die sich durch die Begegnung mit Takizawa und seinen Arbeiten in ihrem Denken haben inspirieren und verändern lassen[1]. Das hat u.a. darin seinen Grund, daß zu wenige seiner Arbeiten ins Deutsche übersetzt sind, aber es mag auch an der Weise des Theologisierens von Takizawa liegen, der an keiner Stelle sein denkerisches Niveau verläßt und es einem deutschen Hörer, der mit seinen Denkkategorien nicht vertraut ist, nicht leicht macht sich ihm verstehend zu öffnen. Ganz gewiß hat es jedoch damit zu tun, daß sich Takizawa in Denkbereiche vorgewagt hat, die so etwas wie eine Substanzveränderung christlicher Theologie zu implizieren scheinen. Nun ist es zwar nach C. Colpe wesentlich die Aufgabe der Ökumenik, „den Blick für die Veränderungen christlicher Substanz" offenzuhalten[2], wie sie im Entstehen neuer Theologien in den Kirchen Afrikas und Asiens stattfinden können, doch ungewohnte Denkschritte rufen anfangs eher Ängste hervor, als daß sie befreiend

---

* Vortrag, gehalten anläßlich der postumen Verleihung der theologischen Ehrendoktorwürde in Fukuoka, am 10. September 1984.

1 W. Böttcher ist hier an erster Stelle zu nennen, der in verschiedenen Gutachten für die EKU Takizawas Denken in das kirchliche Gespräch einzubringen versuchte. Vgl. u.a. sein Buch Rückenansicht. Perspektiven japanischen Christentums. 1973. Ders. Was ich und wie ich bei Katsumi Takizawa gelernt habe. In: Spuren... Festschrift zum hundertjährigen Bestehen der Ostasien-Mission, 1984, 226–239.

2 C. Colpe, VuF, 1968/13,11.

wirken. Daß jedoch Takizawas Theologie der Befreiung dienen soll, darüber besteht kein Zweifel, denn er selbst hat seine Begegnung mit der Theologie – vor allem mit der von Karl Barth – als eine fröhlich machende Befreiung erfahren. Daraus ist seine eigene Theologie entstanden.

Ich möchte nun im folgenden an drei Punkten deutlich machen, worin ich in seiner Theologie eine Herausforderung für die abendländische Theologie sehe und wo er einen wichtigen Beitrag zum theologischen Gespräch einzubringen hat. Das Ganze seines Denkens wird damit nicht entfernt umschrieben, doch hoffe ich, daß sie Einstiegsmöglichkeiten für eine vertiefte Rezeption bieten können.

### *Die Anthropologie*

Wenn ich als ersten und wichtigsten Punkt die Anthropologie nenne, dann würde Takizawa selbst abwehrend die Hände heben, denn der Anthropologie als solcher galt nicht sein Interesse. Ihm ging es vielmehr darum, den Menschen aus seiner Eigenzentriertheit herauszureißen und auf den eigentlichen Grund seines Daseins zu verweisen, aus dem der Mensch, jeder Mensch und alle Kreatur, lebt, und ohne den es Dasein, Leben, Existenz nicht gibt. Jeder Mensch, ob hoch oder tief, gut oder böse, reich oder arm, sündig oder rein, gläubig oder ungläubig, lebt aus diesem Grund, der ihn trägt und bis in die letzten Tiefen seines Daseins bestimmt. Ob der Mensch es weiß oder nicht, dieser Urgrund hält ihm „den Rücken frei", so daß er fröhlich und getrost leben kann. Mit dem Buddhismus, von dem Takizawa herkommt, kann er diesen Urgrund *Dharma – kāya*, gestaltloses Selbst, *śunyāta* nennen, als Christ aber spricht er von ihm als Gott, und am meisten nennt er ihn „Immanuel". So wichtig im einzelnen die Benennung ist, entscheidender ist die Beziehung, in der der Mensch zum Urgrund steht. Mit seinem philosophischen Lehrer Nishida nennt er sie die „absolut widersprüchliche Selbstidentität". Um zu verdeutlichen, was damit gemeint ist, verweist er gern auf einen Satz des Zen-Priesters und Staatslehrers Kokushi Daitō: „Für ewig geschieden/doch keinen Augenblick getrennt/den ganzen Tag zusammen/ doch keinen Augenblick in eins./ Dieser Logos wohnt bei jedem Menschen!"[3] Der theologisch geschulte Christ wird dabei an die altkirchliche Formel erinnert, die die zwei Naturen Christi beschreibt: Unvermischt und ungetrennt. Das Neue an Takizawas Theologie ist nun, daß er diese Formel

[3] K. Takizawa, Reflexionen über die universale Grundlage von Buddhismus und Christentum, 1980, 160 u.ö. Zum Problem vgl. weiter T. Sundermeier, Das Kreuz in japanischer Interpretation. Evgl. Theol. 1984, bes. 424ff.

gleichsam demokratisiert. Sie gilt für jeden Menschen! In jedem Menschen ist Gottes Nähe präsent, wie bei Jesus. Für jeden Menschen gilt, daß er untrennbar von Gott lebt, ohne doch mit ihm eins zu sein. Für jeden Menschen gilt, daß er unvermischt Gottes Sein teilt, ohne doch mit ihm identisch zu sein. Darüber hinaus fügt Takizawa eine Erkenntnis Karl Barths hinzu: Diese „unvermischte" Identität ist dergestalt, daß sie an keiner Stelle vom Menschen zu Gott hin durchstoßen werden kann. Er nennt es die absolute Unumkehrbarkeit im Verhältnis von Gott und Mensch. Damit schiebt Takizawa aller natürlichen Theologie und aller Identitätsmystik ein für allemal den Riegel vor: Vom Menschen, von der Welt, vom Dasein kann man nicht auf das Sein, auf Gott schließen. Alle Aktivität, alle Offenbarungen gehen ausschließlich von Gott aus. Das Verhältnis zwischen Gott und Mensch muß deshalb immer in der Reihenfolge von „primär" und „sekundär" begriffen werden. Der Mensch lebt in einem von Gott geschaffenen, durchwirkten und durchgehaltenen primären Kontakt. Er bildet die „Rückseite" seines Lebens. Doch muß er auch zur „Vorderseite" seines Lebens werden. Der Mensch soll und muß wissen, was ihn bestimmt und was der Grund seines Lebens ist, damit er ihm entsprechend leben und wirken kann. Für diesen Akt der Erkenntnis gibt es viele Namen und Bilder. Die Evangelien nennen es die Rückkehr des verlorenen Sohnes, das Finden des Schatzes im Acker (Takizawa verweist gern auf diese Gleichnisse), die Missionare sprechen von Bekehrung. Takizawa verwendet dafür den buddhistischen Begriff des „Erwachens", um damit zu unterstreichen, daß weder der Mensch aktiv ist noch etwas „Neues" im Sinne einer heilsgeschichtlichen Tat geschieht. „Erwachen" drückt die Sache sehr präzise aus: Kein Mensch kann für einen anderen einschlafen; schlafen und aufwachen muß jeder für sich selbst. Das Einschlafen wie das Erwachen kommt über einen. Man kann es nicht erzwingen. Es geschieht ganz einfach. Wer aus dem Schlaf erwacht, erwacht aus der Finsternis und erkennt erfrischt, erfreut und in Klarheit seine Umwelt. Er ist gleichsam ein „neuer Mensch". Er erkennt sich und erkennt sich in seinem Verhältnis zu Gott. Beides ist ein und derselbe Akt. Der Mensch weiß plötzlich, daß er schon immer bei Gott war, und ist gewiß, daß Gottes Treue ihn jeden Morgen neu und unumstößlich begleiten wird. Er erkennt zwar die „absolute Differenz" zu Gott und weiß doch, daß sie in unumkehrbarer Ordnung in die Identität mit ihm eingebunden ist. Die theologische Lehre vom Menschen darf deshalb nicht „Anthropologie" genannt werden, sondern „The-anthropologie", wie der Titel des letzten, von seiner Hand geschriebenen Aufsatzes lautet.

Wie sieht das neue Leben gegenüber dem alten aus, wenn der Mensch zu seinem Ursprung und zu seiner Eigentlichkeit erwacht ist? Am kürzesten, so scheint mir, läßt es sich mit einem Ausspruch des zen-buddhistischen Meisters Ch'ing Yüan zusammenfassen. Vor dem Erwachen, sagt er, „sah ich Berge als Berge und Wasser als Wasser an". Doch dann kommt der Krisispunkt, an dem alles in Frage gestellt wird, so daß „Berge keine Berge und Wasser keine Wasser sind. Jetzt aber, wo ich das Innerste... begriffen habe, habe ich Ruhe. Einzig deshalb, weil ich Berge erneut als Berge und Wasser erneut als Wasser sehe"[4]. Was damit gemeint ist, läßt sich in dreifacher Hinsicht entfalten.

1. Nur scheinbar kennt der Mensch vor der Erleuchtung die Wirklichkeit. Erst danach erschließt sie sich ihm in ihrem wirklichen Sosein. Er gewinnt ein neues Verhältnis zur Umwelt, zur Kreatur. Er erkennt, daß er ihr nicht nur zugeordnet, sondern auch im Innersten verbunden ist. Es besteht eine ontologisch gleiche Grundbestimmtheit zwischen Mensch und Ding. – Ich muß gestehen, daß ich die Bedeutung dieser Anschauung selbst lange nicht erkannt habe. Auf die Frage, was denn die Ursünde, die „Erbsünde" des Menschen sei, antwortete mir vor zwei Jahren Takizawa: Daß der Mensch mehr sein will als die Dinge! Nichts ist der Mensch aus sich, er ist kein für sich bestehendes Subjekt. Er ist einfaches Objekt des reinen Subjektes Gott. Diese Kontingenz des Daseins teilt er mit allen Dingen, den belebten und unbelebten. Mit ihnen allen ist er in gleicher Weise im Urgund verhaftet[5]. Wie das Ding dazu bestimmt ist, ganz einfach da zu sein, so auch der Mensch, nur daß dieser sich bewußt zu seinem Sein verhalten muß. Darin ist er das „klare Echo" auf das Wort des uranfänglichen, ewigen Immanuels.

Lassen Sie mich das Problem mit einem Beispiel aus dem japanischen Kontext verdeutlichen. In den atemberaubend schönen und unsagbar harmonischen Steingärten der Klöster Kyotos sind die Steine so tief eingebettet, daß man oft nur einen kleinen Teil von ihnen sieht. Wie klein sie dann auch immer sind, sie strukturieren die „Leere" ihrer Umgebung, geben ihr das Gesicht und zwar so, daß ihre Schönheit nur durch die Beziehung zueinander sichtbar wird. Durch den Untergrund und die relationale Bezogenheit

---

[4] Zit. nach A. W. Watts, Zen-Buddhismus, 1961, 158f.

[5] „Hierin ist er (der Mensch) gar nicht höher als andere Lebewesen, nicht einmal als leblose Dinge. Er ist einfach da, ehe er etwas wählt und schafft, genauso wie ein Stein auf einem Pfad. Und wenn er einmal ist, kann er nicht anders als ein Mensch zu verfahren, genauso wie Gras, wenn es einmal ausgesät, von selbst Wurzeln schlägt, und Keime sprießen. Der Unterschied liegt nur in der ursprünglich-wesentlich bestimmten Art und Weise, wie er wirkt, sich zu sich selbst bzw. zu anderen Dingen und Menschen verhält, m. a. W. im Grund und in der Stufe der Subjektivierung eines einfach-endlichen, an sich durchaus leblosen Objekts, kurz, des *Dinges im ursprünglichen Sinne*, das der Mensch selbst auch ist und bleibt." Takizawa, Theologie – und Anthropologie – ein Widerspruch? Entwurf einer reinen The-anthropologie, ungedr. Manuskript, 1984. Es ist der letzte von seiner Hand geschriebene Vortrag, den er in Heidelberg zur Verleihung der Doktorwürde hatte halten wollen.

wird die naturgegebene Schönheit eines jeden Steines sichtbar, kommt jeder erst zu seiner Eigentlichkeit, wird sein „Steinsein" offenbar. So gewinnt der Mensch seine Eigentlichkeit erst vor diesem Urgrund und seiner Bezogenheit auf den anderen Menschen und die Kreatur.

Sein eigentliches Sosein wird freigelegt, sein Dasein gewinnt seine ursprüngliche Natürlichkeit.

2. Das einfache Da-Sein muß in der Zeitkategorie des Präsens beschrieben werden. Herkunft und Ziel fallen zusammen. Zeitlichkeit ist ewige Gegenwart. „Die Zeit liegt im Jetzt. Sage nicht, sie sei vergangen! Himmel und Erde sind nicht draußen. Der Anfang der Welt besteht in *mir-selbst*."[6] Zeitlichkeit ist damit nicht überholt, aber sie wird von aller spekulativen Konstruktion befreit. „Geschichte ist Konstrukt des Menschen", sagt Takizawa lapidar[7]. Der Mensch wird durch das Erwachen von der Versklavung durch die Zeit befreit, weil die Zeit selbst nicht mehr unter dem Zwang der Zielgerichtetheit und unter der Last der Vergangenheit steht. Die Ewigkeit ist präsent im Jetzt, weil das Jetzt schon von jeher in die Ewigkeit eingebunden ist. Damit werden die Ereignisse in der Zeit um ihrer selbst willen wichtig. Sie gewinnen ihre Bedeutung nicht durch ihr Woher und ihr Woraufhin. Geschichtswissenschaft kann als solche getrieben werden. Die kontingenten Ereignisse sind um ihrer selbst willen interessant. Historie muß nichts beweisen, sie muß nichts erklären. Sie wendet sich dem tatsächlich Geschehenden zu. Takizawa ist der Überzeugung, daß erst durch diese Erkenntnis von der Kontingenz und ontologischen Verbundenheit allen Seins und Geschehens wahre Wissenschaft möglich ist. Darum wendet er sich selbst mit Energie den Wirtschaftswissenschaften, den Spieltheorien, den politischen Wissenschaften zu.

3. Für die Ethik bedeutet das, daß jeder Funktionalismus, jede Gerichtetheit auf Erfolg, jede Selbstrechtfertigung ausgeschaltet ist. Ein Syllogismus praktikus, der der calvinistischen Ethik zentral und (nach M. Weber) zum Entstehen des Kapitalismus wesentlich beigetragen hat, ist undenkbar. Eine neue Natürlichkeit und Freiheit wird möglich, deren höchste Ausdrucksform das ernste Spiel des Kindes ist. „Wenn ihr nicht werdet wie die Kinder!" Dankbarkeit, Freude, Zuversicht, Vertrauen, Ruhe sind die Begriffe, mit denen Takizawa das neue Leben des Menschen beschreibt. Aber auch

---

[6] Diesen Satz schrieb Takizawa in Kaligraphie für J. Hesse. Den Verfasser habe ich nicht ermitteln können.

[7] „It is man who creates history", sagt Takizawa auf der ersten Konferenz der „Gesellschaft für das gegenseitige Verständnis östlicher und westlicher Religionen", die am 26.–28. Juli 1982 in Kyoto stattfand. Zitiert nach der von Takizawa autorisierten Nachschrift von S. Yagi.

„Strenge"[8], weil man im Spiel nur Freiheit erfährt, wenn man sich an die Spielregeln hält (man vergleiche dazu die Kunst des Bogenschießens, die Kunst des Blumensteckens). Erst in der Einübung ins Ganze, in der Solidarität mit den Dingen und der menschlichen Gemeinschaft, kommt man spielend dem Gesetz der Wahrheit und der Strenge der Freiheit am nächsten.

Wie anregend die The-anthropologie Takizawas für die Missionstheologie sein kann, wird deutlich werden, wenn demnächst die Missionstheologie von W. Kohler erscheinen wird. Einzelheiten sind erst dann benennbar. Aus seinen bisher erschienenen missionstheologischen Aufsätzen wird jedoch hinreichend deutlich, wie tief sich Kohler auf das Gespräch mit Takizawa eingelassen hat. Die zentrale Aufnahme der Begriffe „primäre" und „sekundäre Identität" zeigen den Einfluß Takizawas an, auch wenn sie bei Kohler anders akzentuiert werden[9].

Die Bedeutung der präsentischen Theologie Takizawas wird man erst durch einen religionsphilosophischen Vergleich einschätzen können. Wir greifen dazu auf die Anfänge der abendländischen Philosophie zurück. Daß die gedrängte Übersicht Überzeichnungen impliziert, sei dabei in Kauf genommen. In dem Moment, da die Vorsokratiker den Monotheismus zu reflektieren begannen, stellte sich ihnen das Problem, wie Einheit und Vielfalt zusammenzudenken seien, ein Problem, das übrigens auch die Ägypter schon bewegte. Heraklits grundlegender, die spätere Philosophie tief beeinflussender Ansatz ist dabei die Lehre von der Einheit der Gegensätze. „Ganzes und Nichtganzes, Zusammenstrebendes und Auseinanderstrebendes, Einklang und Mißklang sind Verknüpfungen. Aus Allem eins und aus Einem alles", lautet sein aphoristisches Theorem[10]. Am Anfang steht das Eine. Sein Geheimnis ist das Geheimnis der Welt. Sie kommt von dem Einen her und im Sich-Unterscheiden bleibt sie doch bei ihm selbst. Trotz aller Dynamik der bei ihm verwendeten Begriffe – nach Heraklit ist der Krieg der Vater aller Dinge – bleibt Heraklits Wirklichkeitsverständnis auf der horizontalen Ebene. Ihm haftet etwas Statisches an. Zustandsbegriffe werden verwendet. Das wird bei Plato anders. Er knüpft bei dem heraklitischen „to hen diapheromenon auto hautō sympherestai" (das Eine, das sich selbst

[8] Takizawa kann gelegentlich selbst von der „gesegneten Härte" sprechen, Reflexionen, a.a.O. 44.

[9] Vgl. W. Kohler, Mission als Ruf zur Identität. Vergleichende Hinweise zum Missionsverständnis im Zusammenhang mit Religionskritik und Buddhismus. In: Fides pro mundi vita (Festschrift H.-W. Gensichen), 1980, 79ff. Vgl. dazu T. Yasui, Christus und Buddha. Versuch einer christologischen Annäherung zum Thema des interreligiösen Dialogs anhand des Johannesevangeliums und der Schriften des Zen-Meisters. Diss. theol. Mainz 1981, 72ff. und 183f.

[10] Zitiert nach W. Jäger, Die Theologie der frühen griechischen Denker, Stuttgart², 138f. Zum Folgenden verdanke ich viel dem Gespräch mit meinem Kollegen H. Timm. Vgl. auch dessen Buch, Geist der Liebe. Die Ursprungsgeschichte der religiösen Anthropotheologie, 1978, 25ff.

unterscheidet und dabei bei sich selbst bleibt) an[11], verändert es aber im Sinne einer teleologischen Dynamik. Dabei wird eine doppelte Teleologie entwikkelt, die zielgerichtete Abfolge von Dingen in der Zeit und die Stufendynamik vom Leiblichen zur Spiritualität. Auch hier ist das Eine der Ausgangspunkt, die zeitliche Horizontale und die ontologisch-ethische Vertikale münden wieder in der Einheit ein. Ein Dualismus ist nur scheinbar gegeben, er bleibt allemal ein Zwischenstadium.

Als das Evangelium auf die griechische Welt traf, bediente es sich dieser Kategorien, um den eigenen Gottesbegriff zu entfalten[12]. Der heraklitische Einheitsgedanke ermöglichte es, die Struktur der Trinität zu denken. Im „procedere“ des Sohnes aus dem Vater blieb die Einheit Gottes gewahrt. Die platonische Zeitfolge ermöglichte es, den Reich-Gottesbegriff zu integrieren und das Evangelium heilsgeschichtlich zu verstehen. Die für das Abendland typische Geschichtsdynamik wurde geboren. Einheit und Progreß der Weltgeschichte, Verhaftetsein und irreversibler Fortschritt, Vergangenheit und Evolution konnten zusammengedacht werden und erhielten eine Dynamik, die alle Denker des Abendlandes, von Augustin bis zu Hegel, von Joachim von Fiore bis Marx, und seit dem 19. Jahrhundert auch die biblische Exegese, die sich als historische Wissenschaft verstand, beeinflußte.

Weil das Absolute Ausgangspunkt der Wirklichkeit ist und zugleich sein Ziel, muß auch die Offenbarung des Absoluten in der Zeit Absolutheitscharakter tragen. Die immanente Trinität findet ihre Abschattung in der Zeit. Die Zeit, die von Gott herkommt, wird in ihm einmünden. Die Mitte der Zeit wird durch das Erscheinen des Sohnes gekennzeichnet – man stellt die gesamte Zeitrechnung darauf ein. Wie der Sohn vom Vater und aus der Ewigkeit hervortritt und durch die Auferstehung wieder zu ihm zurückkehrt, so wird die entfremdete Welt wieder im Reich Gottes bei Gott einkehren, so daß er alles in allem sein wird. Im Abendland konnte sich das iranische dualistische Weltbild, das einen doppelten Ausgangspunkt von Welt und Wirklichkeit annimmt, trotz temporären großen Einflusses nie durchsetzen. So bleiben alle Theologien, trotz der großen Bandbreite der Interpretationsmöglichkeiten, letztlich dem Einheitsmodell verpflichtet. Wenn G. Ebeling klagt, daß uns alles, was wir berühren, zur Geschichte wird, wie einst dem König Midas unter seinen Händen alles zu Gold wurde,

---

[11] Nach: Die Fragmente der Vorsokratiker. Griechisch und deutsch von H. Diels, Berlin 1912², 87. Vgl. bei Timm a. a. O. 35, 44, 48f.

[12] Vgl. dazu W. Pannenberg, Die Aufnahme des philosophischen Gottesbegriffes als dogmatisches Problem der frühchristlichen Theologie. In: Ders., Grundfragen systematischer Theologie, 1967, 296ff. Den Einfluß des prophetischen Geschichtsdenkens auf den abendländisch-christlichen Zeitbegriff lasse ich hier bewußt aus, da das AT nur eine geringere Bedeutung für Takizawas Theologie besitzt.

wenn heute die Exegese das ganze Alte Testament vom Geschichtsgedanken her interpretiert, von der Spannung nämlich, die aus der Differenz von Verheißung und Erfüllung resultiert, dann ist in allem der Einfluß der griechischen Religionsphilosophie spürbar.

Das Aufregende an der Theologie Takizawas ist nun, daß er sich zwar der Sprache der Bibel und der der evangelischen Dogmatik bedient, daß dennoch alle Begriffe unter seinen Händen eine große Metamorphose durchmachen. Sie müssen gleichsam ihres hellenistisch-abendländischen Hintergrunds sterben, um in japanisch-buddhistischen Kategorien zu neuem Leben zu erstehen. Sie werden ihres teleologischen, geschichtlichen Charakters entkleidet und gewinnen die Qualität von Zustandsbegriffen, wobei ihnen jedoch nichts Statisch-Starres anhaftet, sondern sie sind mit der gelassenen Dynamik buddhistischer Ontologie gefüllt, die der präsentischen Eschatologie des NT, zumal des Johannesevangeliums, entspricht.

Bei Takizawa ist weder der Einheitsgedanke, noch das dualistische Grundmuster Ausgangspunkt des theologisch-religionsphilosophischen Denkens, sondern Gott und Mensch resp. die Wirklichkeit werden von Anfang an als die absolut widersprüchliche Identität in ihre Unumkehrbarkeit ausgesagt. „Für ewig geschieden/doch keinen Augenblick getrennt/den ganzen Tag zusammen/doch keinen Augenblick in eins." Das ist der Schlüsselsatz der Theologie Takizawas. Wenn Gott als das Absolut Eine nicht Ausgangspunkt der Welt und seine Einheit nicht das Ziel ist, dann gibt es auch in seiner Identität keine Entzweiung, daß das Eine „auseinanderstrebend sich mit sich selbst in Einklang bringt" (Heraklit), nicht die in Bewegungsetzung von Geschichte (Hegel), aber auch nicht die ewige Wiederkehr des Gleichen (Hinduismus, Buddhismus). In immer neuer Kontingenz erfährt der Mensch das unkonditionale, unumstößliche Nahesein seines ewigen Grundes. Entfremdung, Entzweiung geschieht nicht von Gott her, wird nicht von einem Bösen verursacht (der Satan hat in seiner Theologie ebenso wenig Platz wie in der von Karl Barth) sondern ausschließlich vom Menschen. Sünde gibt es, aber Vergebung auch, weil es Liebe gibt und Gnade und darum keine ewige, nicht einmal eine zeitliche Trennung vom Urgrund, von Gott. Vielmehr erfährt der Mensch glaubend, staunend und dankbar, beim „Erwachen" – und nun sage ich es in den Worten elementarer, gesungener Frömmigkeit: „All' Morgen ist ganz frisch und neu/Des Herren Gnad und große Treu/Sie hat kein End den langen Tag/Drauf jeder sich verlassen mag" (Johannes Zwick, EKG 336). Ich breche hier ab. Es ist nicht meine Aufgabe, Takizawas Theologie im Detail darzustellen, es ging mir nur darum, Schneisen zu schlagen, um den Neuansatz in seiner Ursprünglichkeit und seinem Kern freizulegen. Alles Weitere gehört in die wissenschaftliche Detaildiskussion und sollte von den Dogmatikern aufgegriffen werden. Es wird jedoch deutlich geworden sein, daß Takizawa sowohl in seiner Ethik (man denke an Luthers Berufsethik) als auch in der Gestalt seiner Frömmigkeit sehr viel näher bei dem Wittenberger steht als bei dem Genfer. Daß aber die Differenz zu Barth größer ist, als Takizawa selbst wahrnehmen konnte, darauf müssen wir im Folgenden noch eingehen, zumal sich dadurch ein weiterer Aspekt auftut, der einen wesentlichen Beitrag zum ökumenischen Dialog beinhaltet.

## *Dialog der Religionen*

Wenn das Absolute immer präsent und nah ist, und der Mensch in einer gleichbleibenden Abhängigkeit zu ihm steht, eine grundsätzliche primäre Entzweiung also ausgeschlossen ist, dann kann es auch in der Zeit keine Absolutheit geben, die den einen ewigen Grund in absoluter Gestalt neu setzt. Wer das behauptet, durchbricht gerade die nicht zu überschreitende Grenze der Unumkehrbarkeit des Verhältnisses von Gott und Mensch. Alles, was in der Zeit von Gott her geschieht, ist unableitbar, ist nicht in Prinzipien zu fassen, ist kontingent, ist immer in unumkehrbarer Reihenfolge sekundär gegenüber dem primären Grundereignis des Immanuel. Das gilt für den Jesus von Nazareth, das gilt in gleicher Weise für das Wort Gottes. Darum spricht Takizawa folgerichtig und konsequent vom „sekundären Kontakt", von „sekundärer Identität", vom „Immanuel *Zwei*". Mit der Geburt Jesu geschieht nicht in einem historisch zu fixierenden Zeitpunkt die Versöhnung, denn die ist ja von jeher gegeben und wird für jeden einzelnen im sekundären Ereignis des Erwachens real. Was heißt dann aber das Bekenntnis „Jesus ist der Christus"? Sofern wir ihn als den Sohn Gottes, den Christus bekennen, ist Jesus der Immanuel von jeher, aber als der Jesus von Nazareth ist er die unvergleichlich klare und vollkommene Antwort auf das primäre, von Ewigkeit her bestehende Ereignis des Immanuel[13]. Das mag wie eine Relativierung der Inkarnation erscheinen, für Takizawa ist es das nicht. Im Gegenteil, weil Jesus die vollkommene Verwirklichung der Antwort auf das ewige Ereignis ist, wird er zum Maßstab für alle anderen menschlichen Antworten auf die kontingenten Anrufe Gottes. Er wird zum Zentrum des Glaubens, zu dem man sich immer peripher befindet, dem aber ähnlicher zu

[13] „Was mit dem Erscheinen Jesu von Nazareth ein für allemal geschehen ist, ist nicht die Stiftung des Urfaktums (Urverhältnis) Immanuel als solches, sondern eine vollkommene, doch durchaus menschliche *Antwort* auf den Anruf des Urfaktums Immanuel, das am Anfang und für ewig vom wahren, absolut gestaltlosen Gott selbst fest gestiftet ist." Takizawa, Entwurf einer reinen The-anthropologie, a. a. O.

werden als sein Freund und Nachfolger, Aufgabe jedes Menschen ist. „Befreit von den müßigen, anmaßenden Fragen, ob ‚Jesus Christus, der Sohn Gottes' im NT sich mit dem historischen Jesus genau deckt, will ich die Bibel nur schlicht empfangen, *wie sie wirklich ist*, um durch sie Tag für Tag neu zu lernen, wer und wo der wahre Gott ist, wie gnädig Er mit den Menschen verhält, daß Er sogar persönlich als Mensch unter den Menschen, trotz ihrer Sünde, für sie lebt, wirklich lebt, wie dieser wahre Gott-Mensch sich in dieser Welt überhaupt, aber am klarsten in der israelitisch-kirchlichen Geschichte offenbart hat, in deren Zentrum eben das Kreuz sozusagen wie ein senkrecht von oben herabkommender lichtender Pfeiler des ganzen Universums steht", schreibt Takizawa am 22. August 1958 an Karl Barth kurz vor seiner Taufe[14]. Solche Sätze mögen Christen, die daran gewöhnt sind, in Absolutheitskategorien zu denken, erschrecken. Für Takizawa beinhalten sie die Befreiung von falschen Stützen und eine Ermutigung, sich um so tiefer dem Jesus von Nazareth anzuvertrauen. „Jene Angst ist nur ein klares Zeichen dessen, daß eben der Betreffende die innergeschichtlich-historischen Gestalten unbewußterweise von deren einzig-realen Grundlage abstrahiert, daß er an den Namen Jesus Christus zwar ‚glaubt', aber nur um die sich da bei ihm selbst öffnende Leere zu verdecken"[15]. Takizawa selbst weiß

---

[14] Dieses Zitat eines Briefes aus dem Barth-Archiv vermittelte mir dankenswerterweise H. Hamer. Nach der Taufe schrieb Takizawa an Karl Barth am 27. Dezember 1958: „Am 21., dem vorigen Sonntag, nach der Predikt Luk 2,8–20 von Pfr. Sato, habe ich mit meiner Frau, die das Evangelium schon lange gerne hört, die Taufe empfangen, gleich darauf sogar das Abendmahl mit allen dagewesenen Brüdern und Schwestern. Da habe ich unseres Herrn Wort, Jetzt taufe ich dich... mit diesen Ohren gehört. Sicher war es das Wort, das von ihm selbst mir trotz meiner Sünde, ganz einfach darüber hinweg, von Ewigkeit her zugewendet war. Doch war es mir ein besonderes frohes Ereignis, dasselbe Wort Gottes auch in der menschlich hörbaren Stimme sagen zu lassen. Getauft, das heißt von der Sünde um Nichtigkeit für ewig befreit, in das Reich Gottes unverrückbar versetzt zu sein. Also will ich dankbar den einzig realen, vom Leiden Jesu Christi auch innergeschichtlich geöffneten Weg gehen, aller inneren und äußeren Schwierigkeiten ungeachtet im Grunde immer heiter und liebevoll..."

Zit. nach Y. Terazono, Die DOAM in den 60er Jahren – Beobachtungen und Erlebnisse aus japanischer Sicht, in: Spuren a. a. O., 1974.

[15] Entwurf einer reinen The-anthropologie, Manuskr. a. a. O. Das hier zur Debatte stehende Problem berührt Takizawas Verhältnis zu Karl Barth prinzipiell und markiert einen größeren Differenzpunkt, als Takizawa ihn sich eingestehen will. Verschiedentlich hat er sich dazu geäußert. Vgl. u. a. Rechtfertigung im Buddhismus und im Christentum, s. unten S. 181 ff.; Jōdo – shin – Buddhismus und Christentum – eine Auseinandersetzung mit Karl Barth, Reflexionen a. a. O. 66 ff. Die Fragen an Barth haben diesen durchaus bewegt, wie mir W. Kohler noch kurz vor seinem Tod betont versicherte. Literarisch hat sich das allerdings, soweit ich es überblicke, nicht niedergeschlagen. Auch die Schüler Barths ließen sich durch Takizawa, der an verschiedenen Leuenberger Treffen teilnahm, herausfordern. Die Korrespondenz mit Takizawa zeigt das. Dabei geht es nicht nur um die Frage, ob es wahre und gültige Offenbarungen außerhalb Christus gibt, sondern die eigentliche Anfrage Takizawas richtet sich an unsere dogmatischen Systemzwänge. Im japanisch-buddhistischen Denken können Sätze zusammengedacht werden, die sich in der abendländischen Denktradition ausschließen: Singularität Jesu

sich geborgen in der „lebendigen Wahrheit die da kommt, die hindernislos alle Richtungen erleuchtet“[16].

Weil die Annahme eines Absoluten in der Geschichte das ewige Absolute relativieren, die unumkehrbare Ordnung von primärem und sekundärem Ereignis zerstören und die bleibende Präsenz des ewigen Immanuel beim Menschen verleugnen würde, darum darf niemand seine eigene Religion innerhalb der Zeit absolut setzen. Dann würde das Offensein für die Kontingenz des Handelns Gottes durch ein Prinzip ersetzt, Abgötterei in sublimer Form getrieben und ein wirklicher Dialog der Religionen unmöglich gemacht. Wenn Takizawa diesen Dialog nur mit dem Buddhismus führt, gehört das zur Kontextualität seiner Theologie und darf nicht als Einseitigkeit ausgelegt werden. Daß er sich nicht im Bereich des phänomenologischen Vergleiches bewegt, wie es fast durchgehend im ökumenischen interreligiösen Dialog geschieht, sondern ontologisch nach der Strukturengleichheit fragt, gibt seinem Dialog eine Tiefe, wie man sie sonst kaum findet.

Unter den deutschen Theologen hat sich auf diesen Ansatz Takizawas am deutlichsten Ulrich Schoen eingelassen. Zu Recht behauptet er, daß ein solches Eingehen auf die andere Religion zur Vertiefung der eigenen Glaubensweise führt. Vorausbedingung ist eine interreligiös geführte *Existenz* und ein theologischer Ansatz, der in der *inter*-religiösen Beziehung seine Grundlage hat. Davon unterscheidet Schoen den *intra*-religiösen Dialog, der im eigenen dogmatischen Ansatz verharrt und die anderen Religionen nur in das vorher bestehende System einbaut, ohne sich ihnen tatsächlich auszusetzen. Takizawa hat solch eine interreligiöse theologische Existenz vorbildlich

---

und Offenheit für andere Offenbarungen können zusammengedacht und gelebt werden, ohne das Postulat des Absolutheitsgedankens zu stellen und ohne eine Nivellierung des „ephapax“ der Offenbarung Gottes in Jesus.

Das im interkulturellen theologischen Dialog sichtbar werdende Dilemma faßt H. Gollwitzer in seinem Brief an Takizawa (vom 29. 11. 1977) zutreffend zusammen: „Als Ihre Anfrage an Barth uns vor Jahren bekannt wurde, löste sie zunächst einen Befremdungseffekt aus und damit auch einen Widerstand, bei dem mich aber immer schon beunruhigte, ob es bei ihm bleiben müsse, und ob mit ihm bestimmte Motive, die hinter Ihrer Anfrage stehen, nicht niedergeschlagen würden, bevor sie in ihrem ganzen Ernst gehört sind. H. G. Geyer bat sie zu verstehen, aus welchen Sorgen wir gehindert sind, uns Ihren Darlegungen anzuschließen, und er gab Ihnen und uns allen zu erwägen, ob diese Sorgen nicht vielleicht bedingt sind durch unsere spezifische geistesgeschichtliche Situation im Abendland. Sollte das zutreffen, dann müßte die Erkenntnis der historischen Bedingtheit unserer Denkweise uns offen machen für Ihre andersartige Weiterführung des Barthschen Ansatzes (um eine solche handelt es sich ja bei Ihnen, und nicht um ein Verlassen, wie Sie mit Recht immer wieder betonen) und andererseits uns wachsam sein lassen dafür, daß nicht Ihre aus einer anderen historischen Situation entstehende Denkweise bei uns in unserer Situation diejenigen schädlichen Folgen hat, von denen Barth sich abzukehren und gegen die er die Theologie zu sichern sich genötigt sah.“ Takizawa hat diesen Brief und andere im Japanischen veröffentlicht. (s. u. S. 204ff.)

[16] S. Anm. 6.

gelebt. In seinem Geiste nennt Schoen seine Mainzer Habilitationsschrift, die so etwas wie „eine Suche nach einer Theologie der Religionen" darstellt, „Das Ereignis und die Antworten" (1984).

### *Der Tod des Lehrers*

Vor dem Internationalen Bonhoeffer-Forum hielt in Düsseldorf-Kaiserswerth 1979 F. Schlingensiepen einen Vortrag mit dem Titel „Der Tod des Lehrers". Er bezog sich dabei auf Takizawas Interpretation des Romanes „Kokoro" von Sōseki, in der er den freiwilligen Tod jenes unbekannten Lehrers aus der ausgehenden Meiji-Zeit mit dem Tode Jesu vergleicht. Schlingensiepen gesteht, daß ihn dieser Vergleich zunächst sehr ärgerlich stimmte, doch dann regte ihn die Neuartigkeit des Gedankens an, und er überträgt das Thema motivgeschichtlich auf Bonhoeffers Tod. Er läßt sich also von einem Gedankensplitter Takizawas anregen, um dadurch zu neuen Einsichten zu kommen[17]. Das ist eine legitime Form der Rezeption, wir sollten aber darüber hinauskommen, zumal wir selbst nun durch den Tod des Lehrers Takizawa in die Situation des Schülers gedrängt sind, dessen Herz fest werden muß, um in der Wahrheit bestehen zu können.

Die bisherigen beiden Gedankenstränge zwingen uns, das Jesusbild Takizawas abschließend zu behandeln. Wenn Takizawa nicht die hellenistisch-griechischen religionsphilosophischen Kategorien abendländischer Theologie übernimmt, wenn aufgrund der Eleminierung jeder übergreifenden Geschichtskonstruktion jede teleologische Antwort ausgeschlossen ist, wie sieht dann sein Jesusbild aus? Und: Wenn es im sekundär Bedingten kein Absolutes geben kann, weil das Primäre niemals das Sekundäre verläßt und von ihm nicht getrennt werden kann, wenn also die Frage „cur deus homo" nicht mehr im theologischen Funktionalismus untergebracht werden kann, wenn das ostasiatische Nichts (śunyatā) mit dem Ureignis Immanuel, wenn der dharma-kāya mit dem Schöpfergott identisch ist, wird dann nicht ein religionsgeschichtlicher Reduktionismus vorgenommen, vor dem alle Katzen grau werden und das Jesusbild im Nichts verschwindet? Wenn das Verhältnis zwischen „Amida als dem einen Buddha" und „Amida-Buddha" und das des ewigen Logos zu Jesus als identische Strukturanalogie bestimmt werden kann, welche Bedeutung hat Jesus dann überhaupt noch? Takizawas Antwort ist ebenso einfach wie überzeugend. Gerade wenn das Jesusbild von

[17] F. Schlingensiepen, Der Tod des Lehrers, in: Konsequenzen. Dietrich Bonhoeffers Kirchenverständnis heute, 1980, 223ff. Vgl. S. 128ff.

allen Absolutsetzungen und falschen theologischen Überhöhungen befreit wird, tritt Jesus in seinem faktischen Menschsein um so klarer hervor. Jetzt kann ich, ja muß ich mich immer mehr auf ihn einlassen, weil ich an ihm in vollkommener Klarheit sehen kann, wie die richtige, klare, unverfälschte und reine Antwort auf das ewige Ereignis aussieht und im Hier und Jetzt, in dieser Welt verwirklicht wird. In der abendländischen Theologie scheuen wir uns bis heute, Jesus mit uns Menschen zu vergleichen. Das ist nach Takizawa falsch, der Vergleich ist erforderlich. Ich muß mich mit Jesus vergleichen, um aus der Peripherie heraus ihm näher zu kommen, ihm den Erstgeborenen unter den Brüdern, so daß ich schließlich mit Paulus bekennen kann: „Ich lebe, aber nicht mehr ich, sondern Christus lebt in mir" (Gal 2). Jetzt bekommt Jesus eine unvergleichliche Bedeutung für den Glaubenden, nicht der Jesus der reduktionistischen, subjektiven historisch-kritischen Rekonstruktion, sondern der Christus, der aus dem Zeugnis der Bibel in jedem Detail hell und klar hervorleuchtet. Der sog. historische Jesus wird uninteressant, der Jesus der Evangelien als Abglanz des ewigen Christus aber beginnt als Mensch, als der reine The-anthropos ins Bild zu treten. Die Alternative, „Theologie von unten" (so weitgehend die Lutheraner) oder „Theologie von oben" (so die Barthianer) erweist sich als Scheinalternative. Das Tor öffnet sich, ich kann in den Evangelien Jesus direkt begegnen, als der Freund dem Freunde (Joh 15), als der Schüler dem Meister. Und „Lehrer" (sensei) heißt im japanischen Kontext, „der Mann, der einem anderen vorausgehend geboren ist". Nun, nachdem alle ekklesiologischen oder sonstigen Abzweckungen beim Lesen der Evangelien ausgeschaltet, alle religiösen Rechtfertigungsversuche in den Tod gegeben, alle klerikal-dogmatischen Entfremdungen aufgehoben sind, begegne ich dem „einfachen Faktum..., dem Wort des Faktums, das Jesus selber war"[18]. Das Ergebnis dieses neuen Lesens ist erstens, daß wir die Einsamkeit Jesu immer tiefer verstehen, die Einsamkeit des sensei. Zweitens tritt das Koexistentielle des Lebens Jesu immer klarer hervor. Wenn Takizawa über das Leben Jesu schreibt, herrschen gefüllte Zustandsbegriffe vor. Jesu Verweise auf die Natur, die Kinder, die Menschen erscheinen in neuem Licht und werden zentral. Jesu Weisheitssprüche und die Passionstexte stehen nicht mehr unverbunden nebeneinander wie vielfach in der deutschen Exegese, sondern ihre tiefe Einheit wird sichtbar.

Drittens wird die unendliche Differenz Jesu zu allen anderen Menschen darin deutlich, daß er allen falschen Schein durchbricht und nicht wie wir Menschen – und wie auch der sensei in Sōsekis Roman – sich bei den Folgen

[18] Takizawa, ‚Kokoro' (s. u. S. 159ff.)

der Sünde aufhält, sondern zur Sünde selbst durchdringt und diese bis zum Tode am Kreuz zu seiner eigenen Sache macht[19]. Der Jesus der synoptischen Evangelien und der des Johannesevangeliums fließen zusammen.

Ich habe nur einige Aspekte der präsentischen Theologie Takizawas freilegen wollen, von denen ich meine, daß sie das ökumenische, interreligiöse Gespräch in hohem Maße bereichern können. Professor Takizawa ist von uns gegangen. Sein Tod war einfach und leicht wie der seines Lehrers Karl Barth. Sein plötzlicher Tod erfüllt uns mit Traurigkeit. Aber das ist nicht in seinem Sinne, vielmehr soll unser menschliches, leidendes Herz (Kokoro) fest werden, weil wir wissen, daß wir unendlich tief und unendlich fest geliebt und unverbrüchlich gehalten werden. Das ist Gnade. Wir sind aufgefordert, nun frei, unabhängig und aufrechten Ganges seinem Vorbild zu folgen. Das Bild Jesu und das von Takizawa dürfen sich ineinanderschieben, wenn ich den Hebräerbrief zitiere: „Gedenket eurer Lehrer, die euch das Wort Gottes gesagt haben; ihr Ende schauet an und folget ihrem Glauben nach“ (Hebr 13,7).

---

[19] Ebd.

# Was hindert mich noch, getauft zu werden?*

## I.

Seit meiner glücklichen Begegnung mit *Karl Barth* zu Bonn vor zwanzig Jahren ist mir *der Name „Jesus Christus“* auf eine wunderliche Weise etwas geworden, von dem ich mich nicht mehr – weder im Leben noch in der Wissenschaft – losreißen kann.

Die Evangelisten erzählen mir, wie mit einer Stimme er, der Träger dieses Namens, eines Tages in Kapharnaum zu einem Gichtbrüchigen sprach: „Mein Sohn, steh auf und wandle, denn dir sind deine Sünden vergeben!“

Darüber als historische Tatsache weiß ich nichts Sicheres. Trotzdem sind mir diese Menschenworte als solche der absolut unbezweifelbare Zuspruch Gottes, des allmächtigen Herrn, der mir, seinem untreuen Knecht, durchaus treu bleibt, der sich sogar persönlich mit mir, gegen mich und für mich, für ewig unauflösbar verbunden hat. Dies ist das einfache *Faktum* für mich, das *vor* allen meinen Entscheidungen und Hoffnungen im voraus von Gott selber entschieden ist, das ich, ganz gleich in welche Situation ich sonst noch gesetzt bin, nur als Gnade Gottes mit Dank und Lob, mit meinem ganzen Sein, jeden Tag neu empfangen kann. *Hier ist der heilige Ort,* der mir von Gott selber, ehe meine Mutter mich empfangen, schon vorherbestimmt war, *die unüberschreitbare Grenze,* durch die hindurch er mir jetzt und für immer so unmittelbar gegenübersteht, daß er als mein Herr mich als seinen Knecht, zwar in *seiner* einzigartigen, unumkehrbaren Ordnung, doch *mich selbst*, tatsächlich an seinem ewigen Leben teilnehmen läßt.

*Gott selbst mit mir!* Das und nur das ist die Stütze meiner Existenz, außer der ich mit allem Guten und Schönen in der Welt nur ins Leere fallen kann. Das allein ist mir *der reale Boden, der erste Grund und das letzte Ziel des Lebens,* hinter die ich nie zu kommen vermag noch brauche, von dem her und zu dem hin ich als Ich, und zwar ganz ungeachtet

* Zur Taufe vgl. oben: Präsentische Theologie, Anm. 14! (Anm. d. Hg.)

meiner eigenen Persönlichkeit – also ein Mensch als Mensch überhaupt –, wirklich sein und wirken kann.

Mag es unserer Vernunft auch noch so absurd scheinen, hier ist tatsächlich das *konkreteste Faktum* eo ipso die universal herrschende *ewige Wahrheit*, die von Gott selbst entschiedene, allen Menschen gemeinsame *Grundbestimmung der menschlichen Existenz*, durch deren Offenbarung allein ich erst zur wahren Erkenntnis dessen gelangen kann, was „Gott und Mensch", folglich „Existenz und Essenz", „Sein und Werden", „Leib und Seele", „Natur und Geschichte", „Vernunft und Sinnlichkeit", „das Gute und Böse", „Sünde und Heiligkeit" usw. im Grunde eigentlich heißen sollen. Getrennt davon kann mir nichts gewiß sein, nicht einmal, daß ich, als res cogitans, jetzt da bin. Denn ohne jene einzigartige Grundbestimmung wird mir die Evidenz meines Selbstbewußtseins nichts helfen, weil der angeblich „sichere Boden" meiner Existenz selbst sich mir sofort in eine leere Kluft verwandeln wird, gleichviel, ob ich dieser Krisis als solcher mir bewußt bin oder nicht, gleichviel, was für eine positive oder negative Gestalt diese Kluft in mir annimmt.

## *II.*

Der *Name „Jesus Christus"* im Neuen Testament bezeichnet eben *dieses lebendige Faktum „Gott mit uns"*, sein Sein und Wirken in Einem. In ihm allein, aber in ihm absolut, ist mir die Sündenwelt vergangen, der Anfang des ewigen Lebens in der Zeit gegeben. Er selbst ist und wirkt ganz konkret, in mir und in jedem. Dies sogar nicht nur, sofern ich von seinem Namen durch die kirchliche Verkündigung etwas gehört habe oder mich in seiner Kirche taufen lasse oder gar durch seinen Heiligen Geist an ihn selbst glaube. Nein, auf *diese* Weise, in der wir sein Sein und Wirken in uns selber und besonders haben möchten, wird er *nie in uns* sein noch wirken. Das wäre nur unsere menschliche, allzu menschliche Imagination, die, wenn auch manchmal „christlich" genannt, bei der wirklichen Begegnung mit *ihm selbst* einfach vergehen wird, ja die in seinem Sein und Wirken jetzt schon vernichtet ist. Er ist gerade der, der allein uns Menschen von dieser hoffärtigen, trägen und unmöglichen Sorge gründlich frei macht, um uns zum wahren Gottesdienst, das heißt zur echt menschlichen Liebestätigkeit auf dieser Erde hinzuführen.

Im Glauben an ihn erkenne ich vielmehr erst recht: er selbst hat mich schon damals gerufen, als ich noch nichts von ihm gehört, als ich, noch völlig von jener fatalen Sorge gefangen, mich gegen ihn empört hatte. Im Glauben erkenne ich ganz klar und bekenne ich von Herzen, daß er selbst *nicht* ich ist, ich selber *nicht* er bin, daß der Unterschied zwischen beiden kein Grundunterschied ist, daß er vielmehr der von mir selbst ganz und gar unabhängig mich beherrschende Herr ist, ich dementsprechend ein ganz und gar ihm gehöriger Knecht bin, der sich außer in der nichtigen Imagination keines Seins in sich noch Wirkens für sich selbst rühmen kann. Im Glauben höre ich ja *seine* Worte: „Steh auf und wandle ...!", die zwar mir jetzt und hier ins Ohr klingende menschliche Worte sind, die ich aber unmöglich mit den meinen noch denen eines andern, auch noch so hochstehenden Menschen verwechseln kann. Ob ich's wollte oder nicht, ist es in der Sache selbst, in jener von Gott selbst entschiedenen Grundbestimmung der menschlichen Existenz, faktisch enthalten, daß *unter derselben Grundbestimmung Gott der Herr selbst in seiner Knechtsgestalt allen Menschen* unausweichlich entgegentritt, daß diese Gestalt Gottes als solche eine ganz konkrete, im vollen Sinne menschliche, das heißt ja, sich räumlich-zeitlich stets wandelnde ist wie unsere eigene, daß sie aber gerade darum allen andern so unendlich scharf widerspricht, daß sie, notwendig von diesen zum Tode verurteilt, Gottes Gericht gegen sie wird, das aber als solches wahrhaftig Gnadenoffenbarung Gottes ist, die nunmehr in der Zeit und in Ewigkeit uns Sündern allen, die wir uns immer noch gegen Gott den Herrn, die alleinige raison d'être unseres eigenen Lebens, auflehnen wollen, als *das ausschließliche Zentrum,* als *fester Grund* und *rechtes Maß* des ewigen, das heißt echt realen, geschichtlichen Lebens auf der Erde dient.

*Jene* von Gott selbst faktisch und für ewig entschiedene *Grundbestimmung der menschlichen Existenz, der bestimmende ewige Herr* dieser Grundbestimmung, und *diese zeitliche Knechtsgestalt* inmitten der sündigen Menschenwelt, *diese drei* machen, obgleich nicht einfach identisch, *die Momente ein und derselben Person („Jesus Christus")* aus, die in ihrer einzigartigen, unumkehrbaren Ordnung notwendig zueinander gehören und auf keinen Fall sich voneinander trennen lassen. Gott den Herrn als den Herrn anerkennen, das heißt bei uns immer, die von ihm festgesetzte, gemeinsame Grundbestimmung der menschlichen Existenz als solche vernehmen; und dies kann bei uns wieder nichts anderes heißen, als die Knechtsgestalt Gottes in seinem Geiste zu sehen – also, gewiß im Geiste, doch *eine räumlich bestimmte Gestalt zu sehen* – oder, was dasselbe ist, die von Gott selber in einer menschlich verständlichen Form ausgesprochenen *Worte* der Sündenvergebung als solche zu *hören.* Das alles ist sozusagen nichts mehr als eine vage, subjektive Widerspiegelung jener objektiven, von selbst leuchtenden Knechtsgestalt, die, als solche Gott, dem gnädigen Herrn, wesentlich gehörend, der von ihm für ewig entschiedenen Grundbestimmung des Menschen in der Zeit genugtut.

Hinter der subjektiven Widerspiegelung ist und wirkt die objektive

Knechtsgestalt unaufhörlich und immer neu. Nicht als ob es dazwischen irgendein drittes, die beiden vermittelndes Element im Himmel oder auf der Erde gäbe, noch als wäre die eine nur eine Drahtpuppe der andern, aber auch nicht, als ob jene diese genösse wie wir ein dargebotenes Kunstwerk, sondern ganz einfach durch die Tatsache ihrer je eigenen Existenz selbst, das heißt allein durch jene von Gott selber faktisch entschiedene, den beiden gemeinsame Grundbestimmung der menschlichen Existenz hindurch, verbinden sie sich einerseits *unmittelbar* miteinander, unterscheiden sie sich anderseits *unüberbrückbar* voneinander, gleich wie Gott und Mensch in jener einen ursprünglichen Grundbestimmung oder auch etwa so wie Himmel und Erde in einem Gottesgeschöpf.

Die Knechtsgestalt Gottes also kann von uns nur *unmittelbar*, das heißt durch ihn kraft derselben Gestalt selbst, als solche, gesehen werden. Außer der persönlichen Wirkung Gottes, des alleinigen Herrn, der sich in ihr offenbart, können seine Worte der Sündenvergebung nie von uns als seine gehört werden. Kein dritter kann an seine Stelle treten. Es bedarf dafür nichts weniger als *des Heiligen Geistes*, der als der Geist *des dem Vater gehorsamer Knecht gewordenen Sohnes* selbst Gott ist. Durch den Heiligen Geist hören wir wirklich Gottes Worte der Sündenvergebung. Das aber heißt wieder nicht etwa, daß damit die unendliche Kluft zwischen der Knechtsgestalt Gottes und deren Widerspiegelung in uns verschwände, sondern gerade im Gegenteil, daß wir dadurch genötigt sind, ganz schlicht zu bekennen, das, was wir gesehen und gehört haben und jetzt erzählen, sei nur ein Bruchstück der unerschöpflichen Reiche, der möglichen Reflexe des *einen* wahren Lichtes. Wir empfangen, danken und loben zwar die wirkliche Gnade Gottes, der nichts weniger als *sich selbst* in der Knechtsgestalt gegen und für uns Sünder dargereicht hat, aber immer nur wie die neugeborenen, lallenden Kinder in der Finsternis. „Propheten“ und „Apostel“, die ganze „Heilige Schrift“ können auch nichts mehr sein, wie sie es selber aufs unzweideutigste bekennen.

## *III.*

Im Unterschied zu den Aposteln hören wir heute den Namen „Jesus Christus“ zuerst durch die Verkündigung der Kirche. Wir lesen im Neuen Testament von seiner Geburt aus der Jungfrau Maria, seinen wunderbaren Taten und Worten, seinem unaussprechlichen Leiden bis zum Kreuzestode, seiner Auferstehung am dritten Tage, kurz, von dem im Alten Testament immer dringender angekündigten Messias Israels und der ganzen Welt. Hie und da werden wir tief berührt, aber im ganzen ist es uns zunächst nur ein allzu schwieriges und unlösbares Rätsel, das vielleicht selbst falsch gestellt ist, von dem wir uns möglichst schnell befreien möchten, um keine Zeit mit solchen Absurditäten zu verlieren. Aber die schwere Last des wirklichen Lebens und das harte Joch von allerlei Ideologien erinnern uns von selbst wieder an den einst gehörten Namen „Jesus Christus“, an seinen Umgang mit Armen und Verachteten, an seine schlichten Worte und unentgeltlichen Liebestaten, an seine unverdienten Leiden bis zum Kreuzestode.

So kommen wir immer wieder und heftiger zu ihm zurück. Dann, eines Tages, plötzlich, wird uns die feste Tür des Herzens aufgetan. Und ich höre *das Wort Gottes,* der mich persönlich, und zwar in den mir verständlichen Menschenworten anruft: „Mein Sohn, steh auf und wandle, denn dir sind deine Sünden vergeben!“ Ich kann mich nicht mehr rühmen, als ob seine Worte der *Sünden*vergebung nicht *mich*, sondern nur die andern, etwa verantwortungslose Kapitalisten, grausame Faschisten, fanatische Kommunisten usw., träfen. Ich kann aber auch nicht mehr verzweifelnd etwa murmeln: „Alles ist mir verloren!“, „Von Geburt an bin ich ein nutzloser Dreck!“, „In dieser Welt hat der gute Wille keinen Zweck!“ usw. – als ob der, der mir diese Worte der Sünden*vergebung* zuwendet, nicht der allmächtige Gott und Herr wäre, als ob die menschliche Geschichte nicht mit *seiner* Herrschaft, seiner Verheißung und *seinem* Gesetz, sondern vom Menschen selbst aus anfinge, so daß alles nur von unsern Anlagen, unserem Glauben und unsern Ideologien, Entscheidungen und Taten oder aber von der sogenannten „Situation“ der Welt (einschließlich der christlichen Kirche) abhinge.

Indem ich nun seinem Anruf folge und aufstehe und wandle, erfahre ich zugleich das einfache Faktum, daß der Ort, auf dem ich jetzt stehe und wandle, faktisch der einzige von Gott selbst von Ewigkeit her zu Ewigkeit hin festgesetzte, reale und gemeinsame Boden der menschlichen Existenz ist, auf den ich und jeder andere schon von Geburt an gesetzt war, von dem keiner von uns mehr loskommen kann, nicht einmal nach unserem Tode. Gott der Herr mit mir, dem treulosen Knecht, Gott der heilige Schöpfer mit der verkehrten Welt der sündigen Menschen! Wie unergründlich tief die Liebe und Weisheit Gottes des Herrn, vor der die unergründliche Tiefe unserer Sünde einfach nichts ist!

Erst jetzt fange ich an, *die eigentümliche Distanz zwischen ihm und mir* zu verstehen – *das Geheimnis* der unendlichen Ferne zwischen den beiden, die zugleich unmittelbare Nähe ist, und umgekehrt. Gott der Herr mit mir, was dieses Faktum an sich selbst ist, welche Tragweite es als solches für uns hat, mit andern Worten, wie streng und liebevoll Gott der Herr in seiner

Knechtsgestalt in unserem eigenen Leben waltet, das wird mir nun, wenn auch nur in vager Widerspiegelung, Schritt für Schritt klarer sichtbar, wobei das, was die Heilige Schrift mir im Namen „Jesus Christus" erzählt, mir wie ein lebendiger Führer immer wieder zu Hilfe kommt.

So sehe ich die Knechtsgestalt Gottes, das Sein und Wirken jenes Grundfaktums, immer wieder ein wenig klarer – gewiß vermittels der Zeugnisse der Propheten und Apostel. Aber Gottes Worte der Sündenvergebung, das heißt die Knechtsgestalt des alleinigen Herrn, vernehme ich als solche nur im Heiligen Geiste, das heißt persönlich, ganz unmittelbar von ihm selbst. Nur in diesem unmittelbaren, leibhaftigen Vernehmen wird es mir auch unzweideutig klar, daß zwischen ihm und mir die absolute Distanz liegt, die nichts auf der Erde noch im Himmel überbrücken kann – was auch für uns gar nicht nötig ist, denn *das* zu wollen – bewußt oder unbewußt – wäre vielmehr nichts anderes, als das Evangelium und das Gesetz Gottes zu verneinen, der Verführung des Teufels zu verfallen.

## *IV.*

Nun anerkennt man heute in der christlichen Kirche ohne weiteres, daß die Apostel im Unterschied zu allen Nachkommenden die Knechtsgestalt Gottes „unmittelbar" gesehen und gehört haben. Gewiß – aber in welchem Sinne war es denn „unmittelbar"? War es nicht eben ihre gründliche Verkehrtheit, daß sie trotz seiner wiederholten Belehrung nicht vor seiner Auferstehung und Himmelfahrt verstanden haben, daß der Herr nicht etwa nur darum bei ihnen real da war, weil sie ihren Meister Jesus in dem Sinne „unmittelbar" bei sich hatten, daß sie ihn mit ihren Sinnesorganen sehen und tasten konnten – als ob Gott selbst sonst nur eine abstrakte Idee wäre, die zu keinem individuell existierenden Menschen in leibhaftig wirkliches Verhältnis treten kann? Gott der Herr aber bleibt bei ihnen, und zwar ganz real und unmittelbar, obgleich, nein gerade durch die unendliche, absolut unüberbrückbare Distanz von ihnen. Der dem Vater gehorsame Sohn, die Knechtsgestalt Gottes, ist persönlich und wirkt unaufhörlich bei jedem einzelnen Sünder, gegen ihn und für ihn selbst. Darum und nur darum konnten auch die Apostel in ihrem Meister Jesus von Nazareth, Josephs Sohn, diese Knechtsgestalt Gottes sehen.

Daß sie die Knechtsgestalt Gottes *in Jesus von Nazareth, Josephs Sohn*, sahen, das verdanken sie freilich der zeitlich-räumlichen Nähe, in der sie mit ihm lebten, aber daß sie die *Knechtsgestalt Gottes* in ihm fanden, das hat mit dieser Nähe – wir müssen es zu sagen wagen – *gar nichts* zu tun. Die

Knechtsgestalt Gottes sahen sie gewiß in Jesus, aber – man beachte – *nicht* kraft der „Unmittelbarkeit" der räumlich-zeitlichen Nähe, sondern *allein* kraft jener Unmittelbarkeit des Grundfaktums „Gott mit uns" (trotz der absolut unüberbrückbaren Distanz zwischen Leben und Tod), im Heiligen Geist, der selbst Gott ist. Daß sie auch den auferstandenen Jesus sahen, bestätigt eben die Sache selbst.

Im Bewußtsein der Apostel fiel die Knechtsgestalt Gottes völlig mit der sichtbaren Gestalt Jesu, Josephs Sohn, zusammen. Ihnen war es ganz unmöglich, sich die Knechtsgestalt Gottes, das Sein und Wirken des Grundfaktums „Gott mit uns" außer dem *Namen* „Jesus" vorzustellen. Sie erzählten daher die Geschichte des Lebens und Todes Jesu direkt als die der Knechtsgestalt Gottes, das heißt als die einzige und endgültige Offenbarung des von Gott selbst für uns Sünder für ewig entschiedenen Faktums „Gott mit uns" und umgekehrt. So entstanden, wie wir sie heute lesen, die im gleichgültigen Detail ziemlich verschiedenen, doch im Wesentlichen vollkommen einstimmigen Erzählungen der Evangelisten vom Leben Jesu. Vor allem sind sie *endgeschichtliche Verkündigung* der unergründlichen Gnade Gottes, der mit uns, nicht nur mit Israel, sondern auch mit allen Sündern in der Welt ist, anderseits aber auch *historische Berichte*.

Ob der *historische Jesus* als solcher, im absoluten Unterschied von allen andern Menschen, *identisch* mit der *endgeschichtlichen Knechtsgestalt Gottes* selbst war, darauf antwortet jeder Christ „im Glauben" mit unbedingtem Ja. Gesetzt, es sei absolute Wahrheit, und könne da kein Problem mehr übrigbleiben, dem noch genauer und ausführlicher nachzudenken wert ist, so ist doch eines klar, oder vielmehr gerade dann sollte man nie vergessen, daß kein Mensch sich der *besonderen* Nähe Jesu als der versöhnenden Knechtsgestalt Gottes rühmen kann. Petrus und Johannes, selbst Maria und Joseph sind genau so unendlich fern von ihm wie wir alle. Umgekehrt: den entferntesten Menschen, die noch gar nichts von der Heiligen Schrift, nicht einmal den Namen „Jesus Christus" gehört haben – denen ist er selbst so unmittelbar nahe wie seinen Propheten und Aposteln. Sie können sich auch nicht entschuldigen, daß sie seine Leiden, seine Liebe zu ihnen selbst nicht kennen.

Natürlich ist es der Vorzug der Apostel, daß sie als Israeliten seiner Zeit mit ihm wanderten, daß sie seine Gestalt auch sinnlich wahrnahmen und betasteten. Aber dieser ihr Vorzug ist etwas ganz anderes als die Größe der Autorität Jesu Christi selbst. Denn die sinnlichen Eindrücke von Jesus samt allerlei Kenntnissen der israelitischen Überlieferung dienten ihnen nur dazu, Jesus als Knechtsgestalt Gottes selbst im Geiste klarer und lebendiger zu sehen. Die Größe ihres Vorzugs ist also nur die Klarheit der Widerspiegelungen des einen Lichtes, der leidenden Knechtsgestalt Gottes. Der Unterschied zwischen den Aposteln und uns ist nur der unter solchen, die mit dem einen, ausschließlichen Maß gemessen sind, welche beide aber das Maß und die Gemessenen, die notwendige Folge der einen, von Gott selber für ewig entschiedenen, gemeinsamen Grundbestimmung des menschlichen Seins, das heißt jener absoluten, einzigartigen Distanz zwischen Gott und Mensch sind.

Sofern diese Grundbestimmung des menschlichen Seins faktisch allen Menschen gemeinsamer Boden der Existenz ist, sofern weiter „Jesus", die leidende Knechtsgestalt Gottes, sich als das einzige Zentrum, als Grund und Maß aller andern auf demselben realen Boden möglichen Gestalten unter derselben Grundbestimmung der menschlichen Existenz unmittelbar gegen und für jeden wirklichen Menschen verhält, kann *er selbst* jedem von uns das Auge des Geistes auftun, in jedem von uns Sündern den Glauben an ihn erwecken, wenn nur seine Zeit kommt, *auch ohne* die Zeugnisse des Alten und Neuen Testamentes. Wenigstens dürfte kein Christ die Autorität für sich in Anspruch nehmen, über das persönliche Verhältnis der andern zu Gott von vornherein endgültig zu urteilen. Nicht daß der Name „Jesus Christus" in der Heiligen Schrift nur ein bequemes Zeichen für einen bestimmten, im voraus gehegten Gedanken, geschweige denn, daß Jesus von Nazareth für seine Apostel ein „bloßer" Mensch gewesen wäre, den sie um der unerhörten Reinheit seiner Liebe und der herrlichen Großartigkeit seiner Werke, irgendeiner ihnen eigenen Mythologie gemäß, mit dem Namen „Jesus Christus, der Sohn Gottes", schmückten, sondern darum geht es, daß der lebendige Herr, der mit uns da ist und Kraft hat, uns die Sünden zu vergeben, auch seiner „christlichen Kirche" gegenüber selbständig, auch von *dem Namen* „Jesus Christus" ganz unabhängig ist, daß er seine Wahrheit, sein Gericht und seine Gnade, kurz sich selbst auch *ohne die Buchstaben* „Jesus Christus" uns mitteilen kann, daß er also, sofern es seine Person angeht, auch nicht an denjenigen zeitlich-räumlichen Punkt des Kreuzes Jesu auf Golgatha *auf die Weise* an sich zu erwecken vermöchte, außer vermittels der „israelitisch-kirchlichen" Überlieferung. „Gott kann Kinder Abrahams aus den Steinen erwecken!"

Das gilt auch hier ganz streng wie dort: „Gott kann" – das heißt, er tut es auch faktisch, wenn er will – „aus den Steinen", also nicht vermittels einer besonderen Geschichte des Menschen, nicht einmal auf dem Grunde des von den andern Lebewesen unterschiedenen Wesens (der „Humanität") des menschlichen Geschlechts, sondern ganz einfach kraft seines Willens, der sich entschieden hat, mit uns Sündern zu sein. Ja, daß ich jetzt an ihn, an seine um meinetwillen leidende Knechtsgestalt glaube, das verdanke ich nicht meiner für sich bestehenden Menschheit, sondern allein ihm selbst, der sich selbst mir in seinen mir auch verständlichen Worten der Sündenvergebung, das heißt in seiner ganz bestimmten Knechtsgestalt, offenbart. Im Glauben an ihn geschieht meine Tat, daß ich jetzt spreche, nicht etwa auf dem Grunde meines vorher für sich bestehenden *ego*, sondern so, daß es einem Ding, das nicht mehr ist als ein Stein, kraft der besonderen Bestimmung des alleinigen Gottes des Schöpfers, in diesem Augenblick erlaubt und geboten sei, sich unter derselben Bestimmung vor ihm und all seinen Geschöpfen – den andern Menschen vor allem, aber auch Pflanzen und Steinen – verantwortlich zu bestimmen. Außer diesem ursprünglichen, jetzt und hier wirklichen Zusammenhang gibt es nirgends meine Existenz. Darum heißt „ich bin" eo ipso, daß ich denke, und das wieder eo ipso, daß ich je und je unter dem unausweichlichen Gericht und der damit identischen Gnade Gottes stehe, ganz gleich, ob ich's will, ob ich mir dessen reflexiv bewußt bin oder nicht – wie es einst auch *R. Descartes*, heute *J.P. Sartre*, wenn auch unwissend oder vielmehr sich dagegen sträubend, doch kraft der Geduld Gottes gewissermaßen innerhalb ihrer je eigenen Schranken erkennen und bekennen mußten.

## *V.*

Wenn man mir erlaubt, kurz auf meine kargen Erfahrungen zu sprechen zu kommen, so war es gerade ein Jahr vor meiner Begegnung mit *Karl Barth*, daß es mir nach dem endlosen philosophischen Umhertappen, dank der Führung durch Abhandlungen *Kitarô Nishidas*[1], eines Tages plötzlich klar wurde, daß *hier* und nirgendwo anders *der Ort* sei, wo das Absolute mir begegnet. Nicht das Absolute dort und ich hier, um nachher durch irgendeinen dritten „Mittler" mit ihm verbunden zu werden, sondern hier sei mir *die Grenze* von ihm selbst her, und zwar in ihm selber für ewig gesetzt, die mich absolut unvermischbar von ihm unterscheidet, die aber eben dadurch absolut unverrückbar mit ihm verbindet. Da sei mir wirklich das Ende des alten Lebens gegeben, das bewußt oder unbewußt immer danach trachtete, die „schicksalhafte Kluft" zwischen ihm und mir doch irgendwie zu überbrükken, welche aber in Wahrheit nichts anderes war als die notwendige Folge der Nichtigkeit meines eigenen Trachtens. Da sei wirklich der Anfang des neuen Lebens für mich zubereitet, das, obgleich nur in stückhaften, konfusen und

---

1 Ein berühmter japanischer Philosoph (1870–1945), Professor der europäischen Philosophie in der Kyôtô-Universität. Er war es auch, der mir kurz vor meiner Abfahrt nach Europa aufs eifrigste empfahl, lieber bei *Karl Barth* als bei andern Philosophen und Theologen zu studieren, obgleich er selber ein selten erfahrener Zen-Buddhist war.

abstrakten Abbildungen innerhalb derselben Grenze, doch tatsächlich das absolute, aus sich selbst leuchtende Licht in dieser Finsternis der geschichtlichen Welt widerspiegelt.

So war mir die Vorlesung *Karl Barths* über die Jungfrauengeburt von der ersten Stunde an nicht ganz fremd. Vielmehr war es mir eine unaussprechliche Freude, daß durch seine Darstellung mir jeden Tag ein bißchen klarer wurde, was für herrliche, von mir selber gar nicht erwartete Wunder in dem einen Faktum, das mir in Anonymität vor einem Jahre begegnete, an sich selbst und für mich selber enthalten waren und sind. Die Heilige Schrift, die mir bis dahin nur ein fremdes, zu stark mythologisch geschmücktes Labyrinth war, wurde mir nun ein so interessantes Buch, daß ich, der ich als Philosophiestudent nach Bonn kam, alle meine Fachliteratur in den Koffer weglegte. Das aber war mir auch für mein Fachstudium sehr förderlich, wie sich alsbald zeigte, als ich nach anderthalb Jahren auf dem Schiff, das mich nach der Heimat zurückführte, „Das Grundproblem der Philosophie" – zwei kleine Bände *K. Nishidas*, die er mir nach Bonn gesandt hatte – wieder zu lesen anfing. Zu meinem eigenen Erstaunen merkte ich da deutlich, daß ich früher nie so klar und deutlich hatte verstehen können, was er eigentlich mit seiner eigentümlichen, sehr schweren Sprache sagen wollte. Seitdem habe ich wiederholt ähnliche Erfahrungen gemacht, nicht nur in bezug auf die Philosophie *Nishidas*, sondern auch beim Studium anderer Philosophen oder Religionen, sogar bei der ökonomischen Analyse der kapitalistischen Gesellschaft[2] bzw. der Methodenlehre der Sozialwissenschaften überhaupt.

Wie unzureichend es auch war, ohne mein theologisches Studium bei *Karl*

---

2 Mich interessiert heute sehr die theoretische Analyse der kapitalistischen Gesellschaft: ihre einmalige Besonderheit, ihre im Namen der „Freiheit" wohlgemeinte, aber im Grunde ganz verkehrte Ordnung, die ihr eben dadurch eigene universale, die radikale Wende unwissend vorbereitende Bedeutung für die ganze technisch-wirtschaftliche Entwicklung der menschlichen Geschichte – das alles erinnert mich unmittelbar an die Geschichte Israels. Freilich kann dabei nicht die grundsätzliche Verschiedenheit zwischen beiden übersehen werden. Trotzdem scheint es mir fast unbezweifelbar zu sein, daß wie dort so auch hier eine tief verborgene Wahrheit, ein verheißungsvolles Gesetz herrscht, das das menschliche Leben mit einer von seinem Willen ganz unabhängigen, unausweichlichen Autorität richtet und führt. Die grundsätzliche, gegeneinander scharf kontrastierende Verschiedenheit zwischen beiden spiegelt nur diejenige der beiden Seiten der Pole des einen menschlichen Lebens (Religion und Moralität einerseits, Technik und Wirtschaft anderseits) wider, auf deren eine es jeder von beiden je ausschließlich ankommt. Genau gesehen, wird jene Verschiedenheit also uns ihren gemeinsamen Ursprung im einen „Gott mit uns" zeigen, der im menschlichen Leben von seinem ersten Tag an jene beiden Seiten, obwohl in ihrer je eigenen Gesetzmäßigkeit, doch in ihrem untrennbaren Zusammenhang, notwendig sich entfalten läßt. Nur daß man dabei nicht alles auf einmal behandeln wollen darf, wie es leider die meisten, sowohl christlichen als materialistischen Sozialisten heute noch zu tun pflegen, was uns aber von der strengen Methode der Wissenschaft fort in die trüben Wirbel der subjektiven Ideologie geraten läßt. Gott, der Schöpfer und Erlöser, der tatsächlich mit uns ist, quält uns nicht mit so viel Lasten, die wir als Menschen überhaupt

*Barth* hätte ich nie so genau wie jetzt eingesehen, wo der entscheidende Unterschied der Philosophie *Nishidas* von der *Hegelschen*, wo der gefährliche Mangel seiner vom Buddhismus tief beeinflußten Auffassung liegt, der seine meisten Schüler, trotz seiner wiederholten Ermahnung zum mystischen Irrationalismus, abgleiten läßt zum *Hegelschen* Idealismus, am häufigsten sogar zur vulgärphilosophischen Dialektik, die mit der wissenschaftlichen Analyse der harten Tatsachen nichts mehr zu tun hat. Das aber erinnert mich oft von selbst an das unglückliche Verhältnis der „Barthianer" und der sogenannten „dialektischen Theologen" hier und dort zu *Karl Barth* selbst.

Außer jenem einen Faktum, das ich mit *Karl Barth* dankend und lobend „Gott mit uns" genannt habe, gibt es ja nichts, was aus uns Menschen wahrhaft selbständig da wäre und als solches zugleich unsere ganze Persönlichkeit stützte und in Anspruch nähme. Ohne den Glauben an diesen „Gott mit uns" kann kein dialektischer Materialist so gründlich objektiv wissenschaftlich werden, daß ihm kein Raum mehr übrigbliebe, sich mit irgendeiner ideologischen Künstelei oder machtpolitischen Propaganda zu beschäftigen. Ohne seine leibhaftige Offenbarung kann kein gewissenhafter Philosoph es vermeiden, Gott mit dem Nichtigen irgendwie zu vermischen, wie es auch der männlich-scharfsinnige *Sartre* einerseits, der genial-tiefsinnige *Heidegger* anderseits heute zeigen – jener indem er trotz seinem „Existentialismus" in seiner zwar nicht vulgärphilosophischen, insofern gewiß wissenschaftlichen, aber in ihrem Kernpunkt noch leeren, abstrakt-allgemeinen Analyse des menschlichen Seins steckenbleibt, dieser dagegen, indem er trotz seiner „Fundamentalontologie" leider so laut und listig verfährt, daß er immer noch an dem unmöglichen Plan festhält, *zuerst* „den Sinn des Seins überhaupt" *und dann* das „Sein Gottes" zu erschließen. – So viel von meiner persönlichen Erfahrung.

## *VI.*

Wie immer es aber mit meiner persönlichen Erfahrung stehen mag, es scheint mir von der Sache des christlichen Glaubens her selbst klar zu sein, daß Gott der Herr, seine leidende Knechtsgestalt, das Grundfaktum „Gott mit uns", sofern es sich nicht um unser Glauben und Erkennen, sondern um sein Sein und Wirken selbst handelt, nicht im geringsten an die Heilige Schrift, weder an die israelitischen noch an die christlichen Überlieferungen,

---

nicht tragen können, sondern befiehlt uns nur, seinen Weg, soweit es jedem von uns aufgetragen ist, Hand in Hand, Schritt für Schritt, froh und mutig fortzuschreiten.

gebunden ist. – Man beachte nochmals: ich meine dabei nicht etwa, daß die Einzigartigkeit und die universale Bedeutung der Geschichte Israels zu verneinen ist. Denn es ist wirklich ein Wunder, daß ein Volk im ganzen, im tiefsten Kern seines Lebens, und zwar auf jeder Stufe seiner Entwicklung, so fest und heftig an Gott gebunden war, daß nicht nur seine Treue und Herrlichkeit, sondern auch, ja gerade, seine Heuchelei, Grausamkeit und Not es aufs offenbarste bezeugen. Wenn weiter diese Geschichte dieses Volkes gerade im Augenblick des äußersten Aufruhrs seiner Sünde durch den unverschuldeten Kreuzestod eines Mannes aus demselben Volk, der im wesentlichen genau wie von den Propheten vorhergesagt redete und handelte, *endgültig abgeschlossen* wurde, um eben dadurch als christliche Kirche mitten in die fremde Welt hinein *neugeboren* und weitergeführt zu werden, so ist das wahrhaft Wunder der Wunder zu nennen. Es ist sehr wohl verständlich, daß seine Jünger „glaubten“, dem auf Golgatha wirklich geschehenen Ereignisse nur dadurch gerecht werden zu können, daß sie darin die endgeschichtlich richtende und erlösende Tat Gottes des Herrn selbst sahen. Ohne diesen einen Mann, Jesus von Nazareth, „Christus, den Sohn Gottes“, zu nennen, würden sie ganz bestimmt das Wesentlichste jenes Ereignisses vermißt haben. Wer das Alte und das Neue Testament wahrhaft liest, der wird sogleich – auch ohne andere historische Dokumente – vernehmen, daß dort und damals wirklich – also *historisch wirklich!* – ein Mann lebte und wanderte, der *alle* Menschen, nicht nur seine Jünger, sondern auch einen ganz fremden, verzweifelten Verbrecher, zum Vertrauen an ihn, zur Buße für ihre eigene Sünde, zum herzlichen Dank und Lob Gottes des Herrn, zur Nächsten-, ja Feindesliebe und zur Hoffnung zwingt, wenn nur sein Geist der Wahrheit ihnen das Auge des Herzens auftut. Sonst würden die ausführlichsten historischen Angaben uns nie erkennen lassen, *was dort und damals,* also nochmals: *historisch!, wirklich geschah.*

So nehmen wir mit den orthodoxen Christen an, in diesem einen Menschen Jesus von Nazareth sei ein historisches Ereignis die ur- und endgeschichtliche, versöhnende Tat Gottes des Herrn. Es ist sehr natürlich, daß das Kreuz auf Golgatha, der einzige Grund der christlichen Kirche, zugleich als das ausschließliche Zentrum der ganzen Welt von ihr erkannt und verkündigt wird. Wenn aber ein Christ darum behauptet, außer der vermittelnden kirchlichen Überlieferung könne faktisch kein Mensch in dieser Welt von Gott real und konkret reden, so ist es, wie mir scheint, eine allgemein verbreitete Vermischung des *göttlich-endgeschichtlichen Ursprungs* der christlichen Verkündigung mit ihrem *menschlich-historischen Anfang.* Denn, wie bereits erklärt, daß beide sich positiv und vollkommen decken, das kann auf keinen Fall heißen, daß der unendliche Unterschied zwischen ihnen dort einfach abgeschafft oder gar ihre absolute Ordnung umgekehrt worden wäre, sondern ganz im Gegenteil, es offenbart uns aufs schärfste denselben, unendlichen Unterschied in ihrer absolut unumkehrbar geordneten Einheit, nämlich daß es zum Wesen der menschlichen Geschichte (Historie) notwendig gehört, daß sie trotz ihrer totalen Sündhaftigkeit nur unter der persönlichen Herrschaft Gottes, das heißt unter seinem endgeschichtlichen Evangelium und Gesetz, wirklich geschehen kann und jetzt auch geschieht – so gewiß Jesus lehrte, die Erde sei Gottes Fußschemel.

Wenn also ein christlicher Theologe weiter jene Behauptung mit dem Dogma begründet, Gott habe sich selbst auf jenen einen Punkt beschränkt, so wäre es nur eine menschliche, allzu menschliche Willkür, die er um angenehmer Ruhe willen, unwissend und kindisch, mit der wahren, sich von Ewigkeit her bei jedem Sünder aussprechenden Entscheidung Gottes in eins setzt. Man meint dabei, so und nur so werde das menschliche Denken über Gott und sich selbst konkret wahr und „existentiell". In Wahrheit aber verrät man gerade damit, daß man immer noch im üblichen, abstrakten Denken steckenbleibt, als könnte der Mensch zuerst für sich selbst sein, um nachher zu dem verkündigten Christus in irgendein Verhältnis zu treten, als hätte das Faktum „Gott mit uns" einen nicht so gründlich, sozusagen vom Rücken her, gefangen, daß man *überhaupt nicht wirklich sein kann*, ohne sich zugleich für oder gegen die leidende Knechtsgestalt Gottes zu entscheiden oder vielmehr je schon entschieden zu haben, gleichviel, ob man sich dessen bewußt ist, ob man einst die kirchliche Verkündigung gehört hat oder nicht. Wer von Gott und von sich selbst wirklich konkret denkt, der wird in dieser Sache nicht so schnell und bequem „konkret" werden wollen. Er fürchtet nicht mehr, sich selbst bis zum äußersten „abstrakt" werden zu lassen. Denn er weiß ganz sicher, daß der Mensch nicht mehr ist als ein kleiner Stein, dem eine Weile durch die besondere Gnade Gottes zu sprechen erlaubt ist. Wie könnte er als solcher von Gott, dem Schöpfer und Erlöser, von sich selbst und den andern Geschöpfen im ganzen, und das heißt wissenschaftlich, genau so, wie sie wirklich sind, sprechen wollen, außer durch ganz abstrakte, reine Theorien, die als solche für uns immer nur Ergebnisse eines langen, auf im weitesten Sinne historische Materialien gestützten, mühevollen Nachdenkens sein können, die aber ihrerseits umgekehrt gerade die maßgebliche Methode der historischen Forschung ausmachen. Die christliche Theologie sollte auch hier keine Ausnahme von der menschlich vollziehbaren strengen Wissenschaft machen wollen, sondern vielmehr allen andern Wissenschaften erst recht gründlich zeigen, warum der menschlichen Erkenntnis überhaupt solche Methode notwendig und unentbehrlich wird. Die Parabel Jesu von der engen Pforte wird auch hier aufs strengste gelten.

Zum Schluß: Ist das nicht alles die notwendige Konsequenz der „Entdekkung“ *Karl Barths* in seinem „Römerbrief“ (Vorrede der 1. Auflage) oder vielmehr gerade der Anspruch dessen, vor dem die räumlich-zeitliche Entfernung auch zwischen Paulus und ihm einfach nichts ist, mit dem niemand sich des „unmittelbaren“ Verhältnisses rühmen kann, von dem aber keiner so „mittelbar“ entfernt sein kann, daß er mit Recht sagen könnte, ich habe noch gar nichts von ihm gehört? War nicht der, der sagte: „Ich bin der Weg, die Wahrheit und das Leben...“, gerade der, der auch ermahnte, „Warum fragst du mich vom Guten? Niemand ist gut denn der einige Gott?“ Ist Jesus nicht dazu gestorben und begraben, den scheinbar frommen Wunsch seiner Jünger, ihn „unmittelbar“ bei sich zu halten, unerbittlich auszurotten, um eben dadurch ihnen und allen Menschen die Wahrheit zu offenbaren, daß *er*, wahrer Gott, wahrer Mensch, allerdings im ganz neuen Sinne, doch *wirklich so unmittelbar bei jedem sei*, daß es ganz unnötig und überflüssig wird, sich mit ihm etwa vermittels der Heiligen Schrift oder der katholischen Tradition und schließlich doch im alten Sinne „unmittelbar“ verbinden zu wollen? Wie schade für das Evangelium Jesu Christi, wenn seine *Auferstehung* uns nur zur Gelegenheit dienen sollte, um uns wieder von jenem hartnäckigen Wunsch, diesmal sogar endgültig, fangen zu lassen, mit andern Worten, um seine Offenbarung in den schmalen Raum der „Heiligen Schrift“, in den kleinen Kreis der „christlichen Kirche“ einzusperren! Wenn auch kein Christ, niemand mehr auf der Erde übrigbliebe, der die „Heilige Schrift“, den *Namen* „Jesus Christus“ im Gedächtnis hält, so ist es in Gott für ewig festgestellt, daß wir ans *Faktum* „Gott mit uns“ festgebunden sind. Sofern wir nur Menschen, und zwar Sünder, sind, die wir eben diesem Faktum, dem einzigen Ursprung unserer wirklichen Freiheit, geradezu den Rücken kehren, ist es für uns immer nötig, uns durch das Gängelband der Heiligen Schrift, der kirchlichen Symbole, führen und züchtigen zu lassen. Wenn wir aber einen scheinbar sehr kleinen Schritt weitergehen und die Heilige Schrift nicht nur für den Kanon der heutigen Kirche, sondern auch für die einzige Quelle der göttlichen Offenbarung oder das ausschließliche Prinzip der wahren Erkenntnis Gottes halten, so ist schon die in jenem Faktum selbst festgesetzte Grenze des Menschen übertreten. Dann ist der Glaube ans Evangelium wieder in den *Buchstabenglauben*, das heißt in die leere, wenn auch mit dem neuen Schlagwort „existentiell“ geschmückte, im Grunde um so blindere „Entscheidung“ für die verkündigten *Worte* verfallen, die uns, die wir immer den lebendigen Gott fernzuhalten und die dadurch eröffnete Kluft irgendwie zu überbrücken versuchen, sehr angenehm klingen. Insofern geht uns auch die kritische, vom richtenden Gott empfangene Liebe verloren, auch die Stimmen der *Heiden* ebenso wie die der *Propheten* und

*Apostel* ohne jegliches Vorurteil aufmerksam, das heißt *nicht nur so, wie sie von jenen oder diesen gewußt und gemeint, sondern auch genau so, wie sie vor Gott wirklich oder in Wahrheit beschaffen sind,* möglichst klar zu vernehmen.

Ich bin *Karl Barth* auch in dieser Hinsicht sehr dankbar. Es war mir fast wie ein Wunder, vor dem ich mich nur schämen konnte, daß er mir, einem Philosophiestudenten aus dem fernen Osten, ein so sorgsames Gehör schenkte, wie ich's bis heute von niemandem sonst, außer von meinem verstorbenen Lehrer *Nishida* erfahren habe. Sofern er aber an dem „Schrift*prinzip*" festhält, kann ich nicht umhin, mich zu fragen, ob nicht auch bei ihm noch ein letztes Stück des römischen Katholizismus und des Neuprotestantismus übrigbleibt, ob er da nicht selbst derjenigen Tendenz zur Nichtigkeit die Tür öffnet, die er bei jenen, einschließlich *E. Brunners* und *R. Bultmanns*[3], unter anderem, mit Recht bemerkt und bemängelt. Sollten wir heute immer noch Jesus und seine Jünger mit der schweren Last des „Schriftprinzips" erdrücken – oder den uns auch davon entlastenden Druck des Faktums „Gott mit uns" schlicht empfangen, um, frei wie Jesus selber, als Mensch in die fremde Welt zu gehen, das heißt um uns mit allen Menschen, und zwar auf der allen Kreaturen gemeinsamen niederen Ebene, ohne jeglichen Vorbehalt auseinanderzusetzen? Sollte die Methode der Theologie *Karl Barths* nicht erst dann die ihr eigentliche Tragweite entfalten können, die vielleicht viel weiter reicht, als er sich's selber vorstellen mag, so daß sie sozusagen das ursprüngliche Modell und den lebendigen Kern der wahren Methode der Forschung *aller* andern Wissenschaften darbietet?

Das ist die eine Frage, die mir heute noch übrigbleibt, die mich trotz, nein gerade um meines Respekts vor der christlichen Kirche und um meines Dankes an sie willen immer noch hindert, in ihr getauft zu werden. Es könnte auch ein tief verborgenes, ja das größte Hindernis sein, das der christlichen Mission im fernen Osten im Wege steht. Denn die wahren Buddhisten bei uns zum Beispiel denken weder bloß „logisch" noch „mystisch", noch „pantheistisch" im Sinne der Christen, genau so, wie diese in ihrer echten Gestalt sich ihren Gott nicht bloß „deistisch" noch „personalistisch" im

---

[3] Auch bei diesen wird bekanntlich die menschliche Historie zuerst im Namen der „Vernunft", der „allgemeinen Offenbarung" oder des „existentialen Selbstverständnisses" beliebig isoliert von der göttlichen Endgeschichte betrachtet, um dann jene nachher im Namen der „besonderen Offenbarung" bzw. „Glaubensentscheidung" mit dieser wieder willkürlich zu verbinden, das heißt zu vermischen. In der leeren Luft des modernen Selbstbewußtseins werden Glauben und Erkennen unheilbar auseinandergerissen. Und das, diese mythologische Künstelei der Gegenwart, nennt man heute *„theologia naturalis"* oder *„Ent*mythologisierung des Neuen Testamentes", während das Evangelium Jesu, als die Befreiung von jener Last der religiösen „Entscheidung", von uns gerade die *gründliche* Umkehrung dieser vulgären Denkweise fordert!

Sinne der Buddhisten vorstellen. Ist es nicht höchste Zeit, auch auf dem Gebiete der Religion, freilich nicht um der Autorität der menschlichen Vernunft, sondern allein um der faktischen Gemeinsamkeit des einen, von Gott und in Gott dem Herrn festgesetzten Bodens der menschlichen Existenz willen, in ein genaueres und aufmerksameres Gespräch zwischen Ost und West zu kommen?

Wie dem auch sei, in Gott dem Herrn ist je schon entschieden, wer und inwieweit sie miteinander verbunden bzw. voneinander geschieden sind. Da wird der Aspekt gewiß erschreckend anders sein, als wir uns ihn jetzt vorstellen. Es sei mir aber dies der einzige Wunsch, der bei Gott durch „Jesus Christus" je schon über mich gefallenen Entscheidung schlicht zu gehorchen oder, was dasselbe ist, soweit es mir, dem der Asche gleichen, immer irrenden Sünder in dieser tiefen Finsternis erlaubt wird, sie möglichst klar und deutlich zu vernehmen. Das Dasein und die Werke, insbesondere die „Kirchliche Dogmatik" *Karl Barths* werden mir dabei immer ein Licht auf dem Leuchter, unerschöpfliche Quelle der Freude und Hoffnung sein.

# Der Einzelne und die Gemeinschaft – Anläßlich der Geschichte von Adam und Eva

## *I. Die Denkweise des modernen Menschen und die Geschichte von der Geschichte Adams*

„Da machte Gott der Herr den Menschen aus Erde vom Acker und blies ihm den Odem des Lebens in seine Nase. Und so ward der Mensch ein lebendiges Wesen." (Gen 2,7)

„Und Gott der Herr baute ein Weib aus der Rippe, die er von dem Menschen nahm, und brachte sie ihm. Da sprach der Mensch: das ist doch Bein von meinem Bein und Fleisch von meinem Fleisch; man wird sie Männin nennen, weil sie vom Manne genommen ist." (Gen 2,22–23)

Auf den ersten Blick scheint das alles nur ein alter Mythos oder ein Märchen zu sein, das mit uns modernen Menschen, die wir uns der Freiheit des Menschen und der dadurch erworbenen Entwicklung verschiedener Wissenschaften und Techniken rühmen, gar nichts zu tun hat. Aber genau gesehen, merken wir bald, daß in dieser Geschichte etwas entscheidend Wichtiges aufs klarste gezeigt wird, das jeden von uns angeht, an das wir aber nicht einmal im Traume denken. Ich meine nämlich die ursprünglich-wesentliche Bestimmung des menschlichen Seins selbst.

Wenn wir z. B. hören „der Einzelne und die Gemeinschaft", so stellen wir uns einerseits gleich einen einzelnen Menschen vor, als wäre es für uns selbstverständlich, was es bedeutet, daß ein einzelner Mensch wirklich da ist, und andererseits zugleich eine oder verschiedene Gemeinschaften, denen jeder einzelne Mensch angehört. Und dann spekulieren und diskutieren wir sehr gerne und eifrig, ob der Einzelne oder umgekehrt die Gemeinschaft der Grund und das Ziel des menschlichen Lebens sei oder ob die beiden vielmehr die einander komplementierenden Momente der Entwicklung der menschlichen Geschichte seien und welche Gemeinschaft die wichtigste unter verschiedenen Gemeinschaften sein solle usw. Wir vergessen dabei aber völlig, wer, was und wo wir, das *Ich-Selbst* eines jeden, eigentlich und letztlich ist, eines jeden, der sich für solche Fragen so sehr interessiert. Unsere Vergessenheit von unserm *Ich-Selbst*, vom wirklichen Sein des Menschen selbst, ist so unheilbar tief, daß wir uns nicht einmal diese Frage, die direkt die Wurzel des menschlichen Lebens angeht, stellen wollen. Wie wunderlich, daß wir uns trotz unseres Selbstbewußtseins als moderner Mensch immer rühmen, daß der einzelne Mensch, jedes *Ich-Selbst*, der Grund und das Ziel, der Anfang und das Ende aller Werte, der Entwicklung der Geschichte überhaupt sei. So steckt im Herzen des modernen Menschen eine tief verborgene, finstere Lücke, die ihn stets unbewußt von seinem Rücken her bedroht. Übertriebener Eifer und plötzlich überfallende Langeweile erfassen ihn in seinem Reden und Arbeiten wechselweise, bis er, völlig ermüdet, endlich danach verlangt, von diesem bösen Zirkel irgendwie loskommen zu können. Die Gemeinschaft, die Geschichte und die Gesellschaft treten vor ihm auf mit neuer Anziehungskraft. Er möchte nun den Sinn, die letzte Stütze seines Lebens in der Bewährung der Gemeinschaft, der er angehört, oder in der Revolution der bestehenden Gesellschaft finden. Das gelingt ihm aber auch nicht. Wie könnte etwas, was der Mensch – gewiß mit anderen zusammen, jedoch schließlich er selbst – einst errichtet hat, ihn selbst, sein *Ich-Selbst* letztlich stützen? Der übertriebene Eifer, die plötzlich überfallende Langeweile und die stets bedrohende heimliche Angst werden ihn in einer neuen, noch fürchterlicheren Form gefangennehmen.

Mitten im Studentenkampf der Jahre 1968–1969 habe ich oft erfahren, daß die führenden oder gewissenhaft sich an diesem Kampfe beteiligenden Studenten sagten: „Das für mich schwierigste Problem besteht darin, die Identität meines *Ich-Selbst* zu bewahren. Ich kämpfe mit ganzer Kraft und Seele. Ich bereue es nicht. Es quält mich nur, daß das *Ich*, welches mit Stangen am Eingang der Barrikaden steht, und das *Ich*, das allein zuhause liegt oder in einem Café sitzt, sonderbarerweise auseinander gehen und dazwischen so etwas wie eine unüberbrückbare Kluft liegt."

Hier sehen Sie, daß es in unserem *Ich-Selbst*, im menschlichen Sein selbst, etwas gibt, was seinem eigenen Sein selbst unabweisbar zugehört, demgegenüber aber weder unser Tun noch Reden, ob einzeln oder gemeinsam, gar nichts ausrichten kann. Und gerade hierauf bezieht sich unsere Geschichte von Adam und Eva.

Denn nach dieser Geschichte ist Adam, dieser erste einzelne Mensch von Gott aus einem Erdenkloß geschaffen. Der einzelne Mensch kann also ursprünglich und eigentlich nicht als ein Seiendes, das in einem neutralen Raum für sich selbst existiert, vorgestellt und als Ausgangspunkt unseres Denkens vorausgesetzt werden, wie wir modernen Menschen zu tun pflegen. Oder wollen Sie denn sagen: „Doch, wir können uns den einzelnen Menschen auf solche Weise vorstellen!" Das kann aber in Wirklichkeit nur ein Schein sein. In dem Augenblick, in dem wir uns einen einzelnen Menschen auf solche Weise vorstellen, wird dieser Mensch sofort zu einem

Schattenbild, mit dessen Begriff wir nichts anfangen können, außer daß wir allerlei Reden und Taten nacheinander mit diesem Begriff „Mensch" verbinden, um dadurch über die Menschen selbst je nach unserer vorausgenommenen Ideologie zu urteilen, ohne dabei überhaupt zu wissen, was er im Grunde eigentlich ist, in welchem Ort er ursprünglich und endgültig eingesetzt ist. Mit einem solchen Verfahren könnten wir einerseits nur verantwortungslos-objektive Kenntnisse über ihn aufhäufen und andererseits zugleich ebenso verantwortungslos-subjektive Urteile über ihn fällen.

Wir modernen, besonders wir spätmodernen Menschen meinen dann aber törichterweise, von diesem einerseits neutralen, andererseits aber selbstgefälligen Verfahren der Kleinbürger loskommen zu können, indem wir den Einzelnen nicht als für sich existierend, sondern als einen unter allen und als den bis zum Ende einer bestimmten Gemeinschaft Angehörenden betrachten und behandeln. Während der Kriegszeit haben die führenden Personen bei uns in Japan laut erklärt, es gäbe in Wirklichkeit keinen einzelnen Menschen, er existiere nur konkret als Vater oder Sohn, Mann oder Frau, Japaner oder Amerikaner, Kaiser oder sein Untertan. Vom einfachen Menschen als solchem zu sprechen, sei also nur eine leere Wortspielerei der trägen und hoffärtigen Gelehrten, die, von den Gedankenstrategien der Feinde betrogen, das einfache, treue Volk zum Abfall vom heiligen, japanischen Geist verführen.

Der biblische Schriftsteller erzählt und verfährt aber ganz anders als wir modernen Menschen. Er erklärt einfach, daß Adam, der einzelne Mensch, nur ein Erdenkloß ist. Dieser ist einfach da, völlig kontingent bestimmt und ohne jegliche Subjektivität, also ohne irgendeine wünschenswerte oder verhaßte Beziehung zu anderen Dingen und Menschen. Diese Grundbeschränkung seines Daseins kann nichts, was Adam später tut und gewinnt, auflösen. Keine Werke, keine gemeinschaftlichen Beziehungen können diese absolute Kontingenz des menschlichen Daseins aufheben. Alle hohen Werte, die geschichtliche Kontinuität und gesellschaftliche Zusammenhänge werden auf einen Schlag zusammenbrechen, wenn sie einmal an diesen kalten, harten Stein stoßen. Nichts in dieser Welt kann das Dasein des Menschen begründen. Hier steckt der verborgene Grund, um dessentwillen alles menschliche Streben, sein eigenes Sein durch sich selbst festzuhalten, notwendig scheitern muß. Der Mensch scheint dann nur ein verfluchtes Wesen zu sein, das schließlich dazu bestimmt ist, ohne Grund, ohne Zweck und ohne Stütze, völlig allein und einsam da zu sein, um bald in die bodenlose Finsternis zu verschwinden. Dabei kann keine Kirche, keine Philosophie Ausnahmen machen. Wenn wir von diesem Schicksal bewußt oder unbewußt irgendwie loskommen wollen, dann wird die Lage für uns noch schlimmer. Denn wir rufen uns dann von uns selbst aus allerlei krankhafte Liebe, rasenden Haß, grausamen Streit herbei, wie es *Natsume* Sosēki (1867–1916), der große Romanschriftsteller Japans, der heute noch vom ganzen Volk am eifrigsten gelesen wird, zum Beispiel in seinem Werk *„Kokoro"* (Das Herz) klar herausgestellt hat.

Wie wunderbar, gerade hier greift die biblische Geschichte von Adam ein! Sie tut uns aufs deutlichste kund, daß unser Dasein als Mensch weder von menschlichen Worten und Taten begründet oder befestigt werden kann, noch befestigt zu werden braucht. Denn der Mensch, jeder einzelne Mensch, der an und in sich selbst keine Subjektivität enthält und hierin einem leblosen Steine gleicht, ist trotzdem einfach bestimmt, als Mensch, als ein freies Subjekt zu leben, d.h. sich auf seine eigene Verantwortung hin zu anderen Dingen, anderen Menschen und zu sich selbst möglichst recht und zutreffend zu verhalten.

Wer bestimmt ein nicht-subjektives, den Steinen gleiches Wesen, das vom Anfang bis zum Ende diese Beschränkung nicht aufheben kann, dennoch zum freien, denkenden und schaffenden Subjekt? – Nichts in dieser Welt, aber keineswegs ein bloßes Nichts. Denn die ursprünglich-wesentliche Bestimmung des Menschen besteht tatsächlich, obgleich der Mensch gar kein Subjekt dieser Bestimmung in dieser Welt finden kann. Sie ist eine wunderbare Bestimmung, die sich ohne jegliches gestalthafte Subjekt einfach und plötzlich auf dieser Erde ereignet. Und das Subjekt, durch das allein sich diese wunderbare Bestimmung an einem beschränkten Punkt der Erde ereignet und von dem allein sie verbunden mit diesem Punkt selbst gehalten wird – dieses absolut gestaltlose, wahre Subjekt ist es, auf das die Bibel hinweist, wenn der Name Jahwe darin ausgesprochen wird. *Jahwe* heißt „das Sein selbst, das wahrhaft ist, ohne das und außerhalb dessen nichts ist", oder „der wahrhaft Seiende, der sagt: Ich bin." Wer von uns, ob Mann oder Frau, ob jung oder alt, ob Deutscher oder Japaner, ja ob Christ oder Nichtchrist, wer von uns vermag der Wahrheit dieser biblischen Darstellung zu widersprechen? Gibt es nur einen einzigen unter uns, der sich selbst zum Menschen gemacht, der von sich selbst aus sein eigenes Dasein produziert hat? Bei der Geburt wird dies jedermann am klarsten sichtbar. Niemand, auch niemand in der modernen Welt, in der nichts entscheidend Wichtiges für ihn ohne seine eigene Zustimmung entschieden werden soll, wurde vorher danach gefragt, ob er als Mensch in dieser Welt geboren werden möchte. Die Welt, in die der Mensch bei seiner Geburt so hineintritt, scheint auf den ersten Blick das vollkommen demokratische, freie und vernünftige Land zu sein. Welche grausame Welt sie aber in Wirklichkeit ist, so daß sie nur ein unheimlich bedrückendes Land der armen Verrückten sein kann, hat *Akuta-*

*gawa* Ryunosuke (1892–1927), ein Schüler *Sosekis*, in seinem Werk *„Kappa"* (Ein komisches Tier, das große Lust haben soll, uns Menschen in das Wasser hineinzuziehen) kurz vor seinem Selbstmord genau und ausführlich dargestellt. Oder wollen Sie noch erwidern, „Doch, ich kann wenigstens Selbstmord begehen. Insoweit ist es von mir, von meinem eigenen Willen abhängig, ob mein Dasein besteht oder nicht."? – Wer aber kann Selbstmord begehen oder wie Hamlet sich selbst danach fragen, „To be or not to be, that is the question", ohne daß er in dem Augenblick ja schon nicht mehr da ist?

Was will er eigentlich durch seinen Selbstmord? – Daß er kein Mensch, nicht mehr er selbst sei? Er tut aber eben dadurch vor aller Augen kund, daß er er selbst, ein Mensch ist, der sich selbst bestimmt. Und wohin will er durch seinen Selbstmord gehen? Etwa zu irgendeinem unbekannten Raum außerhalb dieser Erde, auf der er einst geboren, zum Menschsein bestimmt wurde? Daß er aber als Mensch geboren wurde, das ist nicht durch irgendeine spezifische Eigenschaft dieser Erde selbst geschehen. Wie viele günstige Eigenschaften der Erde auch immer gehäuft werden mögen, dadurch allein kann nie ein Mensch auf dieser Erde entstehen. Ja, jene günstigen Eigenschaften selbst sind schon keine solche Seienden, die an und für sich selbst wären und durch sich selbst erhalten werden könnten. Nein, sie sind alle erst wirklich je als ein völlig kontingentes Faktum da, an dem alle Kausalitäten, alle Kontinuitäten des Lebens abgeschnitten sind. Daß es ihm gelingt, Selbstmord zu begehen, das kann nicht heißen, daß er zu irgendeinem Ort hingehen könnte, der nicht ebenso kontingent-faktisch da ist, wie der Ort, an den er als Mensch geboren wurde – also außerhalb der Welt, die gerade das Objekt dessen ist, der ihn selbst aus einem Erdenkloß zum Menschen gemacht hat. Selbst durch den Selbstmord kann er also nie aus dem Bereich, wo Gott *Jahwe*, das gestaltlose, wahre Subjekt herrscht, hinaustreten.

Das Sein eines einzelnen Menschen ist also in Wahrheit nur möglich und wirklich durch die unmittelbar-bedingungslose Beschränkung und Bestimmung des einen gestaltlosen Herrn. Der Vater, der ins Verborgene sieht. Streng und konkret gesagt, es ist immer ein untrennbar-unausweichliches Mitsein mit Gott im absolut unverwischbaren Unterschied und in absolut unumkehrbarer Ordnung. Dies ist die tief verborgene, für ewig unerschütterliche Struktur des Seins des einzelnen Menschen, unter der allein sein Wirken, seine Beziehung zu anderen Dingen, anderen Menschen und zu sich selbst geschehen kann. Daß wir uns einen einzelnen Menschen vorstellen, ohne auf diese ursprüngliche Seinsstruktur zu achten, darin steckt der Grundfehler aller Menschen, wie er bei uns modernen Menschen besonders akut und auffällig geworden ist.

## *II. Die Freiheit des Menschen und die Wahrheit der menschlichen Ehe*

Wie wir oben in der Bibel gesehen und entsprechend erklärt haben, ist der wirklich existierende einzelne Mensch kein ursprüngliches, wahres Subjekt, sondern nur ein winzig kleines, das völlig kontingent – d.h. ohne jegliche aus ihm selbst heraus denkbaren Gründe und Ursachen – jedoch faktisch existiert, das wiederum ohne jegliche von ihm selbst herstammende Selbstbestimmung einfach dazu bestimmt ist, sich je und je durchaus frei, d.h. auf seine eigene Verantwortung hin zu bestimmen. Ein einzelner Mensch ist also in Wahrheit und in Wirklichkeit nichts anderes als ein in der absoluten Freiheit Gottes des Herrn, ohne alle anderen Gründe und Bedingungen einfach so bestimmter Mensch. Ein freies Subjekt also, das vor allem ein Objekt des einen absolut freien Subjektes, ein objektives Subjekt oder ein subjektives Objekt ist, das in seinem eigenen Leibe das wahrhaft an und für sich seiende und lebendige Subjekt innerhalb dieser Welt ausdrükken will, kurz, ein verantwortlich-freier Ausdruckspunkt des wahren Gottes – das ist die einzige Definition des Menschen, die real und genau zutrifft.

Von hier aus können wir auch von selbst einsehen, wie unvergleichlich real und offenbar die biblische Geschichte von der Geburt Evas und ihrer Vereinigung mit Adam die tief verborgene Wahrheit der menschlichen Ehe, die der ersten Gemeinschaft der Menschen, mitteilt, die wir heute in der modernen Welt völlig vergessen haben.

Denn wir modernen Menschen meinen alle, daß die Ehe vor allem und schließlich allein durch das freie Erwählen und die Entscheidung der betreffenden Menschen selbst verwirklicht werden solle. Darin liegt sicher ein Wahrheitsmoment, das in der feudalen Zeit bei weitem nicht genug beachtet worden war. Heute sagt selbst die kaiserliche Prinzessin in Japan in einem Interview mit einem Journalisten: „Sehen Sie bitte den Mann, den ich gewählt habe." Es ist auch nicht ohne Grund, daß sich das japanische Volk im allgemeinen darüber *sehr* gefreut hat. Die Gefahr aber liegt eben darin, daß wir dabei bewußt oder unbewußt meinen, unser menschlicher Wille ginge dem Eheverhältnis absolut voraus, als könne dieses Verhältnis allein als ein durch jenen Willen Begründetes seinen Sinn bekommen. Weil wir moderne Menschen törichterweise solche Meinungen hegen, deshalb kommt uns die biblische Geschichte von Adam und Eva so töricht vor. Wenn wir aber dieser Geschichte aufmerksam und genau genug zuhören, so werden wir bald mit großer Freude und Reue entdecken, daß es sich mit der Ehe in Wahrheit nicht so verhält, daß die Ehe vielmehr die erste notwendige

Folge der Entstehung Adams, des Seins eines einzelnen Menschen selbst ist, genau wie die Bibel es erzählt:

> „... aber für den Menschen ward keine Gehilfin gefunden, die um ihn wäre. Da ließ Gott der Herr einen tiefen Schlaf fallen auf den Menschen, und er schlief ein. Und er nahm eine seiner Rippen und schloß die Stelle mit Fleisch. Und Gott der Herr baute ein Weib aus der Rippe, die er von dem Menschen nahm, und brachte sie zu ihm. Da sprach der Mensch: das ist doch Bein von meinem Bein und Fleisch von meinem Fleisch; man wird sie Männin nennen, weil sie vom Manne genommen ist. Darum wird ein Mann seinen Vater und seine Mutter verlassen und seinem Weibe anhangen, und sie werden sein *ein* Fleisch. Und sie waren beide nackt, der Mensch und sein Weib, und schämten sich nicht." Gen 2,20 b–25

Gewiß „sprach der Mensch", freute sich und wollte sich mit Eva vereinigen. Da geschieht eine freie Beurteilung und Entscheidung eines einzelnen Menschen, der noch an gar keine Regeln, Gesetze oder Gebräuche der menschlichen Gesellschaft gebunden ist. Das heißt aber nicht, daß diese freie Tat von einem für sich isoliert existierenden, in sich selbst gar keine positive Bestimmung enthaltenden *Ich-Selbst* – von einem bloß leeren, dunklen X – herstammt. Nein ganz im Gegenteil, dieses Sprechen Adams ist ein Ereignis, das sich – der ursprünglichen, von seiner eigenen Freiheit völlig unabhängig entschiedenen Bestimmung zum Sein eines einzelnen Menschen genau entsprechend – spontan aus ihm selbst heraus ereignete. Der fröhliche Schrei Adams ist sicher eine durchaus auf seine eigene Verantwortung hin geschehende Selbstbestimmung eines einzelnen Menschen. Er ist aber zugleich ein von der ursprünglich-wesentlichen Bestimmung seines Seins direkt herkommender Widerhall des wortlosen Wortes des gestaltlosen, wahren Subjektes. Daß Adam als einem winzig kleinen, objektiven Subjekt eine Gehilfin nötig ist, das ist die in sein Sein selbst wie eine seiner Rippen hineingesteckte reale Bestimmung, die allen seinen Selbstbestimmungen absolut vorausgeht, die also über allem seinem Bewußtsein einschließlich des von dem Psychoanalytikern so genannten Unbewußten feststeht. Darum stört das von ihm selbst gar nicht verlangte, völlig unerwartete Auftreten eines anderen einzelnen Menschen Eva das volle Sein des ersten einzelnen Menschen Adam nicht. Sondern ganz im Gegenteil wird daran die in seinem eigenen, streng bestimmten Sein selbst enthaltene Fülle der Gnade und Liebe Gottes geoffenbart. Eva selbst ist auch ein einzelner Mensch, ein Geschöpf als Schöpfer, ein objektives Subjekt. Darin ist sie Adam völlig gleich. Diese Gleichheit ist aber weder ein abstrakt-allgemeiner Begriff, noch eine durch menschliche Taten zu realisierende Idee, sondern ein absolut unaufhebbares Faktum, das im Entstehungs- und Bestehensgrund des Menschen selbst fest bestimmt ist. Weder Adam noch Eva sind nur ein Beispiel des Gattungsbegriffes

„Mensch", sondern jeder einzelne Mensch existiert in Wirklichkeit nur als ein kontingentes, unersetzlich-verantwortliches Subjekt, das dazu bestimmt ist, das Licht und die Liebe des Schöpfers in seinem Leibe auszudrücken. So erscheint in der Wechselbeziehung zwischen Adam und Eva notwendig eine relative, jedoch unumkehrbare Ordnung, die jener ursprünglichen, ewig gegenwärtigen Beziehung zwischen Gott und Mensch entspricht, die absolut untrennbar, unvermischbar und unumkehrbar ist. Kurz, die Ehe zwischen Adam und Eva ist die erste menschliche Gemeinschaft, in der sich das absolut unerschütterliche, einzig und einzigartig reale Verhältnis zwischen den einzelnen, wirklich existierenden Menschen und ihrem unentgeltlich gnädigen Herrn aufs unmittelbarste offenbart hat. Das ist der verborgene Grund, um dessentwillen selbst wir modernen Menschen in der unbewußten Tiefe unseres Herzens etwas fühlen, was nicht stimmt, wenn wir unsere Ehe behandeln, als könne sie nur ein Mittel oder eine Folge irgendeines anderen, kulturellen, politischen oder religiösen Zwecks sein, wie hoch und groß dieser auch immer sein mag. Wie ein origineller japanischer Ökonom einmal gesagt hat, spielt die Ehe bzw. die einzelne Familie in der hochentwickelten industriellen Welt in ökonomischer Hinsicht keine so große Rolle mehr, wie dies in der patriarchalischen Zeit der Fall war. Sie sei dem Nabel am menschlichen Leibe in etwa ähnlich. – Gewiß eine sehr interessante und zutreffende Ansicht. Die Ehe ist besonders in der heutigen Welt, in der alles einen äußerst großen Umfang angenommen hat, eine sehr kleine Angelegenheit. Wie es aber keinen menschlichen Leib ohne einen Nabel gibt, so gibt es auch keine großen Gemeinschaften ohne die einzelnen Ehen. Es gab in Japan sogar einen berühmten Professor der Medizin, der an dem jeweiligen Zustand des Nabels die wirkliche Lage und Situation des ganzen Leibes fast fehlerfrei diagnostizieren konnte. Das erinnert mich von selbst an die erstaunliche Einsicht von Karl Marx, der in seinem frühen Werk „Ökonomisch-philosophische Manuskripte" schreibt, daß es ein deutliches Zeichen für den gesundheitlichen Zustand einer ganzen Gesellschaft gebe, nämlich wie es um die Ehe in dieser Gesellschaft bestellt sei.

## *III. Vom Baum der Erkenntnis des Guten und Bösen und die Sünde des Menschen als die unmögliche Möglichkeit*

Wie kann aber der erste frohe Schrei Adams vor Eva, die wahre Gesundheit der menschlichen Ehe in dieser Welt bewahrt und weiterentwickelt werden? – Eben darauf antwortet für uns die biblische Geschichte ganz einfach, jedoch aufs klarste, daß es vor allem davon abhänge, ob der Mensch das eine Verbot Gottes stets beachtet oder nicht:

> „Und Gott der Herr nahm den Menschen und setzte ihn in den Garten Eden, daß er ihn bebaute und bewahrte. Und Gott der Herr gebot dem Menschen und sprach: Du darfst essen von allen Bäumen im Garten, aber von dem Baum der Erkenntnis des Guten und Bösen sollst du nicht essen; denn an dem Tage da du von ihm issest, mußt du des Todes sterben." Gen 2,15–17

Die meisten Gelehrten heute, selbst der große Zen-Buddhist *Suzuki* Daisetsu, legen diese Verse so aus, als ob damit die menschliche Erkenntnis als solche verboten oder noch nicht erlaubt sei. Folglich legen *Suzuki* u.a. das Übertreten dieses Verbotes durch Adam und Eva bzw. das Geöffnetwerden ihrer Augen nur so aus, als weise es auf die notwendige Entwicklung des menschlichen Lebens vom reflexionslosen Zustand des Kindes zum bewußt denkenden des Erwachsenen hin.

Aber kurz vor jenen Versen, die die Geschichte der Schöpfung Evas aus einer Rippe Adams darstellen, teilt die Bibel folgendes mit:

> „Und Gott der Herr machte aus Erde alle die Tiere auf dem Felde und alle die Vögel unter dem Himmel und brachte sie zu dem Menschen, daß er sehe, wie er sie nennte; denn wie der Mensch jedes Tier nennen würde, so sollten sie heißen. Und der Mensch gab einem jeden Vieh und Vogel unter dem Himmel und Tier auf dem Felde seinen Namen". Gen 2,19–20a

Ist denn das Erkennen des Menschen etwas anderes, als wenn er einem jeden Existierenden, das ihm begegnet, je seinen richtigen Namen gibt, damit er selber mit Hilfe aller anderen Dinge in dieser Welt sich recht orientierend leben kann? Jenes göttliche Verbot des Essens vom Baum der Erkenntnis des Guten und Bösen, der mitten im Garten wächst, kann also keineswegs eine niedrigere Stufe innerhalb der Entwicklung des menschlichen Lebens und Wissens bedeuten. Es verbietet nur, daß Adam seinen Gott vergißt, daß sich der Mensch, der nur als ein Objekt des wahren Subjektes erst ein freies Subjekt sein kann, unversehens einbildet, er sei selbst doch das wahre Subjekt, daß er ohne Gott den Herrn für sich selbst leben und mit anderen Dingen und Lebewesen umgehen könne. Denn seine eigene, freie Subjektivität hat er nur von Gott dem Herrn selbst empfangen, als das Ebenbild Gottes, das das Leben und Licht Gottes möglichst frisch, klar und deutlich an seinem eigenen Leibe leuchten läßt. Wenn seine Subjektivität, seine freie Existenz selbst nur lauter Geschenk Gottes des Herrn ist, dann braucht kein Wort darüber verloren zu werden, daß all sein Haben von seinem Gott dem Herrn herkommt, daß der Mensch nichts schaffen und haben kann, was nicht von Gott dem Herrn gegeben wird. Soweit er diesen Gott den Herrn, der ihn selbst geschaffen hat, festhält und Tag für Tag zum neuen, schöpferischen Leben mit der unentgeltlichen Liebe auffordert, vollkommen treu, folglich seinem eigenen ursprünglichen Wesen gemäß echt natürlich lebt, kann keine gründliche Erstarrung, Unterdrückung, Verbiegung und Spaltung in seinem Leben auftreten. Nicht einmal das Bewußtsein, die Erkenntnis des Gegensatzes zwischen dem Guten und Bösen, könnte sich dann im Menschen ereignen, geschweige denn die törichte Einbildung, er sei der wahre Herr des Urteils über das Gute und Böse des Menschen.

Leider aber ist der Mensch, nach der biblischen Geschichte zuerst Eva und dann Adam, in der Versuchung des Nichtigen in Gestalt der Schlange gefallen. Sie haben das einzige Verbot Gottes vergessen und die gesegnete Grenze zwischen ihnen und ihrem Gott dem Herrn übertreten. Sie dachten, daß sie sich nun direkt und dicht miteinander vereinigen und fröhlich füreinander leben könnten – ohne jede Rücksicht auf jenes lästige Verbot Gottes, der als absoluter Herr immer völlig versäumt, sie zuerst zu fragen, was sie sich eigentlich wünschen und wollen.

Was ist dann aber in Wirklichkeit für sie selbst geschehen? Plötzlich befinden sie sich nun mitten in der Finsternis, die sie mit dem Tode bedroht. Sie müssen sich voreinander schämen. Sie können sich nicht enthalten, sich selbst ein Mittel zu verschaffen, das sie am tiefsten und wichtigsten Punkt ihres Umgangs voreinander verbirgt. Sie können nicht einmal ertragen, den Schritt Gottes zu hören.

> „Und sie hörten Gott den Herrn, wie er im Garten ging, als der Tag kühl geworden war. Und Adam versteckte sich mit seinem Weibe vor dem Angesicht Gottes des Herrn unter den Bäumen im Garten." Gen 3,8

Welch ein fürchterliches und bizarres Schicksal des Menschen, daß er, der mit seiner lieben Frau für sich und für ewig völlig frei, selbständig und vernünftig sein Leben genießen wollte, nun zum armen, zwiespältigen Wesen geworden ist, das Tag und Nacht vom Tode bedroht, das heitere Leben am sicheren Ort sucht, in Wirklichkeit aber sich selbst unausweichlich am dunklen Ort unter den Bäumen verstecken muß, als ob dies für ihn in Wahrheit möglich wäre!

## *IV. Die Kluft zwischen Adam und Eva als die erste Folge ihrer Sünde*

Indem sich Adam mit seinem Weib „unter den Bäumen des Gartens" versteckt, kann er sich in Wirklichkeit nicht im geringsten außerhalb der

Sichtweite Gottes des Herrn setzen, die durch den ursprünglichen Kontakt- und Grenzpunkt zwischen Gott und Mensch hindurch in diese Welt reicht.

„Gott rief Adam und sprach zu ihm: Wo bist du?“ Gen 3,9

Geht diese Frage Gottes nicht heute noch, ja gerade heute, jeden von uns direkt und persönlich an? Hören wir nicht in dieser Frage die unaussprechliche Liebe und Trauer, den Zorn und Humor Gottes des Herrn?

„Und Er (Gott) sprach: Wer hat dir gesagt, daß du nackt bist?
Hast du nicht gegessen von dem Baum, von dem ich dir gebot, du solltest nicht davon essen? Da sprach Adam: Das Weib, das du mir zugesellt hast, gab mir von dem Baum, und ich aß. Da sprach Gott der Herr zum Weibe: Warum hast du das getan? Das Weib sprach: Die Schlange betrog mich, so daß ich aß.“ Gen 3,11–13

Ach, wir sehen hierin das „menschliche, allzu menschliche Verfahren“, das sogar denen unter uns modernen Menschen so sehr ähnlich ist, die wir uns unserer Freiheit und Selbständigkeit rühmen, die wir aber unsere eigene Schuld auf einen anderen, und zwar am meisten auf den intimsten Menschen abschieben, als ob dieser unser Herr wäre, dem zu widerstehen für uns selbst absolut unmöglich ist. Es ist zwar eine nicht zu verneinende Tatsache, daß es Eva war, die das Verbot Gottes, die heilige, gesegnete Grenze des Menschen zuerst übertreten hat. Und dies kann freilich nicht ohne eine große Einwirkung auf ihren Mann bleiben. Jedoch ist es Adam anheim gestellt, wie er selbst darauf reagieren will. Erinnert uns das nicht an manche oder vielmehr an die meisten Machthaber von heute, sowohl im materiellen als auch im geistigen Lebensbereich, ungeachtet der Tatsache, ob sie im Westen oder im Osten, im Norden oder im Süden leben. Außerdem: vergessen wir nicht, daß dieses törichte Verfahren keineswegs eine Angelegenheit ist, die nur den Machthabern eigentümlich ist, daß wir schwache und unterdrückte Menschen auch nicht so einfach von jener Versuchung des Nichtigen, von der trägen Eitelkeit der Machthaber frei bleiben können, die gerne ihre eigene Schuld restlos auf das einfache Volk abzuschieben versuchen. Selbst bei der gerechtesten, tapfersten Bewegung materieller und geistiger Revolution können wir Menschen allzu leicht von der gefährlichsten Selbsttäuschung gefangengenommen werden, als finge alles Gute mit unserem Reden und mit unseren Taten an, als könnten wir Menschen den wahren Grund des glückseligen Lebens des ganzen Menschengeschlechtes errichten. Die Verzweiflung, der Nihilismus und die wahnsinnige Klage gegen alles Menschliche, der nichtige Fluch gegen das Schicksal des menschlichen Seins selbst – das sind die notwendigen Folgen jenes ersten Fehltrittes, der, gar nicht überwunden, auch in unserem Aufstand gegen die bestehenden Ungerechtigkeiten steckt.

Was spricht und wie verfährt die arme Eva selbst, auf die ihr lieber Adam seine Schuld abgewälzt hat?

„Das Weib sprach: Die Schlange betrog mich, so daß ich aß." Gen 3,13b

„Die Schlange" kann je nach Situation in verschiedenen Formen erscheinen. Trotzdem ist eines sicher, daß sie von keinem Seienden im positiven Sinne, sondern nur aus dem wortwörtlich Nichtigen herkommt, das in Wahrheit keine Kraft hat, jenes eine Verbot Gottes, die unübertretbare feste Grenze des menschlichen Seins zu erschüttern. Und Eva rechtfertigt sich selbst, kümmert sich um ihren tief betrübten Mann gar nicht. Sie klagt nur: Die Schlange betrog mich, so daß ich aß – als ob sie in dem Augenblick nicht unmittelbar in der gnädigen Hand Gottes ihres Schöpfers, an der unübertretbaren Grenze des einzelnen Menschen gestanden hätte; als wäre also jenes Nichtige doch etwas, was ein positiv Seiendes ist, das sogar die Kraft hätte, jenes Gebot Gottes voll Liebe zu vernichten. Kurz, die schwache, arme Eva spricht und verfährt genauso eitel wie ihr Mann Adam.

## *V. Die Verjagung aus dem Garten Eden und die Grundsituation des Menschen in Bezug auf Gott den Herrn*

„Da wies ihn Gott der Herr aus dem Garten Eden, daß er die Erde bebaute, von der er genommen war. Und er trieb den Menschen hinaus und ließ lagern vor dem Garten Eden die Cherubim mit dem flammenden, blitzenden Schwert, zu bewachen den Weg zu dem Baum des Lebens." Gen 3,23

Auf Grund dieses biblischen Verses meinen die meisten Christen, sowohl im Westen als auch bei uns im Osten, daß sich der Mensch nun wegen seiner Sünde nicht nur aus Eden, wo keine „Erkenntnis des Guten und Bösen" in ihm geschah, wo sie für ihn gar nicht nötig war, sondern auch von jenem ursprünglichen, unübertretbar heiligen Grenz- und Kontaktpunkt zwischen Gott und Mensch entfernt habe. Sie stellen sich also einerseits den heiligen Gott und andererseits den sündigen Menschen vor, der, vom heiligen Gott selbst abgesondert, seinen eigenen Lebensraum für sich hat. Der fest entschiedene, unmittelbare Kontakt- bzw. Grenzpunkt zwischen Gott und Mensch müsse dann nachher irgendwo und „irgendwie" geschaffen werden. Und gerade das sei durch die Geburt und den Kreuzestod Jesu von Nazareth für uns Sünder vollzogen worden – das ist der „Glaube" der meisten Christen bis heute.

Denken wir aber genau und aufmerksam darüber nach, was wir eigentlich meinen, wenn wir vom Menschen reden, der abgesondert von Gott seinen eigenen Lebensraum für sich hat. Dann werden wir bald – wenn Gott es will, recht bald – merken, daß ein solcher Mensch eine Fiktion des für die Wahrheit und Wirklichkeit des Menschseins blinden Menschen, eine Frucht der raffinierten Versuchung jenes Nichtigen ist. Denn wir Christen sind dabei mit den gewöhnlichen, „aufgeklärten" modernen Bürgern zusammen der Meinung, es wäre selbstverständlich, daß ein solcher Mensch ohne Gott wirklich existiere. Genau gesehen ist jedoch dieser Mensch nur ein dunkles X, das zwar sprechen soll und schaffen können muß, das *selbst* aber im Grunde gar nicht eindeutig bestimmt ist, weder in seiner Objektivität noch in seiner Subjektivität. Woher sein Sprechen und Schaffen ursprünglich kommt, worauf es schließlich hinausgeht, auf welchem Boden es in Wahrheit vollzogen wird, das alles schwebt in bodenloser Finsternis. Trotzdem meinen wir modernen Christen, das sei eine selbstverständliche Angelegenheit, deretwegen besonders und ernsthaft zu fragen gar nicht notwendig sei. Die heimliche Angst bzw. die Furcht vor dem Tod in der unbewußten Tiefe des Herzens ist die notwendige Folge einer solchen, heute allgemein verbreiteten Leichtfertigkeit, Hoffart und Trägheit im modernistischen Denken. Dann wäre der Name „Gott", selbst wenn er mit Eifer aus- und angesprochen würde, nur ein Widerhall unserer selbstverdienten Verzweiflung, ein Zeichen der vulgär religiösen Sehnsucht, d.h. des schamlos selbstsüchtigen Verlangens nach der ewigen Ruhe eines Menschen, der, seinen wahren Herrn vergessend, selber Herr sein will. Wie fürchterlich wäre es, wenn der Name „Jesus Christus" für uns „Christen" selbst nur solange einen uns anrührenden Sinn hätte, als jener böse Traum in uns dauert. „Der einzige Mittler Jesus Christus" wäre dann nur ein raffinierter Lückenbüßer, der jenen Feigenblättern von Adam und Eva allzu ähnlich ist.

Gerade hierin lag der einzige Grund des schonungslosen „Nein" von Karl Barth gegen die „theologia naturalis" Emil Brunners u.a. Für Karl Barth selbst war „Jesus Christus" einzig und allein der Name des Urfaktums Immanuel, des Immanuel im ersten Sinne, den kein Teufel im geringsten erschüttern kann, in dem die Wurzel der Sünde des Menschen selbst – völlig ungeachtet dessen, ob er gläubig ist oder nicht – einfach vertilgt ist. Abgesondert von diesem Urfaktum Immanuel, das auf uns alle wartet, daß wir durch *Ihn* selbst von der eitlen Subjektivität weg in das neue, objektiv fest begründete Leben hineinkommen, gibt es für Karl Barth keine Menschenwelt – auch nicht die Welt des gefallenen Menschen. Darum war das Urfaktum Immanuel, der Immanuel im ersten Sinne, den er mit dem Namen „Jesus Christus" bezeichnet, nicht nur dort und damals vor 2000 Jahren, sondern er war schon im Anfang und wird auch am Ende dieser Welt sein. Der Weg von der Schöpfung durch das Wort Gottes zur Versöhnung mit dem gegen dieses

Wort sich auflehnenden Menschen wird so notwendig, daß keine andere Wahl für Gott selbst möglich ist. Hier im Urfaktum Immanuel selbst stehen Vergangenheit, Gegenwart und Zukunft auf ganz anderer Ebene als die Modi der Zeit innerhalb dieser Welt. Das von Ewigkeit her fest Bestimmte ist hier zugleich das für ewig Zukünftige und das jeden Augenblick bei jedem ganz konkret und individuell Gegenwärtige. Darin und nur darin ist die Grundstruktur bzw. die Dynamik des Lebens jedes einzelnen Menschen und der Geschichte des ganzen Menschengeschlechts gegründet, die je und je als eine unausweichlich-verantwortliche Antwort auf das Wort des Urfaktums Immanuel geschieht. Es tut mir nur leid, daß selbst Karl Barth, immer noch vom im Westen üblichen Denken gebunden, nicht frei genug über das wirkliche Sein des Menschen zu denken wagte, daß er an den einfach existierenden Grenz- und Beziehungspunkt nicht denken konnte, ohne ihn mit einer sichtbaren Gestalt zu begründen.

## *VI. Abraham – die Familiengemeinschaft, der einzelne Mensch und die Glaubensgemeinschaft*

Was (und wie) ist in der ursprünglichen Beziehung zwischen Gott und Mensch anders geworden als vorher, indem Eva und Adam vom „Baum der Erkenntnis des Guten und Bösen" gegessen haben? Nachdem diese Missetat vollzogen worden ist, spricht und ruft Gott persönlich den Adam an: Wo bist du? – Nach der biblischen Geschichte hat der Mensch also gar keinen Raum erworben, worin er sich selbst verstecken und ohne die direkt-persönliche, ihn mit seinem Eigennamen in Anspruch nehmende Beziehung Gottes zu ihm irgendwie leben könnte. Die unmittelbar persönliche Beziehung, der gnadenvolle Kontakt- und Grenzpunkt zwischen Gott und Mensch, zwischen dem absolut schöpferischen Schöpfer und dem Geschöpf als Schöpfer, bleibt nach dem „Sündenfall" Adams wie zuvor. Die unentgeltliche Liebe Gottes zum Menschen bleibt trotz des Menschen törichter Auflehnung unverändert. Gott der Herr machte sogar Adam und seinem Weibe Röcke von Fellen und zog sie ihnen an (Gen 3,20). Er will letzten Endes ihren Nachkommen den ihn in die Ferse stechenden Kopf jener Schlange zertreten lassen (Gen 3,15). Trotz allem selbstverdienten Schaden wurde Adam von Gott erlaubt, den Acker zu bebauen und im Schweiße seines Angesichts sein Brot zu essen, bis die Zeit des Endes seiner Knechtschaft kommt (Gen 3,17–19).

Was sich also durch die Sünde Adams verändert hat, ist nur der Zustand, die innergeschichtliche Situation des Menschen. Der Mensch hat durch sein

„Übertreten“ des Verbotes Gottes in Wirklichkeit gar nicht die von Gott selbst fest eingesetzte Grenze zwischen Gott und Mensch übertreten können, wie er es träumte und wollte. Er hat nur allerlei Schaden, der ihm sonst hätte erspart werden können, in und außer sich herbeigeführt, wie wir es in den Klagen Adams gegen Eva, die ihn verführt hat, und im gegenseitigen Haß zwischen beiden aufs deutlichste sehen. Wir dürften uns wohl von einigen Versen, z.B. Genesis 3,16, wo von den Mühen des Kindergebärens beim Weib, und Genesis 3,18, wo von „Dornen und Disteln“ des Ackers die Rede ist, nicht dazu verführen lassen, menschliches Unglück aller Art ohne weiteres als die notwendige Folge der Sünde des betreffenden Menschen zu beurteilen. Daß die Bibel im ganzen nicht dieser Meinung ist, das kann man nicht nur aus dem Neuen Testament (z.B. Joh 9,2ff), sondern auch aus dem Alten Testament (z.B. Hiob) ohne jeden Zweifel feststellen. Was trotzdem auf alle Fälle klar wird, ist, daß der Mensch sich durch das Übertreten des Verbotes Gottes, das in der Mitte des Gartens eingesetzt ist, im tiefsten Kern seines Lebens krank macht, daß aus diesem verborgenen Krankheitsherd unvermeidlich allerlei offensichtlicher Schaden ins Leben der einzelnen Menschen und der intimsten Gemeinschaft hereinwachsen wird. Selbst jene furchtbare Mühe des gebärenden Weibes ist nicht ohne Zusammenhang damit, von der Verschmutzung und Verwüstung der Natur in der heutigen Welt gar nicht zu sprechen.

Das alles aber bedeutet keineswegs, daß die in Gott dem Herrn selbst festgehaltene Beziehung, der liebevolle Einheitspunkt, der zugleich der strengste Grenzpunkt zwischen *Ihm* und jedem einzelnen Menschen ist, durch die Sünde des Menschen erschüttert und aufgelöst sei. Sondern es bedeutet nur, daß diese ursprüngliche Beziehung Gottes des Herrn zum Menschen, die zugleich unbedingtes Ja und Nein, die absolute Segnung und das unübertretbare Verbot ist, nun *für den Menschen* in um so schärferer Form wirkt.

> „Und Gott der Herr sprach: Siehe, der Mensch ist geworden wie unsereiner und weiß, was gut und böse ist. Nun aber, daß er nur nicht ausstrecke seine Hand und breche auch von dem Baum des Lebens und esse und lebe ewiglich!“ Gen 3,22

Das scheint auf den ersten Blick, als hätte die Schlange recht gehabt, als sie zum Weibe sprach: „Ihr werdet keineswegs des Todes sterben, sondern Gott weiß: an dem Tage, da ihr davon esset, werden eure Augen aufgetan und ihr werdet sein wie Gott und wissen, was gut und böse ist.“ (Gen 3,4–6)

Jedoch wehe dem, der in jener Sprache Gottes des Herrn nicht seine unaussprechliche Trauer und seinen Zorn mithört, die aber wegen seiner bedingungslos festen und realen Autorität zugleich von selbst als gelassenster

Humor ausbricht! Seine unentgeltlich-freie Liebe bleibt unverändert. Sie ist nie etwa eine „bloß unmittelbare“ Liebe, die nachher durch irgendein anderes Verhalten, von Ihm „vermittelt“, erst zur wirklichen Liebe werden müßte, wie es uns jener aufgeblasene Theologe „des Schmerzes Gottes“ (Kitamori) in Japan lehren will. Es sollte und könnte ein echter japanischer Christ vielmehr in jenem Ausspruch Gottes des Herrn seine tiefverborgene Liebe und selbstlose Sorge für seinen zügellosen, armen Menschen hören, der nun ohne Ruhe und Hoffnung in den grausam-endlosen Zirkel versinken würde, indem er sich nicht einmal mit dem Essen vom Baum der Erkenntnis des Guten und Bösen zufriedengeben will, sondern auch „seine Hand ausstreckt und auch von dem Baum des Lebens ißt“ – indem er sich nämlich nun das ewige Leben selbst aneignen und zum letzten Richter über das Gute und Böse machen will. Könnte das nicht der eigentliche Sinn sein, der auch in der im Buddhismus üblichen Lehre der endlosen Seelenwanderung angedeutet ist? – Die Liebe Gottes schützt den Menschen, der sein Verbot übertreten hat, vor dieser Gefahr, indem er vor dem Garten Eden die Cherubim mit dem flammenden, blitzenden Schwert lagern ließ, zu bewachen den Weg zum Baum des Lebens. Insofern ist der Weg zum Paradies für den Menschen nicht einfach verschlossen. Gerade indem der direkte Weg vom Menschen zum Paradies durch das flammende, blitzende Schwert abgeschnitten worden ist, ist – so könnte man sagen – der wahre Weg zum Paradies in jenem heiligen Beziehungspunkt Gottes des Herrn zum sündigen Menschen um so fester erhalten geblieben.

Die Liebe Gottes des Herrn bleibt unverändert, wirkt für ewig neu. Weil die Ordnung zwischen den beiden durch die strenge Liebe Gottes des Herrn hindurch ausdrücklich anerkannt wird, besteht die Liebe, die Ehe zwischen Adam und Eva auch im Raum Gottes des Herrn ordentlich, obgleich dieser Raum für sie beide nicht mehr einfach das Paradies sein kann.

Trotz ihrer Schuld gilt das Wort Gottes „Es ist nicht gut, daß der Mensch allein sei“. Es läßt sich von neuem hören. Adam und Eva lieben nun einander, ohne daß sich sowohl Adam als auch Eva der Selbständigkeit und Freiheit des einzelnen Menschen ohne weiteres rühmen, noch sich miteinander unmittelbar vereinigen wollen. Weder die Liebe noch die Ordnung der Ehe kann mehr für sich allein bestehen, um sich selbst dem Außen gegenüber einzuschließen. Sie muß vor allem für die verheißungsvolle, strenge Beziehung Gottes zum einzelnen Menschen offen sein und damit von selbst auch für ihre eigene Zukunft und für alle anderen Dinge auf dieser Erde. So kommen Kain und Abel nacheinander aus dieser Ehe. Trotz allerlei fürchterlicher Taten und Ereignisse wird die Familie immer größer, bis sie nicht mehr eine Familie bleiben kann. Aus einer Gruppe der untereinander eng verwandten Familien erscheint Abraham, der nicht nur wie jener erste einzelne Mensch Adam unmittelbar vor Gott steht, sondern auch dessen bewußt wird (Gen 12). Er ahnt sogar durch seine tödlich schmerzliche Erfahrung in bezug auf den geliebten Sohn Isaak hindurch, daß die Gemeinschaft der Familie nur da in voller Gesundheit entstehen, bestehen und entwickelt werden kann, wo das intimste Band zwischen Mensch und Mensch einfach und ohne weiteres abgeschnitten ist, wo der einzelne Mensch durchaus als ein einsamer Mensch, jedoch gerade als solcher mit Gott dem Herrn untrennbar in der absolut unumkehrbaren Ordnung verbunden ist. Die menschliche Gemeinschaft der Ehe und Familie kann also in Wirklichkeit niemals eine wahrhaft glückliche Gemeinschaft sein, ohne daß sie darüberhinaus zugleich auch zur menschlichen Gemeinschaft des wahren Glaubens wird. Sonst würde sie notwendig in ihrem tiefsten Kern erkranken. Sie wird dann von ihren einzelnen Gliedern grundsätzlich mehr verlangen, als was sie ihnen liefern kann, also etwas, was diese für die Gemeinschaft unmöglich leisten können. Auf diese Weise würde sie sich mit der Zeit unvermeidlich in einen düsteren Winkel verwandeln, worin die heimliche Heuchelei in aller Form herrscht, bis die sich endlich splittert und auflöst.

## *VII. Mose – die Einzigartigkeit der israelitischen Glaubensgemeinschaft, ihr Segen und ihre Krise*

Was wir aber in bezug auf die Familiengemeinschaft herausgestellt haben, wird sowohl im Positiven wie im Negativen nicht nur für diese, sondern mutatis mutandis auch für die Glaubensgemeinschaft gelten und sogar in einer wesentlichen Hinsicht unvergleichlich schärfer.

Denn die Glaubensgemeinschaft bezieht sich im Gegensatz zur Familiengemeinschaft von Anfang an ausschließlich auf etwas Absolutes, das die betreffende Gemeinschaft fest zusammenhält. Deshalb neigt sie, neigen insbesondere die führenden Menschen sehr leicht dazu, die einmal entstandene Form und Ordnung ihrer Gemeinschaft zu verabsolutieren. In der Familiengemeinschaft ist die Verbindung zwischen den einzelnen Gliedern wegen der sinnlich-natürlichen Nähe von selbst sehr stark. Man braucht keine besonderen Mittel zu haben, um dieses Band künstlich zu stärken.

Andererseits kann man aber diese Verbindung als solche nicht so leicht verabsolutieren, da es offensichtlich mehrere andere Familiengemeinschaften um sie herum gibt. Natürlich neigt die Liebe zwischen einem jungen Paar sehr stark dazu, sich zu verabsolutieren, das geschieht aber nur bei dem betreffenden Paar. Dieser Mann und seine Frau wissen ja, daß ihre Verbindung in Wirklichkeit nicht absolut sein kann, obwohl sie oft fühlen, „die Welt ist für uns beide“, und bewußt oder unbewußt mancherlei Künste erfinden, um dieses Gefühl für ewig dauern zu lassen. In der Glaubensgemeinschaft dagegen kann das die einzelnen Gemeinschaftsglieder miteinander zusammenhaltende Band nicht im gleichen Sinne konkret und sinnlich sichtbar sein wie bei der Familiengemeinschaft. Das Band, das Zentrum dieser Verbindung bezieht sich immer auf etwas, was unsichtbar, jedoch real und ewig sein soll, obgleich es für uns Menschen in Wirklichkeit unmöglich ist, daß jenes Zentrum in jeder Glaubensgemeinschaft je als eine bestimmte, sichtbare Gestalt auftritt. Deshalb kann die Glaubensgemeinschaft nicht so ohne weiteres andauern wie die Familiengemeinschaft. Dafür muß sie strenge Maßnahmen und bestimmte Bräuche – Lehre und Liturgie – haben, die jedes einzelne Glied festbinden. So wird die Kunst für ihre Bewährung notwendig viel bewußter und universaler als bei einem liebenden Paar, obgleich auch die führenden Glieder dabei meistens gar nicht klar erkennen, warum das alles so gemacht werden muß, und ihre Antwort darauf fraglos nicht mehr als eine Tautologie ist.

Bei den Naturvölkern und auch bei den Kulturvölkern, wie z. B. bei den alten Griechen, ist das Zentrum ihrer Glaubensgemeinschaft doch auch ein direkt sinnlich sichtbares und ertastbares Bild. Insofern kann dieses Zentrum der Verbindung nicht bis zum Extrem verabsolutiert werden. Denn daß das betreffende Zentrum nicht etwas Absolutes sein kann, wird mit der Zeit im Laufe der Entwicklung der materiellen Produktionskraft bzw. des intergemeinschaftlichen Verkehrs immer unabweisbarer klar werden.

Hierin stellt das jüdische Volk fast die einzige Ausnahme in der ganzen Welt dar. Sein Gott ist der alleinige Gott der Herr, der wohl einen einzelnen Menschen mit dessen Eigennamen anruft, der aber absolut hoch über allen Gestalten dieser Welt einschließlich der betreffenden Menschen steht – so absolut hoch, daß man ihn vielmehr „nicht seiend“ nennen sollte, wenn man alle anderen wirklichen Dinge, ob menschlich oder nicht, ob einzelne oder gemeinschaftliche, als „seiend“ bezeichnen möchte. Diesen einen Gott als wahrhaft existierenden Herrn fest im Sinne zu behalten, ist für dieses Volk immer unter äußerster Spannung notwendig, die nur durch das Dasein der hörbaren Gesetze und der damit verbundenen drastischen Rituale andauernd bewährt werden kann. So neigt das jüdische Volk sehr leicht zur äußersten, hartnäckigsten Verabsolutierung seiner Glaubensgemeinschaft, die die Gesetze Moses in ihrem Zentrum hat. Sie will das Ganze ihres einzelnen Gliedes in Anspruch nehmen, um sich ihrem Gott durch das Festhalten an den Gesetzen Moses durchaus treu erhalten zu können.

Jedoch ist der Gott des jüdischen Volkes immer vor allem der Gott des einzelnen Menschen, der Gott Abrahams, Isaaks und Jakobs. Die heiligen Gesetze sind nur durch einen einzigen Menschen Mose dem ganzen Volk kundgetan worden. Die Frage selbst ist schon falsch, ob in Israel der Einzelne oder die Gemeinschaft die Hauptsache sei. Der Einzelne und die Gemeinschaft machen gar nicht einen Gegensatz im modernistischen Sinne aus. Folglich kommt es auch gar nicht in Frage, daß man die beiden Elemente theoretisch und praktisch irgendwie in Harmonie zu bringen versucht. Nein, der einzelne Mensch, der von Gott selbst geschaffen ist, wird trotz seiner nicht rückgängig zu machenden Sünde jetzt noch und in jedem Augenblick neu von ihm gehalten, aufgefordert und ermahnt, ungeachtet dessen, ob er sich selbst dessen bewußt ist oder nicht. Der Weg Gottes, auf dem er sich dessen klar bewußt werden und von neuem echt menschliches Leben führen kann, ist für ihn trotz seiner sündigen Unwissenheit immer neu von und in Gott selbst bereitet. Mose selbst ist es, der mitten in seiner schwersten Situation, aus der er irgendwie entfliehen möchte, die strenge Stimme Gottes voller Verheißung gehört hat, daß er den von Gott selbst für ihn bereiteten Weg gehen soll.

Der Grund, auf dem die Glaubensgemeinschaft Israel steht, der Ursprung, von dem sie herkommt, und das Ziel, auf das all ihre Reden und Taten hin ausgerichtet werden sollen – alles liegt weder in den geschriebenen Gesetzen Moses noch in der glänzenden Gestalt seines eigenen Fleisches, sondern einzig und allein im ursprünglichen Willen, in der fest entschiedenen Beziehung Gottes zwischen ihm selbst und einem einzelnen Menschen. Ein einzelner Mensch, soweit er wirklich existiert, verdankt also alles – sowohl seine völlig kontingente Existenz als auch sein positiv schöpferisches Wesen – von Anfang bis zum Ende einzig und allein Gott dem Herrn selbst. Hierin und nur hierin ist die feste Verheißung für das ganze Menschengeschlecht enthalten, die enge Pforte, der schmale Weg zur universal breiten Sicht und der unendlichen Entwicklung gegeben – sowohl für einzelne Menschen als auch für die menschliche Gemeinschaft. Die geschriebenen Gesetze Moses machen nur als ein streng gegliederter Hinweis auf diese verborgene Wahrheit, die bei jedem einzelnen Menschen ist und lebt, das heilige Zentrum des israelitischen Volkes aus. Und daß dieser Hinweis auf die im Sein des Menschen selbst verborgene Wahrheit als die geschriebenen Gesetze Moses das Zentrum des ganzen Lebens ausmachen, das macht dieses Volk zur einzigartigsten Glaubensgemeinschaft. In diesem Sinne ist es eine Tatsache, die man einfach anerkennen muß, daß das Volk Israel ein von Gott selbst auserwähltes, sogar für das ganze Menschengeschlecht auserwähltes Volk ist. Leider aber wollen die meisten Israeliten im Unterschied zu Mose an der ursprünglich-realen Beziehung Gottes zum einzelnen Menschen vorbei als selbstsüchtige Subjekte leben. Als Reaktion dagegen wird dann die Kontrolle durch die führenden Leute im Namen der Gesetze Gottes über ihre Beschränkung als geschriebene Buchstaben hinaus verstärkt. Dann stehen wiederum die einfachen Israeliten gegen diese unterdrückende Kontrolle auf. So geht ein endloser, böser Kreislauf zwischen dem Einzelnen und der Gemeinschaft bzw. die unheilbare Spaltung zwischen dem kontrollierenden Herrscher und dem darunter leidenden einfachen Volk in der Glaubensgemeinschaft. Alles geht hier auch – trotz des großen Unterschiedes zwischen dem äußerst geistigen und äußerst sichtbaren Charakter der beiden Gemeinschaften – in diesem verfluchten Schicksal sehr ähnlich jener Familiengemeinschaft vor sich. Die Geschichte Israels – so könnte man sagen – ist im Grunde immer ein schwerer Kampf weniger bekannter und unbekannter Leute gewesen, die die jeden Einzelnen mit dessen Eigennamen anrufende Stimme Gottes zur Auferbauung Israels hören, gegen ihre Brüder, die, ob Führende oder Geführte, immer wieder an der unentgeltlich gnädigen, zugleich aber unbedingt strengen Beziehung Gottes zu ihnen selbst vorbei sich als freie Menschen oder als selbständiges Volk entwickeln wollen.

Und weil Gottes Beziehung zu diesem Volk, bzw. seine ursprüngliche, absolut konkrete und zugleich absolut universale Beziehung zum einzelnen Menschen, über allen Gestalten und Beziehungen innerhalb dieser Welt steht, deshalb kann nichts in dieser Welt historisch-faktisch in völlig gleicher Weise bestimmen, wie sich die Geschichte dieses Volkes je und dann gestaltet. Wer die Geschichte Israels echt wissenschaftlich, d.h. genau wie sie stattfand, erforschen will, der darf vorher kein Schema haben. Gerade das gläubige Verständnis, die grundsätzliche Einsicht ins reale Sein des Menschen, d.h. in die Urbeziehung Gottes des Herrn zum einzelnen Menschen bzw. zum ganzen Menschengeschlecht fordert von uns bei unserer Forschung dieses durchaus empirische Verfahren.

## *VIII. Das ursprüngliche Wesen des Staates und die Geschichte Israels bis zum Kreuzestod Jesu*

Wie oben erklärt, kann die Familiengemeinschaft in Wirklichkeit niemals nur Familiengemeinschaft für sich bleiben, sondern muß unvermeidlich als irgendeine bestimmte Glaubensgemeinschaft auftreten. Aber nicht nur das. Die Familiengemeinschaft entwickelt sich im Laufe der Zeit notwendig zu einer Gemeinschaft, die in ihrem grundsätzlichen Charakter von ihr selbst völlig verschieden ist. Denn die Familiengemeinschaft ist die Gemeinschaft einzelner Menschen, in der die Blutsverwandtschaft das entscheidende Moment ausmacht. Der einzelne Mensch ist zwar von Geburt an in diese Gemeinschaft eingegliedert und zu ihrer Entwicklung bestimmt. Jedoch besteht diese Tatsache nicht für sich, sondern ist nur eine notwendige Erscheinungsweise der einen großen Tatsache der ursprünglich-universalen Beziehung, ja der Gemeinschaft Gottes des Schöpfers mit dem einzelnen Menschen. Das menschliche Reden bzw. Schaffen kann nicht bloß aus der Blutsverwandtschaft des Menschen herkommen. Es kommt zum Menschen vielmehr direkt von Gott dem Herrn selbst her. Durch dieses Schaffen bzw. Reden des Menschen, das bei anderen Lebewesen nicht zu finden ist, das sich Schritt für Schritt, doch mit der Zeit immer genauer und ausführlicher zu entwickeln bestimmt ist, gelangt die Familiengemeinschaft eines Tages notwendig zu der Stufe, wo die Blutsverwandtschaft nicht mehr das entscheidende Moment der Gemeinschaft ausmachen kann, wo eine menschliche Gemeinschaft, nun grundsätzlich genommen, über alle Verschiedenheit der Abstammung hinaus das ganze Menschengeschlecht nicht nur enthalten kann, sondern auch irgendwann wirklich enthalten wird. Auf dieser Stufe steht zuerst eine solche Gemeinschaft der anderen Gemeinschaft gegenüber, die im Grunde wesentlich genauso wie jene zur Ausbildung der das ganze Menschengeschlecht in sich enthaltenden Gemeinschaft bestimmt ist. Dies wird erst dann offensichtlich, wenn sich die materielle Produktivkraft des Menschen zu einer ziemlich hohen Stufe entwickelt hat. Jedoch im Grunde genommen enthält die Familiengemeinschaft selbst, soweit sie die Gemeinschaft der einzelnen Menschen ist, schon von Anfang an auch diesen Charakter. Nur wird es nun vor aller Augen offenbar, daß die menschliche Gemeinschaft, genau besehen, immer drei streng zu unterscheidende Momente enthält, die sich aber voneinander nie trennen lassen, die vielmehr aufeinander – ob positiv-gesund oder negativ-krankhaft – notwendig einwirken. Denn die über die Grenze der Familie hinausgehende und insofern grundsätzlich neue Gemeinschaft kann weder an dem einzelnen Menschen vorbei entstehen noch bestehen, von denen jeder aber als ein objektives Subjekt des absoluten Subjektes unausweichlich von Gott selbst wie jener Adam gefragt ist, die sich also bewußt oder unbewußt als eine bestimmte Antwort auf die Frage Gottes gestalten müssen. Ich meine also, daß die Gemeinschaft, die man von alters her „Staat" nennt, notwendig einerseits die von ihr selbst grundsätzlich verschiedenen Familiengemeinschaften in sich enthält, andererseits aber zugleich unvermeidlich selbst als eine bestimmte Glaubensgemeinschaft erscheinen muß. Dies wird man am deutlichsten an der Geschichte der Entstehung des israelitischen Staates bzw. dessen Königen Saul, David, Salomo usw. merken können. Die Geschichte Israels wird mit dem Auftreten des ordentlichen Staates bzw. dessen Königen sowohl im positiven als auch im negativen Sinne noch spannungsvoller als vorher. Jener Kampf der wenigen, echt gläubigen Einzelnen gegen die Mehrheit der anderen, besonders der Mächtigen, die sich an der von Gott eingesetzten, gesegneten Grenze des menschlichen Seins vorbei bewahren und ihren Staat befestigen wollen, wird immer schwerer und schärfer, zumal die Gemeinschaft als Staat – obwohl er wesentlich genommen keine klimatisch-biologische Grenze hat, sondern vielmehr dazu bestimmt ist, sich letzten Endes als Weltstaat zu gestalten, folglich auch subjektiv danach trachtet – jedoch zugleich von mehreren anderen Staaten umgeben ist, die ebenso eifrig danach streben. Die Propheten treten in jeder großen Krise Israels nacheinander auf, bis dann endlich der fremde, römische Weltstaat auch das Reich Davids erobert und bis sich dementsprechend in diesem Reich der Kampf zwischen jenen beiden, den wahren Gläubigen und den Ungläubigen einschließlich der Pseudo-Gläubigen, zur äußersten Form zuspitzt, in der es vor aller Augen offenbar wird, worauf alles im Leben und in der Geschichte des Menschen schließlich ankommt, was eigentlich und direkt hinter all diesen grausamen Dramen verborgen liegt. Insofern ist das Leben Jesu von Nazareth bis zu seinem Kreuzestod gerade diese äußerste Spitze, das letzte Ziel der Geschichte Israels bzw. des ganzen Menschengeschlechtes, über das hinaus diese nicht mehr gehen kann und auch in aller Zukunft nicht zu gehen braucht.

Da ist sozusagen der letzte Trick des Teufels, auf den er alle Kräfte konzentriert, entschieden zerbrochen – durch die Kraft Gottes des Immanuel, vor dem der Teufel von Anfang an nur das Nichtige ist. Der von Ewigkeit her zu Ewigkeit hin fest bestimmte Sieg Gottes gegenüber dem Teufel, der aber für uns Sünder unerreichbar tief verborgen liegt, wird hier am Kreuz von Golgatha sonnenklar geoffenbart. Es erinnert uns von selbst an den Spruch Gottes des Herrn über den Nachkommen Evas und den Nachkommen der Schlange in jenem Garten Eden.

Die Jünger Jesu haben erst nach dem Kreuzestod ihres Meisters mit unaussprechlicher Freude und Reue entdeckt, daß die Reden und Taten Jesu, seine fleischliche Gestalt voll Liebe und Ermahnung, kurz, daß Jesus von Nazareth sicher tot ist und bleibt, daß er trotzdem nicht einfach tot, sondern ganz im Gegenteil jetzt noch mit ihnen und für sie alle lebt. Denn die Reden und Taten Jesu von Nazareth sind jedesmal durchaus eine, der einmaligen Situation entsprechend, auf seine eigene unersetzbare Verantwortung hin vollzogene Entscheidung. Der verborgene Kern, der Ursprung der Kraft all dieser Reden und Taten, steckt keineswegs innerhalb dieser fleischlich-sichtbaren Gestalt namens Jesus von Nazareth, an die sie während seiner Lebenszeit glaubten und an die sie sich anlehnten, sondern allein in dem einen Halt, der sein eigenes *Ich-Selbst* gründlich tötet und gerade dadurch zum neuen Leben auferstehen läßt, den Jesus selbst in seiner Lebenszeit im Gegensatz zu seinem eigenen Willen immer als „den Willen meines Vaters" bezeichnet. Die lebendige Kraft dieses geheimnisvoll-wunderbaren Einheits- bzw. Grenzpunktes, das Evangelium Gottes, wollte er sich nicht für sich allein aneignen, sondern auf Kosten seines eigenen Lebens allen Menschen, insbesondere allen Kindern seines Vaterlandes Israel verkündigen (Mt 4,23; Mk 1,14). Eben diesen letzten Halt, der Jesus in seinem unerträglichen Leiden festgehalten hat, haben die Jünger zu ihrer großen Überraschung bei sich selbst entdeckt, als sie nicht mehr, nicht einmal die Knochen ihres Meisters, bei sich behalten konnten und mitten in der bodenlos-endlosen Finsternis wie versteinert dastanden.

Es ist also sehr natürlich und wohlverständlich, daß die Jünger Jesu die fleischliche Gestalt bis zu seinem Kreuzestod als das einzigartige Fleisch bezeichneten, das der Wille Gottes, der unerschütterliche Einheits- und Grenzpunkt zwischen Gott und Mensch, also der Sohn Gottes durch seinen Geist genommen hat, um uns blinde, vom Nichtigen gefangene Sünder zu diesem einen radikal und real befreienden Punkt – zum Urfaktum Immanuel erwachen zu lassen. So verkündigen sie nun dasselbe Evangelium Gottes, das der Mensch Jesus in seiner Lebenszeit verkündigte, als das Evangelium Jesu Christi später weiter als die Fleischwerdung des Wortes Gottes, das im Anfang bei Gott selbst und Gott war, durch das allein alle Dinge gemacht sind und ohne das nichts gemacht ist, bzw. als den um der Befreiung der vom Teufel gefangenen Sünder willen vollzogenen Kreuzestod des wahren Christus, des Sohnes Gottes, der auferstanden zur Rechten Gottes sitzt und am letzten Tage kommen wird, um uns Menschen, die Lebenden und die Toten zu richten.

## *IX. Was können und sollen wir heute von der Geschichte Israels für unser Thema „Der Einzelne und die Gemeinschaft" lernen?*

Anläßlich der Geschichte von Adam und Eva sind wir, ohne es besonders darauf abzusehen, bis zum „zweiten Adam" (I.Kor 15,45–50) gekommen. Was sollen und können wir daraus für unser angesprochenes Thema „Der Einzelne und die Gemeinschaft" lernen? Mit einer möglichst kurzen Zusammenfassung möchte ich diesen unerwartet so lang gewordenen Vortrag schließen.

1.

Der einzelne Mensch existiert nie für sich allein, wenn er auch von aller Gemeinschaft ausgeschlossen, ganz allein und einsam sein müßte. Nein, in seinem Entstehungs- und Bestehensgrund ist und lebt tatsächlich Gott der Herr, der den Menschen aus einem Erdenkloß geschaffen hat, ihn mit sich selbst sein läßt und zugleich zwischen ihm selbst und dem Menschen eine unübertretbare Grenze zieht, die jedoch der ewig neue feste Grund, das letzte Ziel und der unerschöpfliche Ursprung aller echt schöpferischen Taten und Reden für den Menschen ist. Das Sein, der Sinn des einzelnen menschlichen Lebens, kann also niemals von etwas Gutem und Schönem innerhalb dieser Welt einschließlich der christlichen Religion begründet werden, was auch für sein glückliches Leben gar nicht nötig ist. Wer dies für nötig hält, der muß notwendig in die bodenlos-finstere Kluft fallen. Ja, dieser Gedanke, diese Sucht selbst kommt nur aus dem bloß Nichtigen zu ihm.

2.

Der einzelne Mensch existiert, d.h. nichts anderes, als daß er von Anfang an zu Gott, zu anderen Dingen und Menschen und erst als solcher auf sich selbst hin gerichtet ist. Von diesem einen streng bestimmten Ursprung her treten vor dem einzelnen Menschen dieser Welt notwendig drei grundsätzlich verschiedene Arten von Gemeinschaften auf, nämlich die Familie, die Glaubensgemeinschaft und die Volksgemeinschaft oder der Staat. Das eine Licht der Gemeinschaft Gottes mit seinem einzelnen Menschen spiegelt sich an diesem notwendig in diesen drei Formen der menschlichen Gemeinschaft wider. Jede der Formen hat ihren eigenen Charakter, ihre wesentlich bestimmte, unersetzliche, jedoch als solche begrenzte Rolle, die die ursprüngliche, absolute Begrenzung des Menschseins durch Gott den Herrn, jede in ihrer Weise, widerspiegelt.

a) In der Familiengemeinschaft ist es aufs klarste sichtbar, daß der Mensch ursprünglich und letztlich nur ein äußerst beschränktes Naturding und allein und gerade als solches ein freies Subjekt sein kann.

b) In der Glaubensgemeinschaft wird der alleinige Grund, der Ursprung und das letzte Ziel des ganzen menschlichen Lebens offenbar gemacht.

c) In der Volksgemeinschaft oder im Staat tritt der nur dem Menschen im Unterschied zu allen anderen Lebewesen eigentümliche, universal-schöpferische Charakter vor aller Augen hervor. Die Rolle der staatlichen Ordnung liegt eigentlich einzig und allein darin, daß sie für die freien, schöpferischen

Tätigkeiten aller Art *aller* einzelnen Menschen sorgt, völlig ungeachtet dessen, ob sie Glieder des betreffenden Staates sind oder nicht.

*3.*

Diese drei Formen der menschlichen Gemeinschaft können sich selbst nur dadurch gesund erhalten und entwickeln, daß sie einander helfen, ohne daß jede die ihr bestimmte Grenze gegenüber den anderen beiden Gemeinschaften übertritt. Das kann aber für die betreffende Gemeinschaft nur dadurch möglich sein, daß sie ihre Grenze gegenüber dem einzelnen Menschen, d.h. aber jene absolut-heilige Grenze des Menschseins hochachtet, die von Gott dem Herrn ein für allemal gesetzt ist. Denn allein durch diesen einen heiligen Grenz- bzw. Einheitspunkt zwischen Gott und Mensch hindurch können alle diese drei Formen der menschlichen Gemeinschaft in ihrem miteinander unvermischbaren Unterschied und in ihrer voneinander untrennbaren Einheit entstehen, bestehen und sich entwickeln. Wenn sich eine von ihnen dagegen an jenem einen tiefverborgenen Punkt vorbei erhalten und verstärken wollte, würde sie nicht nur gegen die beiden anderen, sondern gegen sich selbst streiten müssen, bis sie wegen der Spaltung innerhalb ihrer selbst, auch ohne die Angriffe von außen, endgültig zusammenbricht.

Die wahre Errichtung und Auferbauung der menschlichen Gemeinschaften, völlig ungeachtet der Verschiedenheit ihrer Formen, kann nur mit dem Erwachen des einzelnen Menschen, den die Bibel „Christus, der als Jesus geboren und gestorben ist" nennt, angefangen und vollzogen werden.

*4.*

Alles, was oben gesagt worden ist, gilt nicht nur für die alte Zeit und für das Volk Israel, sondern auch für uns moderne Menschen und modernen Völker. Das Problem des Einzelnen und der Gemeinschaft wird heute sogar noch akuter und dringender. Denn in der modern-bürgerlichen Welt wird der einzelne Mensch zwar mit Recht als Anfang und Ende alles menschlichen Treibens aufgefaßt, leider aber bleibt dabei völlig vergessen, daß er durchaus nur ein kontingentes, winzig kleines geschöpfliches Subjekt ist. Der moderne Mensch bildet sich ein, er sei aus und für sich selbst da, um sich erst danach zu anderen Dingen, anderen Menschen und nötigenfalls auch Gott als etwas Ganz-anderem und Transzendentem zu verhalten. Kurz, er ist vor allem ein privater Mensch, in dessen tiefstem Kern eine große privatio – die Usurpation der Herrschaft Gottes des Herrn für sich selbst – bewußt oder unbewußt begangen worden ist.

Trotzdem ist und bleibt die von Gott dem Herrn selbst für den Menschen eingesetzte Grenze unerschüttert und voller Verheißung. Daher entwickelt sich die menschliche Produktion weiter, sowohl im geistigen als auch im materiellen Bereich – sogar schneller, tiefer und breiter als vorher, weil der traditionelle Rahmen und die künstlichen Fesseln in der modern-bürgerlichen Welt nicht mehr ihre frühere Autorität bewahren können. Jedoch unter dieser erstaunlich prachtvollen Entwicklung der modernen Menschenwelt verbirgt sich von Anfang an eine bodenlose finstere Kluft, die durch jene gründliche Usurpation des privaten Menschen unter seinen Füßen notwendig geöffnet wird. Dies ist der tiefste verborgene Krankheitsherd der modernen Menschenwelt, der all ihre positiven herrlichen Entwicklungen in negative, um so grausamere Verbiegungen, Spaltungen und Streitigkeiten verwandelt. Im materiellen Bereich der modern-bürgerlichen Gesellschaft kann sich der einzelne Mensch nur durch Geld mit anderen Menschen verbinden. Er, selbst ein Bauer, kann nicht einmal etwas produzieren, ohne daß er sich selbst zum Sklaven des nun als Kapital zum allmächtigen Herrn der Gesellschaft gewordenen Geldes macht – und das gilt sogar nicht nur für die besitzlosen Arbeiter, sondern auch für die größten Kapitalisten. In einem Staat und zwischen verschiedenen Staaten, nicht nur zwischen den entgegengesetzten Klassen, sondern auch innerhalb derselben Klassen, überall herrscht die offene und heimliche Feindseligkeit, die jederzeit als blutiger Zusammenstoß ausbrechen kann. Diese Erkrankung der durch das Geld beherrschten materiell-gesellschaftlichen Produktionsweise kann nicht ohne furchtbare Einwirkung auf die Seinsweise der geistigen Tätigkeit, vor allem der religiösen Gemeinschaft, und dadurch auch auf das Familienleben des Volkes bleiben. Die böse Einwirkung aber geht freilich nicht einseitig von jener zu diesen beiden, sondern auch umgekehrt. Derselbe Krankheitsherd steckt so tief im Kern der menschlichen Gemeinschaft, daß der endlose Kreislauf der Erkrankung immer schlimmer bis zur entscheidenden Katastrophe der menschlichen Welt andauern muß. Diese Gefahr ist heute wegen der zügellosen, raschen Entwicklung der verschiedensten, von der Wurzel des menschlichen Lebens isolierten Technik, die jedoch andererseits zugleich die Notwendigkeit und Möglichkeit der Errichtung eines Weltstaates um so dringender machen, so furchtbar groß geworden, wie es bisher niemals der Fall war. Sie kann nie durch bloß äußerliche Taktiken und Maßnahmen überwunden werden.

## 5.

Diese Sackgasse der modernen Weltgeschichte kann uns aber nicht in Verzweiflung stürzen. Denn sie ist nur ein klares Zeichen dessen, daß der fatale Fehler des modernen Menschen in seinem ersten, unbewußten Schritt steckt, daß es heute für uns alle höchste Zeit ist, gründlich umzukehren und daß die Kraft dieser Umkehr zwar nirgendwo in und außer uns zu finden ist, aber sicher in dem einen Christus liegt, in dem Gott und Mensch im absolut unverwischbaren Unterschied und in absolut unumkehrbarer Ordnung *unmittelbar eines* sind. Dieser Christus hat sich sogar durch seinen Geist dort und damals ein für allemal als Jesus von Nazareth geoffenbart. Durch die Reden und Taten, durch Leben und Tod dieses konkreten Menschen Jesus geführt, sind wir zu demselben Christus erwacht, der jetzt und hier bei jedem von uns Menschen ist und herrscht, der trotz unserer undenkbar schamlosen Unwissenheit von Ewigkeit her nur auf uns wartet und in Ewigkeit uns niemals verlassen will. Sein Geist befiehlt jedem von uns, daß wir allein an diesem absolut konkreten und zugleich universalen Christus, dem Urfaktum Immanuel festhalten sollen, daß wir aber bei unserem Bekennen „Jesus ist Christus, der Sohn Gottes" nie mehr das Verbot Jesu selbst vergessen dürfen: „Was heißest du mich gut? Niemand ist gut, als allein Gott." Sonst würden wir Christen den Grundfehler der damaligen Juden, die, die Gesetze Moses verabsolutierend, mit staatlichen Gewalten Hand in Hand diesen Jesus ans Kreuz brachten, in einer noch schlimmeren Form wiederholen.

### *Anhang: Über den „zweiten Adam" in 1.Korinther 15,45*

Paulus schreibt: „Der erste Mensch Adam ward zu einer lebendigen Seele und der letzte Adam ward zum Geist, der lebendig macht." (I.Kor 15,45) – Dieses letztere „ward" bedeutet freilich nicht eine Reihenfolge innerhalb der Zeit, sondern weist auf das einzigartige Verhältnis zwischen der Selbstbestimmung bzw. der Gestalt des fleischlichen Menschen Jesus von Nazareth und dem einen Christus, in dem Gott und Mensch im absolut unumkehrbar geordneten Unterschied substantiell und unmittelbar eines sind, der also als der mit Gott dem Vater einige Sohn eo ipso der Heilige Geist ist. Genau wie in Joh 1,14 gesagt wird: „und das Wort ward Fleisch und wohnte unter uns", so ist hier umgekehrt geschrieben, „und der letzte Adam ward zum Geist, der da lebendig macht". Erst aufgrund dieser überzeitlich-zeitlichen, ewigen, eo ipso augenblicklichen Beziehung, entsteht die Reihenfolge der menschlichen Geschichte, die als solche auch in ihrer Weise von der Vergangenheit durch die Gegenwart zur Zukunft Schritt für Schritt auf die unausweichliche Verantwortung eines jeden von uns hin übergeht. An jener Urgeschichte (dem Urfaktum) Immanuel vorbei, die völlig unabhängig von aller menschlichen Selbstbestimmung, also ungeachtet ob der betreffende Mensch gläubig ist oder nicht, bei jedem von uns existiert, können wir nie den einzigartigen Charakter dieses „ward“ in Joh 1,14 und in 1.Kor 15,45 wahrhaft verstehen, geschweige denn die Rolle der ganzen Geschichte Israels bis zum Tode Jesu von Nazareth und die Weltgeschichte überhaupt. Über die verschiedenen Bedeutungen der Kausalität und deren einzigartige Zusammenhänge habe ich auch schon in einem früheren Aufsatz über „Jodo-Shin-Shu und Christentum“ und in meinem Buch „*Tannisho* und die Gegenwart“ ausführlich geschrieben. Sich hierüber klar zu werden, wird auch für die ökumenische Bewegung heute eine unentbehrliche Angelegenheit sein.

# Wettspiel und Leben

## 1. *Warum das Wettspiel heiter ist*

### 1.1. *Vielfältige Gründe*

#### Spiel

Warum eigentlich ist der Sport so leicht und heiter, das wirkliche Leben der Menschen aber so dunkel und schwer? Die meisten Menschen kommen dabei zugleich auf die folgende Antwort: „Das ist doch klar. Sport ist doch Spiel, und das Leben ist Arbeit!" Später werden wir sehen, daß auch in dieser simplen Antwort in einer gewissen Hinsicht eine tiefe Wahrheit enthalten ist, jedoch können wir uns jetzt damit nicht gleich zufriedengeben. Und zwar deshalb, weil es gar nicht klar ist, was in diesem Falle „spielen" bedeutet.

Beim Sport bedeutet „spielen" selbstverständlich nicht, nur ziellos gar nichts zu tun und sich treiben zu lassen. In Wirklichkeit ist es eher gerade umgekehrt. Dies beweist die Erfahrung, daß man allzu eintöniger Sportarten, deren Verlauf vom Anfang bis zum Ende beschränkt ist, Wettspiele deren Ausgang gleichsam mechanisch bestimmt ist, bald überdrüssig wird. Auch beim Hundert-Meter-Lauf oder beim Wettschwimmen, auf den ersten Blick höchst einfache Arten körperlichen Sports, ist es bei näherem Zusehen genauso. Wie einförmig sie auch erscheinen mögen, so gibt es in ihnen doch eine fast grenzenlose Möglichkeit sich verändernder, verwickelter Feinheiten. Für einen regelrechten Sport sind diese Dinge konstitutiv. Folglich werden hier heftigste Anspannung, sorgfältiges Vorgehen und ununterbrochene Anstrengung gefordert wie bei sonst kaum einer Tätigkeit. Läßt man sich auch nur ein bißchen gehen, ist alles dahin, und die Freude am Wettkampf verfliegt sogleich.

#### Verantwortung

Es heißt oft: „Am Sport kann man sich deshalb so sorglos freuen, weil es dabei keine so schwere Verantwortung zu tragen gibt wie im wirklichen

Leben in der Gesellschaft." Aber wie steht es damit: Bedeutet es denn keine Verantwortung, wenn dabei ungewöhnliche Anspannung und Anstrengung gefordert werden? Stellt man sich vor, daß beispielsweise ein Wettkämpfer – insbesondere bei einem ausgesprochenen Einzelwettkampf wie Go oder Schach – auch nur ein wenig den Eindruck erweckt, daß er aufgeben möchte, so verliert im selben Augenblick der Kampf seinen Reiz.

Wieviel mehr liegt offensichtlich bei Mannschaftsspielen wie Baseball oder Fußball auf jedem einzelnen Spieler eine große Verantwortung, die nicht auf andere übertragen werden kann. Muß man nicht umgekehrt sagen, daß die Verantwortung des Einzelnen wie auch die der Gruppe, zu der er gehört, in der sogenannten „wirklichen Gesellschaft" nicht so klar und streng zutage tritt wie beim Sport?

## Vorübung

Drittens wird darauf manchmal gesagt: „Natürlich gibts beim Sport nicht nur Vergnügen, sondern auch dementsprechende Verantwortung. Und trotzdem geht das ganze nicht über eine Art von Vorübung für das wirkliche Leben in der Gesellschaft hinaus. Deshalb fühlt man sich unbeschwert dabei und es macht Spaß."

Es ist jedoch klar, daß damit keine Antwort gegeben und gar nichts gesagt ist.

Vielleicht erinnert sich noch mancher an die Zeit während des Krieges, als es hieß, daß alles in der Heimat auf die Kriegsentscheidung bezogen sein müsse. Dies galt selbstverständlich für Jûdô und Kendô – die traditionelle Schwertkunst –, aber auch das Reiten und der Marathonlauf, alles wurde als Vorübung für den Ernstfall empfohlen. Aber damit verlor der Wettkampf seine ihm eigene Leichtigkeit und Heiterkeit und verwandelte sich in etwas Tristes, schlimmer als die wirkliche Berufsarbeit.

## Erholung

Und was ist von dieser vierten Meinung zu halten? „Wie auch in Chaplins ‚Modernen Zeiten' zu sehen war, sind die meisten Menschen den ganzen Tag an je eine bestimmte, äußerst beschränkte Tätigkeit gefesselt. Das gilt nicht nur für Menschen mit Berufen körperlicher Arbeit, sondern auch im Büro oder in der Forschung. Daher ergibt sich die Notwendigkeit einer Korrektur von Einseitigkeiten und Fehlhaltungen, und deswegen hat der Sport als Erholung eine unerläßliche Funktion in der modernen Gesellschaft."

Wer dies betont, bringt eine tiefe Wahrheit zum Ausdruck, deren er sich vielleicht selbst gar nicht voll bewußt ist. Das eben Gesagte gilt aber für den Spaß am Sport genauso wie fürs Spazierengehen, für eine Massage, oder auch für das Reisen, und bedeutet eigentlich nur ein Ausruhen. Das Interessante am Sport kommt aber von einem davon verschiedenen, darüber hinausgehenden, irgendwie Positiven. Wäre es das Wichtigste beim Spaß am Sport, Verkrampfungen der Muskeln oder des Gehirns zu lösen oder einen Stimmungswandel herbeizuführen, gäbe es beim Sport irgendwelche Fachleute, die sich dieser Aufgabe speziell widmen und daraus schließlich ein Geschäft machen würden. Zumindest für die damit Beschäftigten müßte der Sport seine besondere Fröhlichkeit und Heiterkeit verlieren. So ist es aber in Wirklichkeit nicht, und so wird auch im allgemeinen nicht gedacht. Auch wenn einer zum Berufssportler wird, so geht damit doch seine Sportlichkeit nicht notwendigerweise verloren. Die dem Sport eigene Heiterkeit und Fröhlichkeit hängt nämlich nicht unbedingt daran, ob einer Amateur oder Professioneller ist.

## Zufall

Und fünftens denken manche Menschen so: „Wie schwer auch manches beim Sport sein mag, so entspricht das Ergebnis doch immer der investierten Anstrengung. In dieser Beziehung ist alles rational. Im wirklichen Leben geht es nicht so zu. Veranlagung, Umwelt und Zufälligkeiten – es gibt allzuviele Elemente in der Welt, durch die man es trotz aller Bemühungen zu nichts bringt. Deshalb ist hier nicht alles so klipp und klar wie in der Sportwelt, bei der die echten Fähigkeiten über Sieg oder Niederlage entscheiden.“

Aber tatsächlich gibt es doch gar keinen Unterschied zwischen der Welt des Sports und dem wirklichen Leben hinsichtlich der Beeinflussung der Fähigkeiten und des Lohns für die Anstrengungen durch Veranlagung und Umwelt, die ein Mensch erfährt. Auch bei Go, Schach, Baseball und beim Schwimmen gibt es angeborene Talente und die besondere Gunst der Umstände, unter denen man aufgewachsen ist. Im Falle des berühmten Schwimmers Yamanaka haben sich zu günstigen natürlichen Umständen ähnliche der Gesellschaft mit einer Atmosphäre entsprechender Tradition zu äußerst günstigen Bedingungen zusammengefunden.

Andererseits gehört der Zufall auch zum sportlichen Bereich, keinesfalls nur zur wirklichen Welt. Auch wenn Veranlagung und Umwelt gleich sind, finden die Anstrengungen der verschiedenen Sportler keineswegs immer den gleichen Lohn. Auch ein Könner, der „normalerweise“ immer gut in Form ist, kann gelegentlich von einem viel schwächeren Gegner besiegt werden.

Ein Spiel, bei dem man von Anfang an überlegen geführt hat und das schon fast gewonnen war, kann durch einen ganz dummen Fehler verpfuscht werden. Wie oft man nachher auch beteuern mag, daß man „eigentlich" die besseren Fähigkeiten hatte und deshalb „in Wirklichkeit hätte gewinnen müssen", so nimmt einem dies doch keiner ab. Es hilft nichts, eine Posse des Schicksals zu verfluchen, wenn einmal das aufgrund bisheriger Erfahrung und der üblichen Rangfolge notwendig Erscheinende nicht, dafür aber das Zufällige eintritt. Aber nicht nur dies, es gibt sogar verschiedene Wettspiele, bei denen der Zufall selbst geradezu zur Hauptsache zu werden scheint. Beim „Mensch-ärgere-dich-nicht" oder beim „Schwarzen Peter" spielen doch Bemühung, Nachdenken, Erfindungsgabe, Selbstbeherrschung und Mut gar keine Rolle – und doch gehören auch diese Spiele unzweifelhaft zum Sport. In der Freude von Kindern, die von solchen Spielen wie gefangen sind, gibt es etwas Verbindendes zu anderen Sportarten.

## Leben und Tod

Und schließlich noch ein Gedanke, wie er jedem einmal kommt: „Sport ist schließlich immer noch Spiel, es geht nicht ums Leben. Auch wenn man im Sport unterliegt und dadurch aufs äußerste erschüttert wird, ist es doch keine Frage auf Leben und Tod. Deswegen kann man leichten Herzens Sport treiben." Natürlich sagt dies gar nichts. In gewissem Sinne geht dies nicht über die zweite Antwort hinaus: daß es beim Sport keine Verantwortung zu tragen gebe; und wollte man wirklich etwas über die Gefährdung des Lebens sagen, so ist auf die Lebensgefährlichkeit mancher Sportarten hinzuweisen. Beim Baseball und beim amerikanischen Rugby kommt es gelegentlich zu schweren Unfällen, und denkt man an einen Sport wie das Bergsteigen, dann ist der Sportler dauernd einer lebensbedrohenden Gefährdung ausgesetzt, von der man nicht weiß, wann sie zuschlägt. Ja diese Gefahr macht doch einen Teil des Reizes bei diesem Sport aus – und auch, wenn dies eine Übertreibung sein sollte – für einen richtigen Alpinisten sieht die Frage nach Leben und Tod wirklich anders aus als für andere Leute. Er fühlt sich nur lebendig, wenn er in die Berge gehen kann. Und sollte er beim Bergsteigen sterben, so hat sich das Leben doch gelohnt. So denken doch fast alle, die „vom Berg besessen" sind.

## *1.2. Der entscheidende Grund*

### Die Ur-Absprache und ihre Erkenntnis

Warum ist der Sport so leicht, und das Leben so schwer? Wir haben diese Frage gestellt und darauf sechs Antworten erhalten. Aber keine davon hat uns wirklich zufriedengestellt. Diese Antworten erscheinen zwar aufs erste plausibel, prüft man sie aber weiter, so zeigen sie statt des Unterschiedes zwischen Sport und wirklichem Leben vielmehr nur ihre Gleichartigkeit auf. Auch hat man den Eindruck, daß alle möglichen Antworten schon vorgebracht wurden.

Aber stimmt dies wirklich? Oder haben wir vielleicht, während wir an dieser und jener Äußerlichkeit hängen bleiben, die Hauptsache vergessen?

Genau so ist es. Während wir – wie es im Sprichwort heißt – „in der Dunkelheit am Fuße des Leuchtturms“ herumirrten, dachten wir über das Problem nach, ohne die eine große Voraussetzung, die auf keinen Fall fehlen darf, in die Überlegungen einzubeziehen, ohne die nichts zustandekommt, was ein Wettspiel genannt werden könnte – sei es geistiger oder körperlicher, einfacher oder komplizierter Art.

Und zwar stehen beim Go wie beim Baseball, immer am Anfang eines Wettspieles je *eine* gemeinsame Absprache. Wo ein Wettspiel durchgeführt wird, steht am Anfang seines Zustandekommens eine genau festgelegte Spielregel. Diese ist einerseits durch eine Übereinkunft der an dem Wettspiel Teilnehmenden zustandegekommen; allgemein kann man sagen, daß sie von Menschen erdacht und geschaffen worden ist und als solche auch wiederum Gegenstand unserer Kritik werden kann. Beispielsweise heißt es von einem Spiel, es sei wirklich gut, oder auch, seine Regeln hätten Mängel, und wir selbst können dazu etwas sagen.

Andererseits ist aber zu bedenken, daß die Regel eines Wettspiels zur Regel eines Wettspiels vor allem dadurch wird, daß sie den Teilnehmern am Wettkampf mit einer Autorität gegenübersteht, die absolut keine Widerrede duldet.

Beispielsweise gibt es für Go und das japanische Schachspiel keineswegs nur die eine Art von Regel; hinter der Form, wie wir sie heute in Japan kennen, steht eine entsprechend lange Geschichte, in der sie sich entwickelt haben. Insofern sind sie nicht mehr als ein Gedanke, der erst als das Ergebnis menschlicher Erfahrung und Planung geboren wurde. Aber obwohl dies derselbe Gedanke ist, hat er doch einen Charakter von völlig verschiedener Dimension gegenüber den Gedanken, mit denen zwei Schachspieler arbeiten, und den Kniffen, mit denen sie kämpfen, wenn sie sich, dieser Regel untertan, gegenübersitzen.

Wenn Schachspieler in einer bestimmten Situation über etwas „nachdenken“ oder überlegen, wie etwas zu „entscheiden“ sei, so bezieht sich dieses „Nachdenken“ und „Entscheiden“ keineswegs auf die anfängliche Absprache über das Schachspiel. Die anfängliche Absprache ist vielmehr die große Voraussetzung, die die Schachspieler erst zu dem macht, was sie sind, sie ist die fundamentale Basis. Dies absolut und bedingungslos anzuerkennen, und ohne Vorbehalt bereit zu sein, nur unter der Herrschaft dieser Absprache allein zu arbeiten und zu denken, das ist gleichbedeutend mit der Geburt eines Schachspielers.

In diesem Sinne ist die Regel jedes Spieles schon völlig festgelegt, wenn ein Wettkämpfer zum Wettkämpfer wird. Anders gesagt, man könnte sie auch als absolut objektives Gesetz des Platzes bezeichnen, das ganz unabhängig von irgendwelchen Absichten gilt und die Spieler selbst als Spieler beherrscht. Wer sagen würde, seine Lage sei schlecht, es passe ihm nicht, und deswegen auch nur ein bißchen die Regel anzweifeln oder sich über sie beschweren würde, hätte sich damit als Spieler selbst disqualifiziert. Daß ein Spieler lebt, kommt aber doch nur daher, daß er an dem Platz, an dem er *eine* fundamentale Regel annimmt, seinen gegenwärtigen Standpunkt nur von dieser gemeinsamen Regel her bestimmt sein läßt.

So gibt es für ein bestimmtes Wettspiel, allem, was auch auf dem Spielfeld geschehen könnte, vorausgehend, mit anderen Worten: völlig unabhängig von allen Aktivitäten der Spieler – in diesem Sinne absolut objektiv und bedingungslos – eine fest bestimmte, klare Spielregel. Dies ist gleichsam Himmel und Erde für dieses Spiel. Die Welt des Spiels entsteht erst durch sie. Sie ist das Wort des Anfangs.

Während diese Welt Schritt für Schritt weitergeht, arbeitet dieses „Wort des Lebens“ immer neu. Es ist eine heilige Verabredung, „ohne Veränderung bis zum Ende der Welt“. Kein Spieler kann, solange er Spieler ist, auch nur einen Schritt darüber hinausschreiten, und es ist ihm nicht gestattet, auch nur einen Millimeter zurückzubleiben. Es wäre völliger Unsinn, wollte er, als stünde er außerhalb, nach dem Warum und Wozu dieser Verabredung fragen. Ihm bleibt nur eines: sich die Absprache von Anfang bis Ende eingeprägt zu halten und dann bei jedem Schritt, den er tut, seine ganze Kraft einzusetzen.

Von der allgemein in den Schulen gelehrten Philosophie und Logik her betrachtet, ist es äußerst sonderbar, daß hier die absolut keine Widerrede duldende Beschränkung, das bedingungslose Bestimmtsein, und die völlige Selbständigkeit, die unbegrenzte Selbstbestimmung, die diese Beschränkung empfängt – daß diese beiden Dinge, die sich auf den ersten Blick nicht miteinander vertragen, in Wirklichkeit ganz im Gegenteil zu *einer Sache* werden, die gar nicht zertrennt werden kann. Statt miteinander im Widerspruch zu liegen, ist die erste nur um der zweiten willen da. Und dies nicht nur als Mittel, denn das zweite kann nur auf dem Boden des ersten, nur unter seiner heiligen und unangreifbaren Herrschaft, zu dem werden, was es ist. Was hier sozusagen absolut unzertrennlich ist, und gleichzeitig in einer absolut unumkehrbaren Lebensbeziehung steht, ist stets neu da und tätig.

Diese fundamentale, heilige Beziehung geht in keiner Hinsicht aus dem Inneren des Spielers als Spieler hervor. Andererseits ist sie auch nicht irgendwo, weit von dem Spieler selbst entfernt. Nein, diese heilige Absprache kommt immer schon neu an den Ort, wo er steht, mit ihrer Unterstützung und unter ihrer Herrschaft ist sie die Kraft, die ihn antreibt, wenn er als er selbst mit ganzer Kraft lebt, arbeitet und denkt.

Diese heilige Absprache, diese fundamentale Beziehung genau zu verstehen, ihr zuzustimmen, sie sich so weit anzueignen, daß die Notwendigkeit entfällt, sie unter immer neuen Anstrengungen immer neu auszudrücken – das ist das erste, was ein Wettkämpfer zur Festigung seiner selbst tun muß. Dies gilt nicht nur für den Anfang. Diese Grundhaltung muß Schritt für Schritt neu bis zum Ende bewahrt werden. Diese Haltung und dieses Verstehen erscheinen wohl am deutlichsten auch äußerlich sichtbar am Anfang und Ende eines Spieles, wenn sich die Gegner wohlgeordnet gegenüberstehen und verbeugen. Aber die Haltungen oder die Entschlüsse, die ein Spieler im Verlauf des Wettkampfes zu fassen hat, sind in ihrem Grunde nicht nur nicht ohne Bezug auf den ersten Entschluß oder die erste Haltung. Ohne daß diese jeden Augenblick durchdringen, sind Leben und Wachstum und Fortschritt eines Spielers völlig unmöglich.

### Subjekt und Zufall

Wenn man versucht, sich diesen Sachverhalt bewußt zu machen, ist er eigentlich gar nichts besonderes. Nur dem, der Wettspiele selber betreibt, ist er von Anfang an einleuchtend. Weil er so überaus klar ist, denkt eigentlich kaum jemand besonders darüber nach. Wahrscheinlich lag unsere große Blindheit, den Ursprung der Heiterkeit des Wettspiels nicht erkennen zu können, gerade in diesem Punkt begründet.

Sobald wir nämlich unsere Augen auftun und diesen einen Punkt beachten, löst sich als erstes jenes Problem vom zufälligen Schicksal, das uns zu schaffen machte, schnell wie der Nebel vor der heraufsteigenden Morgensonne.

Und doch, wir sagen nicht, daß in der Welt der Wettkämpfe zufällige Tatsachen und Ereignisse einfach nicht bestehen. Und keineswegs ist es so, daß einer nun absolut keine Fehler mehr macht und ein „Gott im Wettspiel" wird, wenn er nur einmal das „Wort des Anfangs" und die „Regel des Lebens" erkannt hat.

Dies ist so, weil wir tatsächlich, schon ehe wir diesen Punkt erkannt hatten, schmerzlich erfuhren, daß es in der Welt des Wettkampfes ebenso wie in der wirklichen Welt etwas gibt, was man gar nicht anders als „Zufall" nennen kann, wogegen uns weder eine glänzende Karriere noch Zeugnisse noch Fähigkeiten noch Intelligenz noch Entschlußkraft oder irgendwelche Aktionen etwas helfen. Das Wort „Schicksal" gibt diesem Gefühl wohl am deutlichsten Ausdruck. Wenn wir aber so unser „Schicksal" fürchten oder es doch dauernd vor Augen haben, so ist es, als wenn, ohne daß wir es wissen oder erkennen, etwas wie eine unerforschliche Kraft irgendwo im unermeßlichen Hintergrund verborgen ist und, von außerhalb unserer Existenz als Wettkämpfer, uns plötzlich in die Quere kommt. Was wir dabei Zufall nennen, ist das Gute oder Schlechte, was dem betroffenen Wettkämpfer höchstens dann und wann widerfährt und mit seiner Existenz als solcher nicht ununterbrochen verknüpft ist. Gewöhnlich vergißt er es und erinnert sich nur daran, wenn es irgendeinen Anlaß dazu gibt. Würde er beständig daran denken, deswegen beten und fluchen, so daß er deshalb schließlich nichts anderes mehr richtig zustandebringen könnte, würde man ihn als gänzlich krank ansehen.

Wenn man sich aber der Absprache des Anfangs bewußt wird, wird es klar, daß die Tatsachen, die dem am Wettkampf teilnehmenden Subjekt über all seinen Willen und sein Denken hinaus widerfahren, keineswegs nur auf einen besonderen Fall beschränkt sind, sondern vielmehr schon im Grund enthalten waren, aus dem das Subjekt des Wettkampfes selbst entsteht.

Um es noch etwas genauer zu sagen: Nennt man das „Zufall", was alle Möglichkeiten des Willens des Wettkämpfers überschreitet, dann ist doch für ihn selbst die Tatsache seiner Existenz als solche schon ein gänzlicher „Zufall". In diesem Sinne ist die Tatsache, daß er aus dem Anfang entsteht, für ihn ein gänzlich zufälliges Ereignis, und ohne die Vorbedingung dieses Ereignisses ist es ihm als der, der er ist, absolut unmöglich, etwas zu arbeiten oder zu denken. Folglich gehört der „Zufall" in dieser Bedeutung auch, sofern nämlich der Wettkämpfer als Wettkämpfer Wirklichkeit ist, „notwendigerweise" zu jedem einzelnen Augenblick seines Weges. Er ist sozusagen für das Leben als Subjekt, das der Wettkämpfer ist, eine stets neue „bedingungslose Bedingung".

Dabei wollen wir daran festhalten, daß Ausdrücke wie „bedingungslose

Bedingung“ oder „notwendiger Zufall“, keineswegs nur Aphorismen, Ausflüchte mit klugen Worten, oder leere Gedankendialektik sind. Weil nämlich – in dem Sinne, daß das Subjekt des Wettkampfes dort, wo Denken und Entscheiden nicht hinreichen, klar ins Leben tritt – von der Tatsache, die für dieses Subjekt bis zuletzt nicht mehr als „Zufall“ ist, nichts zurückgenommen wird, und es gerade die so verstandene Entstehung des Subjektes ist, die direkt jene große Absprache trägt. Die Tatsache, die vom Standpunkt der Vernünftigkeit des Handelns des Wettkämpfers nur als völlig unvernünftig bezeichnet werden kann, steht als solche unter der Herrschaft des Wortes am Anfang, der bedingungslos anwesenden Wahrheit. In diesem Sinne ist diese absolut unvernünftige Tatsache, ohne auf irgendeinen Vermittler zu warten, schon gleichzeitig eine absolut vernünftige Tatsache. Was als subjektive Vernunft, oder als Wille, oder als Vernünftigkeit des Handelns des Wettkämpfers erscheint, ist doch ursprünglich von dieser Grundtatsache nicht getrennt. Der Wettkämpfer kann erst als einer, der aufgrund einer unvernünftigen Tatsache existiert, zu einem als vernünftiges Subjekt handelnden Wettkämpfer werden.

In keinem Falle kann er, an dieser „Tatsächlichkeit“ vorbeigehend, zur „Vernünftigkeit“ gelangen. Aufgrund der anfänglichen Absprache gibt es in der Welt des Wettkämpfers keine simple Tatsache, kein „factum brutum“. Die Tatsachen fallen grundsätzlich in den Bereich jener Absprache. Alle Handlungen stehen grundsätzlich unter der Herrschaft jenes Wortes, von ihm her werden Recht und Unrecht, Höhen und Tiefen beurteilt und gerichtet. Obwohl die Herrschaft dieser Absprache ihm ursprünglich gar nicht zugehört, ist sie doch keineswegs von ihm ablösbar, so daß der Wettkämpfer erst dadurch, daß das Urteil dieses Wortes sich je in irgendeiner Weise spiegelt, einerseits tatsächlich, körperlich und objektiv werden und andererseits gleichzeitig vernünftig, geistig und subjektiv werden kann. Dies ist notwendigerweise so.

So wird in der Welt des Wettkampfes, weil der Grund ihres Entstehens von einer klaren Absprache, einem Gesetz beherrscht wird, einerseits die Tatsache der Existenz des Wettkämpfers ständig neu fest gegründet, und gleichzeitig werden andererseits gerade dadurch bloßer „Zufall“ und „blindes Geschick“ gänzlich ausgeschlossen. Die Tatsache seiner Existenz hängt, vom Anfang bis zum Ende, und in jedem Augenblick dazwischen, in dem Punkt, in welchem nicht nur die Theorien des Wettkämpfers, sondern auch seine Praxis gänzlich überschritten werden und auch all sein Handeln gänzlich aufhört. Aber dies ist ursprünglich nicht, wie wir früher meinten, eine nur negative Wand des Todes, ein finsterer Abgrund, der alle Anstrengungen des Wettkämpfers schließlich zu sinnlosen Träumen werden läßt. Nein, es ist gewissermaßen der feste Grund, ohne den das subjektive Leben des Wettkämpfers weder entstehen noch wachsen kann, der weiße Bildschirm, auf den wunderbarerweise immer wieder neu das Licht des ewigen Lebens geworfen wird.

Vom Anfang bis zum Ende eröffnet sich so der Weg des Lebens des wirklich freien Wettkämpfers, als eines unter der Herrschaft einer Absprache wirklich existierenden Subjektes, von dem Punkt her, von dem jeder einzelne Schritt absolut unausweichlich hinsichtlich der Art und Weise seines Antwortens gerichtet wird.

Wie vorher mehrfach ausgeführt, steht die Tatsache der Existenz des Wettkämpfers, die seine Freiheit gänzlich verneint, nämlich der je fortschreitende Augenblickscharakter seines Lebens, als solcher nicht im Widerspruch zu seiner freien Subjektivität, zu der ewigen Bedeutung seines Wirkens. Darin liegt nicht nur ein negatives Ende für mein Leben, gleichzeitig hat es darin auch wiederum seinen positiven Anfang. Oder besser gesagt: da es nicht der nur erdachte Anfang des neuen Lebens ist, sondern der wirklich existierende neue Anfang, ist es auch gleichzeitig das wirkliche Ende, in dem alle Einmischungen des Willens des Wettkämpfers ausgeschlossen sind. Wenn der Wettkämpfer als Wettkämpfer den Grund seiner Selbstwerdung nur klar ins Auge faßt, wird dies schon selbstverständlich. Wenn er aber diesen Grund vergißt und sich dem Wahn seiner eigenen Subjektivität verschreibt, anders gesagt, wenn er an vergangenen Erfolgen, der Gunst der Gegenwart und dem Glück der Zukunft hängt, wird die Tatsache seiner eigenen Existenz für ihn sofort zum bloßen „Zufall“, und die wirkliche Welt, in der er sich befindet, wird auf einen Schlag zu einem Abgrund unheimlichen Schicksals.

Gleichzeitig wird für ihn seine Existenz als Wettkämpfer zum Grund dunkler Unsicherheit. Da er keinen wirklich festen Boden unter den Füßen zu haben meint, versucht er nun, sich mit seinen eigenen Händen Sicherheit zu schaffen. Statt auf das Urteil der Wahrheit zu hören, das in jedem Augenblick seiner Gegenwart enthalten ist, oder dem darin verborgenen Rat sein Ohr ernstlich zuzuwenden, während er mühsam Anstrengung auf Anstrengung häuft, hofft er nur auf das kommende Glück, oder fürchtet das Unglück, während er dem „Gott des Schicksals“ seine „Gebete“ widmet. Ohne sein erdichtetes Selbstvertrauen kann er keine konkrete Tat mehr tun.

Statt sich mit Leib und Seele den Übungen zu widmen, wie es sich für einen Wettkämpfer gebührt, werden sein fruchtloser Stolz auf seinen Leistungsrang und seinen Ruf, sowie sein ungeduldiger Neid und sein Argwohn wegen der Meinung anderer über ihn immer tiefer und beherrschen sein Herz völlig.

Wenn wir unsere Vorbereitungen abgeschlossen haben und an der Stätte des Wettkampfes stehen oder über das Schachbrett vor einem Gegner sitzen, überkommt uns eine gewisse unaussprechliche Gemütsruhe und erfrischende Triebkraft des Herzens. Woher eigentlich kommt diese rätselhafte Freudigkeit? Wir scheinen jetzt endlich ihren wahren Grund ausfindig gemacht zu haben.

In einem solchen Augenblick brauchen wir uns nämlich keine Sorgen um den Sinn unseres Lebens zu machen. Denn ein jeder von uns könnte ja nicht in seinem Wesen Wettkämpfer sein, ohne zuerst in der Wirklichkeit zu existieren. Und darüber hinaus gilt in diesem Falle doch auch, daß das wirkliche Existieren nicht losgelöst werden kann davon, daß am Platz des Wettkampfes „die Absprache des Anfangs“ gilt. Daß wir Wettkämpfer sind, bedeutet doch nichts anderes, als daß wir in dem einen Punkt existieren, der unter der Herrschaft der heiligen Absprache steht, und daß wir unter der Herrschaft dieser Absprache, je unter Aufbietung aller Kräfte, denken, entscheiden und zum Handeln angetrieben werden. Der große und heilige Sinn unseres Lebens ist dann – vor allem anderen Tun, und zwar schon gleichzeitig damit, daß wir zum Wettkämpfer werden – absolut bedingungslos bestimmt, und gerade in diesem Punkt hat das freie Tun eines jeden von uns, in einem je eigenen Sinn, seinen Ursprung.

Daß der Ursprung unseres Lebens als Wettkämpfer so vom Anfang bis zum Ende absolut klar und einzigartig bestimmt ist, steht nicht im Widerspruch zum grenzenlosen Reichtum unseres Tuns oder zu seiner in verschiedener Hinsicht unermeßlichen Vielfalt. Ganz im Gegenteil, der Grund unseres Lebens ist so fest bestimmt, daß man weder darüber hinaus noch dahinter zurückgehen kann, und deswegen ist die unermeßliche Tiefe und Weite der Welt des Wettkampfes für uns Wettkämpfer kein schwer zu bedeckender Abgrund von Unsicherheit, Ermüdung und Ungeduld, sondern eine immer neu sprudelnde Quelle von herzlich heller Hoffnung, frischer Anteilnahme, und redlicher Bemühung.

Daß die Welt einer bestimmten Sportart tiefgründig und unermeßlich ist, bedeutet subjektiv gesehen nichts anderes, als daß das Herz der in dieser Welt lebenden Menschen schwer zu fassen ist und etwas Geheimnisvolles birgt. Aber in Bezug auf das Subjekt als Wettkämpfer ist diese „Schwierigkeit, den Grund des Herzens zu erfassen“, nichts Absolutes. Es ist verschieden von einer Ungezügeltheit ohne jede Beschränkung. Die unermeßliche Tiefe der Welt des Wettkampfes muß in Wirklichkeit schon von Anfang ihres Entstehens an eine klare Regel mit sich führen, und ist eine Tiefe mit Spannkraft und Helle, so daß auch das Herz eines Menschen, der sich dort ansiedelt, um zum Herzen eines Wettkämpfers zu werden, schon in seinem tiefsten Grunde durch dieselbe Regel fest bestimmt wird, so daß keine Spur von Undeutlichkeit verbleibt. Darin, daß der Grund seines Herzens eindeutig bestimmt ist und dies als absolut unerläßliche und selbstverständliche Voraussetzung angenommen ist – damit sein Herz sein Herz sein und handeln kann –, darin besteht das Geheimnis der Heiterkeit und der Frische des Herzens eines Wettkämpfers.

## Privates und Öffentliches

Folglich gibt es in der Welt des Wettkämpfers unter gar keinen Umständen etwas nur „Privates". Sei es auch nur ein Gedanke, der das „persönliche Innere" betrifft, der von niemandem bemerkt wurde, so ist dies allein doch schon ein Ereignis auf dem Felde der Öffentlichkeit. Und hat auch keines Menschen Auge etwas davon bemerkt, so ist es doch eine Tat, die in Wirklichkeit vor dem Gericht der Wahrheit ihr Urteil empfängt.

Dies gilt nicht erst in Bezug auf das Verhältnis zu den anderen Menschen auf dem gleichen Spielfeld, sondern auch schon für das Verhältnis des einzelnen Wettkämpfers zu sich selbst.

Wenn sein Gedanke vor den Augen anderer Menschen verborgen bleibt, so bedeutet dies nämlich keineswegs nur, daß er zwar vor seinem eigenen Auge offenbar ist, nicht aber vor den Augen anderer. Daß er einen Gedanken hat, und zwar nur er selbst, und zu dieser Zeit und an diesem Ort, ist notwendigerweise noch nicht dasselbe wie die Tatsache, daß ihm die Wahrheit dieses Gedankens offenbar ist. Nein, die Gestalt der Wahrheit dieses Gedankens ist schon allemal bestimmt, ehe er darüber irgendeine Reflexion anstellen kann. Und noch dazu geht diese Bestimmung weder von ihm selber noch von einem anderen aus. Nein, diese Bestimmtheit eines jeden Gedankens ist nur die Folge der Entstehung des Subjektes als Wettkämpfer, die weder ihrer Wirklichkeit noch ihrem Wesen nach auf irgendein Wollen zurückgeht, das aus dem Inneren dieses Subjekts hervorgeht. Positiv ausgedrückt, rührt dies, Schritt für Schritt und notwendigerweise, daher, daß er selbst eine Form ist, die in einer Ecke des Spielfeldes steht, immerfort die große Absprache des Lebens tragend.

In diesem Sinne bezieht sich das Urteil der Wahrheit, das in der Wirklichkeit des Wettkämpfers selbst enthalten ist, einerseits gewiß auf keinen anderen als auf ihn selbst, andererseits muß gesagt werden, daß es, noch viel mehr, keinerlei Beziehung in ihm selbst hat. Dies erscheint auf den ersten Blick unvernünftig, aber das Urteil der Wahrheit ist ihm gleichzeitig absolut nahe und absolut fern. In Bezug auf den letzten Fall kann er hinsichtlich der ihn selbst betreffenden Dinge keine besonderen Rechte geltend machen, die ihn über die anderen hinausheben würden. Es ist ausgeschlossen, daß er die Sache allein irgendwie in Ordnung bringt, weil sie doch ihn betrifft, oder daß er sie zunächst in seinem Herzen verschließt. In der Welt des Wettkampfes wird schon der flüchtige Gedanke zu einem Ereignis unter dem großen Firmament der Absprache des Lebens, und er kann deshalb nicht unbefragt und ungerichtet bleiben, ob er richtig oder falsch, krumm oder gerade, fein oder grob, hoch oder tief ist. So wie die Strenge der Welt des Wettkampfes es selbstverständlich nicht erlaubt, den Mitkämpfern etwas nachzusehen, so wenig darf man sich selbst etwas nachsehen. Andererseits aber gibt es dort die große Gnade, so wie man sich selbst ganz verliert und doch dabei nichts verliert, immer wieder einen neuen ersten Schritt tun zu können.

## Die anderen und ich

Dadurch daß so die „Zeit" eines am Wettkampf teilnehmenden Subjektes Schritt für Schritt gänzlich aufhört, fängt sie völlig neu wieder an. Dort, wo er sozusagen gänzlich abgeschnitten wird, genau und nur dort kann er sein und handeln. Aber diese Struktur, die ursprünglich zu einem am Wettkampf teilnehmenden Subjekt gehört, enthält als ihre Rückseite natürlicherweise eine eigentümliche ursprüngliche Beziehung zu den anderen Subjekten auf demselben Spielplatz. Was einen Wettkämpfer ganz von seinem Selbst losbindet, das verbindet sein Leben absolut unauflöslich mit allen anderen Leben. An einem Ort des Lebens zu sein, der von einer Absprache beherrscht wird, bestimmt sein Herz, und dies wiederum bewirkt, daß er sich im Grunde seines Herzens mit allen anderen Menschen versteht. Hier gibt es nicht nur das eigene Selbst, auch der andere kann nicht mehr allein sein.

Daß man sich im Bereich der sogenannten vertikalen Beziehungen absolut nahe und doch gleichzeitig absolut fern ist, bedeutet im Bereich der horizontalen Beziehungen, daß der andere bis zuletzt ein von einem selbst unterschiedener anderer bleibt, und dabei doch auch untrennbar ein Partner. Über sich selbst keine besonderen Rechte zu haben heißt, daß alle anderen Leben einem nicht gehören und sie doch in einen selbst hereinreichen. Dort sind beide selbständig und haben doch keinen Unterschied, sie sind sich zutiefst vertraut, ohne dies als gewöhnlich zu nehmen, so wie es ein geheimes Tor gibt, aus dem eine der Welt des Wettkampfes eigentümliche Fröhlichkeit ins Leben tritt.

## 2. *Warum das Leben düster ist*

Wie wir im vorigen Abschnitt ziemlich im Detail gesehen haben, ist beim Wettkampf, schon vom Anfang seines Zustandekommens an, eine klare Absprache getroffen – gleichsam als die große Voraussetzung, allem Tun, zu dem es innerhalb des Wettkampfes kommen könnte, vorausgehend, unabhängig von allen möglichen Formen, die er annehmen könnte, und doch auch von allen Formen und allem Tun unablösbar. Es ist in Wahrheit diese eine Absprache, die im Verlaufe des Wettkampfes, vom Anfang bis zum Ende, durch jeden Winkel der Welt des Wettkampfes, ihre eigene Herrschaft durchsetzt. Was auch immer dort geschehen mag, in Vergangenheit und Zukunft, im Äußern und im Innern, in Erkenntnis und in Vermutung, im Denken und im Wollen, im Versagen und im Erfolg, im Fortschritt und beim Stillstand, es gibt nichts, was außerhalb der Herrschaft dieser Absprache läge. Und diese Tatsache gilt bei einem Wettkampf für Kameraden und Gegner, für Schiedsrichter, für Sportler und Zuschauer in gleicher Weise, alle beteiligten Menschen sind sich der selbstverständlichen und gemeinsamen großen Voraussetzung bewußt und erkennen sie an.

Wir haben also zunächst geklärt, wie entscheidend wichtig für die eigentümliche Unbeschwertheit, Heiterkeit und Fröhlichkeit der Welt des Wettkampfes diese äußerst einfache Tatsache des Vorhandenseins einer gemeinsamen Absprache und ihrer klaren Anerkennung ist.

Aber auch für die heute seltenen Leute, die sich den Sport vom Leibe halten, dadurch daß sie ihn „einfach nicht mögen", kann die Frage, woher eigentlich die Dunkelheit des Lebens und die Schwermut in der Welt kommen, nicht ebenso damit abgetan werden, daß sie sagen, nur davon nichts wissen zu wollen. Und ob es überhaupt einen Weg gibt, diese von Grund auf auszurotten? Und falls es ihn wirklich gibt, ob er von uns überhaupt gewußt werden kann?

Solange wir nicht alle diese Punkte erschöpfend geklärt haben, haben wir wohl noch nichts von der Herkunft der Heiterkeit der Welt des Wettkampfes verstanden. Denn auch der beste Wettkämpfer, der sich von ganzem Herzen seinem Sport widmet, ist doch nur ein Mensch, und auch das schön gepflegte Stadion ist doch nur ein Ort unter vielen in der Welt der Menschen. Wenn außerdem die Heiterkeit des Wettspieles von jener ursprünglichen Absprache herkommt, und diese selbst wiederum nur von wirklichen Menschen stammt, so hat auch die Heiterkeit des Wettkampfes keine feste Basis und bleibt ein Stück Traum, solange die Plagen der wirklichen Menschen und das Dunkle ihrer Gesellschaft nicht von Grund auf beseitigt sind.

So wollen wir nun umgekehrt wie vorher, als wir uns über die Herkunft der Heiterkeit des Wettkampfes verschiedene Gedanken machten, nicht dem Inneren der Welt des Wettkampfes, sondern den hauptsächlichen Plagen nachgehen, die immer in der wirklichen Welt des Menschen anzutreffen sind, und dabei abwägen, ob sie in Wirklichkeit der entscheidende Grund für das Dunkel, für das Gefühl der Aussichtslosigkeit und Bedrückung im Leben des Menschen sind.

### *2.1. Krankheit und Armut*

Geht man so vor, dann denkt wohl jeder zuerst an die Krankheiten des Körpers und an die Armut, die es bisher zu jeder Zeit gegeben hat.

Wir können diese Dinge nicht so leicht nehmen, auch wenn manche aufgrund ihrer religiösen Überzeugungen oder ihrer Morallehren uns anders lehren. Eine körperliche Krankheit kann doch oft das geistige Leben eines Menschen zum Erliegen bringen. Ähnlich ist es mit einem plötzlich erblindeten Maler oder einem gelähmten Tänzer. Aber auch abgesehen von solch besonderen Fällen würde doch jeder von uns klagen, der von Erblindung oder Lähmung betroffen wird, und sich über alles andere die Heilung gerade von seinem Leiden wünschen.

„Ist niemand da, mich aus diesem Leiden zu erlösen? Ist niemand da, mich aus diesem Leiden zu erlösen?"

So schrieb *Masaoka Shiki*[1] in „Krankenlager", seinem Tagebuch, als er sich über einen Pfarrer ärgerte, der ihm am Bett eine Predigt hielt.

Sogar eine kleine körperliche Reizung, die man kaum als Schaden bezeichnen kann, kann dem Menschen zu Zeiten das, worauf er besonders stolz ist, seine Fähigkeit zum Denken, gänzlich rauben. Oder, wie Pascal schreibt: Wer wüßte nicht, daß es den Verstand eines Menschen durcheinanderbringen kann, wenn er eine Katze oder eine Maus sieht, oder in funkensprühende Kohlen blickt.

In dieser Beziehung ist es mit der Armut ebenso wie mit der Krankheit. Zwar gibt es auch viele Krankheiten, die man vermeiden kann, wenn man nur nicht arm ist, aber auch sonst gibt es manches Problem in unserer Gesellschaft, von dem es heißt, man könne es lösen, wenn man das Geld hätte, oder da sei nichts zu machen, weil eben das Geld fehlt. Wie vor kurzem ein erfahrener „Briefkasten-Onkel" im Radio sagte, wäre es wohl zu neunundneunzig Prozent aller Beschwernisse, die ihm in unzähligen Briefen vorgetragen werden, gar nicht gekommen, oder die Schwierigkeiten könnten doch leicht überwunden werden, wenn man nur Geld hätte. Dies gilt aber nicht

[1] Begründer einer neuen naturalistischen Stilrichtung in der traditionellen Tanka-Dichtung.

nur für Probleme von solch persönlicher Natur. Arbeitskämpfe, Wahlen, internationale Streitigkeiten, was man auch immer aufgreift, zeigt, daß es in der heutigen Welt nichts gibt, was nicht auch ein Geldproblem darstellt.

Es wäre deshalb unsinnig, wollte man sich mit den erfreulichen und dunklen Seiten des menschlichen Lebens und der Gesellschaft befassen, die Geldfrage dabei aber umgehen. Keine hohe Philosophie und Kunst kommt an dieser Frage vorbei. Man wird wohl sagen können, daß die wirklich großen Philosophen und Künstler sich dieses Problems bewußt waren, wie man an Spinoza und Hegel, an Balzac und Dostojewski, und auch an Sôseki sieht. Sie haben nicht nur vom moralischen Standpunkt aus ein tiefes Interesse dafür gehabt, welchen Einfluß das Geld auf den Geist des Menschen ausübt und welche Verwicklungen es in die menschliche Welt bringt, sondern gingen einen Schritt weiter und ließen uns teilnehmen an ihrem Denken über das Wesen des Geldes, über seine historische Entstehung, seine gesellschaftliche Funktion und deren Begrenzung, mit denen sie sich intensiv beschäftigt hatten.

Aber auch wenn man gleicherweise im Osten wie im Westen zugestehen muß, daß es zu manchem Leid und Zank nicht käme, „hätte man nur Geld“, so ist es doch überdeutlich, daß wir durch das Vorhandensein von Geld noch lange nicht glücklich werden, unsere Familie noch keine Wärme gewinnt, unser Land noch nicht gesund wird, und die Welt noch nicht den ersehnten Frieden erlangt.

Dies sieht man am Unglück so mancher Kinder, die auf die schiefe Bahn gerieten. Daß sich Geschwister über Vermögensfragen entzweien, gehört leider zu den alltäglichen Tatsachen. Auch in Bezug auf einen Staat oder die zwischenstaatlichen Beziehungen ließe sich ähnliches sagen. Und ganz besonders müssen wir daran denken, daß beim Imperialismus der Neuzeit, als extremes Beispiel, das Unheil meist seinen Ausgang dort genommen hat, wo es Geld im Überfluß gab. Aber auch abgesehen von solch umfassenden Fragen werden diese Aussagen bestätigt, wenn wir uns der inneren psychologischen Situation des Einzelnen zuwenden. Man kann das daran erkennen, daß es in Ländern wie Dänemark und Schweden, in denen die soziale Fürsorge überall hinreicht und es deshalb, in diesem Sinne, keine solchen sozialen Probleme gibt wie in Japan, eine überraschend hohe Rate von Selbstmördern gibt.

## Beziehungen der Liebe

Sieht man sich in der Welt um, so gibt es Menschen, die in äußerster Armut leben und dazu noch unheilbar krank sind, und die doch ganz ehrlich sagen können, daß sie glücklich sind und sich auch wirklich so fühlen. Versucht man herauszufinden, was einen solchen Menschen dazu bringt, dies zu sagen, so ist es oft – auch wenn es etwas „Geistiges" ist – nicht eine besondere, diesem Menschen eigene Fähigkeit, oder frühere Erfolge oder die Aussicht auf eine bestimmte Zukunft. Was ein solcher Mensch oft hat, mit Leib und Seele, ist etwas grundsätzlich anderes. Was das Leben dieses Menschen als Menschen stützt, daß er einen festen Grund hat – das, was über alle materiellen und geistigen Schätze hinausgeht – ist eine uneingeschränkte Beziehung der Liebe.

Wir sagen es heute wie selbstverständlich, daß der Mensch im Gegensatz zum Tier ein autonomes Subjekt ist, daß er nicht Mittel zu einem fremden Zweck ist, sondern seinen Zweck in sich selbst hat. Denkt man jedoch gründlich darüber nach, so wird deutlich, daß in Wirklichkeit auch der stärkste Mensch nicht für sich allein leben kann, und daß sich deshalb auch niemand für glücklich halten könnte, wenn er allein auf der Welt wäre.

Damit wir Menschen Menschen und glücklich sein können, brauchen wir die Unterstützung durch ein von uns verschiedenes Selbst, und zwar nicht nur eine partielle Unterstützung, sondern eine kräftige Annahme unseres ganzen Lebens von seiner Wurzel her. Dies ist es, wonach man sich zutiefst sehnt, wenn man verliebt ist.

Allgemein kann man sagen, daß ohne die Verbindung mit jemandem – mit einem absolut von uns selbst unterschiedenen anderen, den nichts ersetzen kann, was wir an Besitztümern haben mögen – ohne die Verbindung, in der beide Partner gleichzeitig klar voneinander unterschieden und doch völlig zu einem verbunden sind, unser „subjektives Leben", unser „Selbst", wie hervorragend wir in jeder andern Hinsicht auch sein mögen, keineswegs wirklich lebendig und erfüllt sein kann. Umgekehrt kann man auch sagen, daß das Leben eines Menschen erst damit wirklich beginnt und gleichzeitig damit auch wirklich an sein Ende kommt, daß er diese grundsätzliche Unterstützung erfährt. Alle Bewegung und jede Gestaltung des menschlich subjektiven Lebens, jedes Tun und jeder Gedanke, alles geht davon aus und führt dorthin, geschieht deshalb und darum. Denn dort leuchtet ein unendlich warmer und starker und heller Blick, der nicht von einem selbst kommt, den man sich auch überhaupt nicht selbst aneignen kann, und doch kommt er von dem anderen, mit dem man selbst ganz eins wird. Und deshalb besteht das ganze Leben dieses Menschen auf der Unterstützung, auf dem Antrieb und den Anleitungen, die er darin erhält.

## Die Rolle der Religion

Wenn man davon spricht, daß die Beziehungen der Liebe – Ausgangspunkt des subjektiven Lebens – Ursprung der Erfüllung seien, so klingt dies recht kompliziert, obwohl es um gar nichts Kompliziertes geht. Damit wir im Grunde unseres Herzens ruhig sein können und das Leben für lebenswert halten, brauchen wir unbedingt in seinem Grunde eine derartige Lebensbeziehung. Diese nennen wir Liebe; natürlich bezieht sie sich nicht auf die verschiedenen Besitztümer, die zu diesem Subjekt gehören. Vielmehr ist diese Beziehung der Liebe in doppelter Bedeutung eine „reine", das heißt „heilige" Beziehung der Liebe: Sie ist einerseits völlig unabhängig von allen Inhalten, die ihr vor die Augen treten mögen, ohne danach zu fragen, ob diese vom eigenen inneren Zustand oder von den äußeren Umständen beeinflußt werden. Andererseits erhalten alle diese Inhalte jedoch nur in der Beziehung zu dem vorgenannten Punkt ihren Wert.

Ein reines Mädchen erfährt im Augenblick seiner Heirat an sich selbst die Erfüllung einer ähnlichen heiligen Beziehung. Aber, allgemein gesagt, wird durch die Tatsache, daß in der Mitte aller urtümlichen Gesellschaften, von denen wir bis heute wissen, immer religiöse Gegenstände oder Verrichtungen ihren Platz haben, zur Genüge bewiesen, daß ohne irgendwie geartete heilige Beziehungen in Wirklichkeit kein menschliches Leben und keine menschliche Gesellschaft zustandekommen.

Wie seltsam uns heutigen Menschen ihre Feste – die Zeit, die sie mit ihren Göttern verbringen – auch erscheinen mögen, so sind sie doch das Ziel, auf das hin sie die Jahre ihres Lebens in Freuden zubrachten, die Quelle, aus der allein sie neue Lebenskraft schöpften. Solange sie diese Feste hatten, konnten sie jeder Entbehrung und Gefahr trotzen. Sobald man ihnen aber diese nahm – wie gut ihre Lage im übrigen auch war – so verloren sie allen Mut, und ihre Lebens- und Kampfeskraft verfiel.

Natürlich ist es deutlich, daß sich die Bedeutung religiöser Gegenstände und Verrichtungen für die menschliche Gesellschaft im Laufe der Zeit verändert. Besonders mit dem Fortschritt der modernen Technik und der Ausbreitung der kapitalistischen Wirtschaft ging es mit ihrer Autorität rasch abwärts. Je mehr die Religion die Gestalt einer höchsten, universalen, aufs höchste verfeinerten Form hatte, desto mehr wurde sie zu einer Angelegenheit des einzelnen, nur zu einem Problem privater Überzeugung degradiert.

Man meint nun, es sei in die „Freiheit“ eines jeden von uns gestellt, ob er damit etwas zu tun haben wolle oder nicht, gesellschaftlich sei es letztlich belanglos, ob die Religion einen Platz habe oder nicht, sie bedeute schließlich nicht mehr als irgendein anderes ebenfalls wünschenswertes Ereignis. In unserer Zeit ist es doch die überwiegend herrschende Meinung, daß man eigentlich keine Zeit habe, sich mit solchen Dingen zu beschäftigen, daß es praktisch nichts bringe, sich damit abzugeben, daß es sich dabei um ein Rauschmittel handle, das höchstens für kurze Zeit den Geist des Menschen ablenken könne.

Wo es zur Errichtung des Sozialismus gekommen ist, haben bis heute alle Staaten klar den Atheismus auf ihre Fahnen geschrieben. Die Religion wird als Erbstück aus der Zeit vor der Aufklärung betrachtet, das eigentlich sofort abgeschafft werden sollte; und wenn dies nicht getan wird, so doch nur, um den Gläubigen zu starke psychische Erschütterungen zu ersparen. Man will einfach warten, bis durch eine Verbesserung der Lebensverhältnisse und die Verbreitung wissenschaftlicher Bildung die Religion von selbst verschwindet.

## Das Problem der Freiheit

Denkt man aber noch einen Schritt weiter, so ist doch deutlich, daß der Rückgang der Bedeutung der Religion – in ihrer Gestalt als Ritus und Glaube – gegenüber früher für den Einzelnen und die Gesellschaft keineswegs auch bedeutet, daß die vorher genannte fundamentale Beziehung der Liebe für den Menschen ihre Unentbehrlichkeit verloren hätte. Daß die Frage nach dem Lebenssinn grundsätzlich nicht zum Problem wird, daß man sie überhaupt nicht zum Problem macht, ist nicht möglich.

Der „freie Mensch“ der Moderne, der sich in aller Deutlichkeit von den Bindungen der Religion befreit hat, bemüht sich doch – trotz seines sprichwörtlichen Strebens nach „Freiheit und Unabhängigkeit“ – dringend um eine Beziehung zu dem von ihm verschiedenen anderen. Die Gefühle der Liebe, die ein jeder einmal in seinem Leben erfährt, sind gegenüber früher lebendiger geworden, was auch die zahllosen Veröffentlichungen von Liebesgeschichten belegen. Und dieses dringende Verlangen richtet sich nicht nur nach dem anderen Geschlecht. Auch ein Mensch des eigenen Geschlechts, ja zeitweise auch Geld, Einfluß, Ruhm und andere Dinge können zur Erfüllung des Lebenssinnes werden. In dieser Hinsicht werden sie für den betreffenden Menschen zu einer wichtigen Sache, vor der er niederknien oder die er küssen muß, die eine Kraft und einen Willen hat, die dies unbedingt von ihm fordert, die gleichsam zu einer Art von Gott für ihn geworden ist.

Demgegenüber wird seine Freiheit, wenn ihn nichts mehr von außen bedingungslos bindet, bewegt und leitet, schließlich mit Notwendigkeit zu Unruhe und Einsamkeit, zu Ungeduld und Überdruß führen. Und dies scheint, wie Pascal schon vor dreihundert Jahren erkannt hat, das unausweichliche Schicksal des denkenden, freien Menschen zu sein. Ganz anders als an der Schwelle zur modernen Gesellschaft ist es für uns heutige Menschen schon nicht mehr ein Grund der Freude, einfach „frei zu sein“; aber gerade dies, was einem keine Freude mehr machen kann, müßte doch die Grundlage des menschlichen Lebens und der Gesellschaft sein. Der darin beschlossene Widerspruch ist aber nicht nur einigen genialen Menschen oder etwa Künstlern mit einer besonderen Sensibilität bewußt, sondern er dringt auch mehr oder weniger ins Bewußtsein der meisten Menschen. Gerade darin liegt wohl das charakteristischste Problem der modernen Zeit.

## Das eine, das not tut

Deshalb genügt es nicht, wenn die Freiheit für uns wirklich zur Freude werden soll, wenn es dabei bleibt, daß zuerst wir selbst als freie Wesen für uns selbst existieren, um dann mit etwas anderem, mit irgendeinem Ding in uns oder außer uns, in eine Beziehung zu treten. Wenn man sagt, daß nur in einer solchen Verbindung die Quelle der Freude liegt, so führt doch eine noch so heftige Liebe oder ein noch so fester Glaube nicht dazu, daß unsere Freiheit gleich zum Samen der Freude wird. So kann auch die Freude, und sei es die eines freien Menschen, im letzten Grunde nicht aus der zufälligen Herrschaft des Schicksals ausbrechen. Damit die Freiheit sogleich auch zur Freude wird, braucht sie an der Wurzel ihres eigenen Entstehens – nicht an ihrer Vorderseite, sondern sozusagen fest der verborgenen Rückseite verhaftet – einen Punkt, der sie stützt, eine ursprüngliche Kraft, die sie antreibt. Und wenn die Freiheit einen solchen Stützpunkt und Ursprung hat, so ist dies etwas völlig anderes als all die besonderen Hilfen, die ein einzelner freier Mensch für sich erwerben könnte oder als all die einzelnen und besonderen Triebkräfte, die er sich zu eigen machen könnte. Jenes Fundament ist gleichsam – als die ewige und allgemeine große Voraussetzung der Entstehung des Lebens selbst – notwendigerweise auch, was zum Ursprung der Freiheit aller anderen wirklich existierenden Menschen werden muß. Die Liebe, die einen Menschen wirklich davon frei machen kann, daß er wie irrsinnig an allen möglichen anderen Dingen hängt, ist doch nichts anderes als die weite Heimat, in der auch ein jeder andere Mensch, alle in der Irre gehenden Menschen, wirklich zur Ruhe kommen können. Erst wenn diese große Voraussetzung der Freiheit durch sich selbst anwesend ist und sie als solche einem jeden von uns bewußt wird, finden wir Menschen eine unerschütterliche Ruhe im Grunde unseres Herzens. Daß sich der Grund unserer Herzen gegenseitig versteht, kann nur so geschehen.

### 2.3. *Das Leben als Wettspiel*

#### Eine Olympiade, von einem Verrückten veranstaltet

Während wir uns so über den Grund der Dunkelheit des menschlichen Lebens und über die wahren Bedingungen des Glückes Rechenschaft zu geben versuchten, sind wir plötzlich wieder an unseren Ausgangspunkt zurückgekehrt. Wir haben nämlich, Schritt für Schritt vorgehend, gesehen, daß Licht und Dunkelheit im wirklichen menschlichen Leben im Grunde nicht notwendigerweise von den geschichtlichen oder gesellschaftlichen Verhältnissen abhängen. Vielmehr hängen sie davon ab, ob erstens dem Menschen an der Wurzel der Entstehung seines Lebens die eine allen gemeinsame große Voraussetzung gegeben ist, und ob zweitens diese in ihrer Wirklichkeit als solche und unmittelbar dem Menschen bewußt ist. Nur von diesen beiden Punkten hängt alles ab. Hier also sind wir wieder angelangt, wohin wir auch am Anfang durch das genaue Nachdenken über die wunderbare Heiterkeit des Wettspieles gekommen waren.

Daß dies nicht nur meine eigenen eigenwilligen Schlußfolgerungen sind, kann man auch aus den Worten des verstorbenen Schriftstellers *Akutagawa Ryûnosuke* entnehmen, als er davon sprach, „während der letzten beiden Jahre nur an das Sterben gedacht zu haben“:

> Menschliches Leben
> – für den jungen Ishiguro Teiichi –
>
> Würde man einem, der nicht zu schwimmen gelernt hat, befehlen es zu tun, hielte jeder dies für widersinnig. Oder würde man einem befehlen zu laufen, der keine Übung im Laufen hat, müßte man auch dies für unvernünftig halten. Seit wir aber geboren wurden, geht es uns genau wie jenen, denen solch ungereimte Befehle übergestülpt werden.
>
> Haben wir etwa den Weg des menschlichen Lebens gelernt, als wir im Leibe unserer Mutter waren? Sobald wir aber den Leib unserer Mutter verlassen haben, werden wir jedenfalls ins Leben gestellt, das einem großen Stadion gleicht. Natürlich kann man gar nicht erwarten, daß einer richtig schwimmen kann, der es nicht gelernt hat. Ebenso wird der, der nicht zu laufen gelernt hat, im allgemeinen von allen anderen überholt werden. So kann man auch nicht erwarten, daß wir ohne Schaden davonkommen, wenn wir das Stadion des menschlichen Lebens betreten.
>
> Natürlich sagen die Leute: „Seht auf die Spuren derer vor euch! Dort findet ihr

die Vorbilder für euch." Schaut man aber hundert Schwimmern und tausend Läufern zu, so lernt man damit noch lange nicht Schwimmen und wird kein Experte im Laufen. Darüber hinaus erkennt man auch, daß alle Schwimmer viel Wasser schlucken müssen, und jeder Läufer ohne Ausnahmen mit dem Staub des Stadions beschmiert ist. Siehst du, wie die berühmtesten Wettkämpfer der Welt ihre bitteren Mienen hinter ihrem Sportlerlächeln zu verbergen suchen?

Das menschliche Leben ist wie eine von einem Verrückten veranstaltete Olympiade. Während wir den Kampf des Lebens führen, müssen wir lernen, wie man diesen Lebenskampf kämpft. Wer seinen Zorn über dieses verrückte Spiel nicht unterdrücken kann, soll eilends vom Spielfeld abtreten. Der Selbstmord ist auch ein Weg dazu.

(aus Akutagawas „Worte eines Zwerges")

Tatsächlich gibt es bei näherer Betrachtung keinen seltsameren Wettkampf auf der Welt als das menschliche Leben.

Es stimmt, was Akutagawa zu diesem Spiel sagt: sobald wir geboren werden, sind wir schon mitten im Stadion und werden gezwungen, an einem Wettkampf teilzunehmen, über den wir noch nie etwas gelernt haben. Es ist, als ob bei einem unendlich schwierigen Go- oder Schachspiel, das schon begonnen hat, mitten hinein ein Mensch geführt würde, dem die Augen verbunden sind und den man zur Eile antreibt, den nächsten Zug zu tun, sobald man ihm die Binde von den Augen genommen hat. Dazu kommt noch, daß beim Wettspiel des menschlichen Lebens ein jeder Spieler selbst in seiner Kleinheit mit einer der aufgestellten Figuren verglichen werden kann.

Ehe wir so recht verstehen, worum es überhaupt geht, tauchen aus unserer Umgebung rücksichtslos allerlei Dinge auf, ziehen uns an oder drängen uns beiseite. Und während wir nach manchem streben und uns vor anderem fürchten, während wir weinen und lachen, klärt sich nach und nach, was die Brennpunkte des Lebens sind, sowie unser Standpunkt und unsere Haltung zu den Dingen ringsherum. Und im Laufe der Zeit bewegt sich dieser Brennpunkt selbst – von der Mutter zum Haus, in dem die Eltern wohnen, von diesem Haus zur Schule, wo die Lehrer und Freunde sind – und nach und nach festigt sich der umfassende Bereich des Lebens.

Wodurch wird aber im letzten Grunde unser Lebensbereich bestimmt, woher kommt er und wo führt er hin? Je nach Zeit und Gesellschaft sind die Lebensräume der Menschen äußerst verschieden, ja sogar innerhalb derselben Zeit und derselben Gesellschaft sind die Verhältnisse eines jeden einzelnen bei näherem Zusehen je nach Alter und Geschlecht, Nationalität, Position und Gedankenwelt höchst unterschiedlich. Selbst wenn man bei einem einzelnen Menschen den Lebensraum betrachtet, den er gestaltet, die Welt, in der er lebt, erkennt man, daß sie sich von Augenblick zu Augenblick verändern.

Es ist wie über einem endlosen, finsteren Abgrund, aus dem ein irritierender Lichtschein aufstrahlt und wieder vergeht, wie Schaum, der versprüht und sich wieder bildet. Dabei versuchen die wenigsten Menschen nicht einmal in dieser Lage – wie auf dem Rücken eines Wals reitend, der jederzeit untertauchen könnte, und doch in der törichten Einbildung, auf festem Boden zu sitzen – ihre Vergänglichkeit auch nur zu erwägen. Wenn wir dies mit einem Baseballspiel vergleichen, so erinnert es an das seltsame Bild, daß auf einem weiten Feld hier ein Mensch steht, der zu irgendeinem Punkt in weiter Ferne blickt und aus Leibeskräften den Schläger schwingt – dort ist ein anderer, der immerzu einer weißen Linie entlang läuft, die ein großes Viereck auf den Boden malt – und an anderer Stelle steht noch ein Mensch, der einen Gesichtsschutz und einen Brustpanzer angelegt hat, und der ohne Ende sich immer wieder hinkniet, um einen Ball zu fangen, und dann wieder aufsteht.

„Das menschliche Leben ist wie eine Olympiade, von einem Verrückten veranstaltet."

Je mehr bittere Erfahrungen wir in dieser Welt machen, je weiter unsere Wissenschaften ins Detail vordringen, um so mehr hat diese Warnung eines Schriftstellers, der selbst Selbstmord begangen hat, etwas Unheimliches an sich, das uns das Lachen vertreibt und unser Herz bedrängt.

Wir aber, die wir schon einige gründliche Reflexionen hinsichtlich des Wettspieles im gewöhnlichen Sinne hinter uns haben, werden gewiß den Kernpunkt des Problems etwas deutlicher herausstellen und erfassen können als der Verfasser der „Worte eines Zwerges".

## Der Irrtum Akutagawa Ryûnosukes

Akutagawa gebraucht hier die Worte „lernen", „befehlen", „können", „Experte werden". Und während bei einem gewöhnlichen Wettspiel niemandem „befohlen" wird, etwas „zu tun, ehe er es gelernt hat", werde gerade dies im Wettkampf des Lebens von uns erwartet, und deshalb nennt er diesen Wettkampf des menschlichen Lebens äußerst „widersinnig" und „unvernünftig".

Wie wir aber früher entdeckt haben, haben Worte wie „lernen", „denken", oder „entscheiden" für den Menschen bei einem Wettkampf zwei verschiedene Bedeutungen, die klar voneinander unterschieden werden müssen. Erstens bedeuten sie, daß ein Mensch, ehe er zum Wettkämpfer wird, das heißt zum Subjekt eines Wettkampfes, er die schon vorher gänzlich festgelegte anfängliche Absprache lernen, diese anerkennen, und sie sich fest einprägen muß. Und dann muß er sich natürlich daran halten. Zweitens aber bedeutet es, daß er unter der bedingungslosen Herrschaft dieser heiligen Absprache ihrem Antrieb entsprechend handelt, und dabei von Mal zu Mal richtiger zu handeln lernt.

Bei einem gewöhnlichen Wettspiel, wie beispielsweise beim Go oder Schach, ist das „Lehren" und „Lernen" im ersten Sinne unbedingt nötig. Natürlich heißt es im Sprichwort: „Ein jedes Kind in der Tempelstraße kann die Sutren", auch ohne daß es sie von jemandem gelernt hätte; so kann es auch geschehen, daß einer, der während langer Zeit täglich dem Fortgang des Wettspiels zugesehen hat, plötzlich eines Morgens erkennt, unter welcher Absprache und welchem Gesetz es im Prinzip durchgeführt wird. Bezüglich der Tatsache, daß man dennoch die Grundabsprache verstehen und sie wie jeder andere Mensch anerkennen und sich danach richten muß, daß, ohne in diesem Sinne zu „lernen", kein Wettkämpfer als Subjekt des Wettkampfes handeln kann, in diesem Punkte gibt es keinerlei Unterschied.

Aber wie steht es mit dem „Lernen" im zweiten Sinne? Könnte auch dies durch irgend einen anderen „gelehrt" und von ihm „gelernt" werden, so wäre es mit dem „Lernen" im ersten Sinne, nämlich dem „Hören und Verstehen, Anerkennen und Befolgen", von gleicher Qualität, und es wäre für das Handeln nicht von absoluter Notwendigkeit, keine vorgegebene Bedingung. Ein jeder, der die Absprache des Wettspieles in der ersten Bedeutung gelernt hat, kann in der Welt dieses Wettspiels als Subjekt auftreten. Umgekehrt würde es ihm gar keinen Spaß machen, müßte er jeden einzelnen Handgriff bewußt so verrichten, wie ein anderer es ihm beigebracht hat, oder, komplizierter ausgedrückt: dann handelte er noch gar nicht wirklich subjektiv als Wettkämpfer. Wer zu einem Menschen in der Welt des Wettkampfes geworden ist, der die Herrschaft der Ur-Absprache anerkennt, erfährt schon dadurch den Antrieb zum Handeln. Ja man könnte sagen, daß er gerade schon etwas in Bewegung setzt. In dieser Beziehung ist es auch keineswegs etwas Widersinniges und Unvernünftiges, „daß befohlen wird zu handeln, ehe gelehrt und gelernt wurde", dies erscheint vielmehr als der Vernunft gemäß. In der Welt des Wettkampfes könnte es anders gar nicht sein. Denn wir haben vorher schon im Einzelnen gesehen, daß in der Welt des Wettkampfes das Subjekt – der Wettkämpfer – gleichzeitig mit seiner Geburt als Wettkämpfer schon einen Befehl zu einem bestimmten Handeln erhält, und zwar zu einem Handeln, das dem fundamentalen Gesetz entspricht, das keine Frage nach einem Warum oder Wozu erfordert, und daß gerade darin die eigentümliche Vertraulichkeit und Heiterkeit des Wettkämpfers begründet ist.

Und doch soll damit nicht gesagt sein, daß das „Lehren" und „Lernen" im zweiten Sinne in der Welt des Wettkampfes in jeder Beziehung dem Handeln nicht vorausgeht. Wie genial einer auch sein mag, ohne die freundliche Anleitung durch Lehrmeister und Ältere kann keiner in der Welt des Wettkampfes wirklich in die Spitzengruppe vordringen. Fragt man jedoch in diesem Falle, vom Wesen der Sache her, ob das Lehren und Lernen, oder das eigene Planen und Üben wichtiger ist, so hat doch das letzte verhältnismäßig mehr Gewicht. Beim Bogenschießen oder Reiten lernt man am Anfang vor allem das nachzuahmen, was der Meister einem zeigt. Aber dies ist dazu da, wie man oft sagt, „um mit einem Muster zu beginnen, damit man das Muster hinter sich läßt". Wo es keinen eigenständigen Einsatz und kein selbständiges Planen gibt, bringt auch die beste Anleitung keinen Erfolg. Umgekehrt wird auch einer, der sich selbst voll einsetzt, sich um so mehr darum bemühen zu lernen, und einen guten Meister aufsuchen wollen.

Diese Einstellung folgt notwendigerweise aus der Grundtatsache, daß nur der ein wirklich als Subjekt handelnder Wettkämpfer werden kann, der sich nicht als Herz der Wahrheit dieser Welt fühlt, welches eigentlich oben steht, sondern nur der, welcher sich als Knecht versteht, der darin an dem ihm zugeteilten Platz steht. In der Welt des Wettkampfes gibt es von Natur aus weder Meister noch Schüler. Ein jeder einzelne Mensch, alle Menschen sind, sofern sie unter derselben heiligen Absprache des Lebens geboren sind, einander völlig gleich. Aber gerade weil sie in gleicher Weise unter der einen Absprache stehen, erscheinen innerhalb dieser Welt, unter den Wettkämpfern im gegenseitigen Vergleich, notwendigerweise Unterschiede von richtig und falsch, gut und schlecht, geschickt und ungeschickt. So wie es zwischen der Ur-Absprache selbst und dem, was unter dieser großen Voraussetzung steht und erscheint, eine absolut unumkehrbare Ordnung gibt, so erscheint auch innerhalb dieser Welt eine zwar relative, aber doch unumkehrbare Ordnung zwischen den beiden Polen des anderen Menschen und mir selbst, zwischen Tun und Theorie, zwischen Meister und Schüler, und dergleichen mehr. Wird ein Meister von diesem letzten Phänomen gefangen und vergißt, daß es in dieser Welt weder Meister noch Schüler gibt, so gehört sein Unterricht als Folge davon zu der schlimmsten Behinderung, die dem Vorankommen eines Anfängers widerfahren kann.

So werden im Wettkampf die zwei Bedeutungen des „Lernens" klar unterschieden, und durch die Verdeutlichung der grundsätzlichen Wichtigkeit der ersten Bedeutung verstehen wir gleichzeitig die Notwendigkeit des Lernens in der zweiten Bedeutung richtig. Im weiteren Sinne bedeutet dies, wie schon vorher gesagt, daß in der Welt des Wettkampfes das Tun selbst schon Lernen ist. Für den Wettkämpfer – nicht als Herrn der Wahrheit dieser Welt, sondern als ihr Knecht – ist die Aufnahme des Antriebes der Wahrheit, die ihm ganz unabhängig von seinem eigenen Willen und Denken je im Augenblick neu zuteil wird, das Widerspiegeln des Lichtes der Wahrheit, das seinem eigenen Auge zwar verborgen, aber doch als solches sich je im Augenblick klar selbst zeigt. Für ihn gibt es nichts anderes Schöpferisches, außer eben das ihm so gesagte und zu wissen gegebene Wort der Wahrheit zu „lernen“.

Dieses unmittelbare Lernen ist aber für den Wettkämpfer als Knecht der Wahrheit stets mit äußersten Schwierigkeiten verbunden. Daher die Notwendigkeit – gleichsam als zweite Bedeutung innerhalb des Lernens im zweiten Sinn – von anderen, aus Spuren der Vergangenheit und aus überlieferten Worten, aber auch von noch heute lebenden Vorläufern und von Freunden zu lernen.

Versucht man die Dinge in dieser Weise zu verstehen, so verlieren die vom Verfasser der „Worte eines Zwerges“ zusammengetragenen Gründe, um die Widersinnigkeit des Menschenlebens zu belegen, sogleich ihre Überzeugungskraft.

Würde man erstens tatsächlich „einem, der nicht zu schwimmen gelernt hat, befehlen, es zu tun“, so wäre daran gar nichts „Widersinniges“ und „Unvernünftiges“, wenn es dabei um das Lernen in der zweiten Bedeutung geht. Dies wird besonders deutlich, wenn wir etwa Go oder Schach als Beispiel nehmen.

Dann sagt Akutagawa: „Natürlich kann man gar nicht erwarten, daß einer richtig schwimmen kann, der es nicht gelernt hat.“ Aber man wird doch sagen müssen, daß, in der vollen Bedeutung dieses Wortes, keiner „richtig schwimmen kann“, daß in der tatsächlichen Welt der Wettkämpfe nie ein vollkommen fehlerloser Wettkämpfer in Erscheinung tritt. In diesem Sinne ist das Stadion ein Ort, in dem auch ein Meister seine Sache nicht „richtig“ kann, noch beim Lernen ist, auch in Zukunft jeden Tag neu wird lernen müssen. Das macht aber den Wettkampf keineswegs unmöglich oder zu einem „verrückten Spiel“. Ganz im Gegenteil, gerade dadurch kann die Welt des Wettspieles unendlich geheimnisvoll werden, so daß sich ihr Reiz nie erschöpft.

Und wenn gesagt wird, daß man im allgemeinen von anderen überholt werde, daß keiner ohne Schaden davonkomme, der das Stadion betritt, daß es trotz guter Lehrer und schöner Vorbilder kaum gut vorangehe, daß jeder Läufer, ohne Ausnahme, mit dem Staub des Stadions beschmiert werde, daß wir, während wir kämpfen, lernen müssen, wie man kämpft, so ist doch ganz offensichtlich, daß diese Dinge, – ob es nun im Wettkampf des Lebens wirklich so zugeht oder nicht – die Freude und Heiterkeit der Welt des Wettkampfes keinesfalls grundsätzlich zerstören können.

„Siehst du, wie die berühmtesten Wettkämpfer der Welt ihre bitteren

Mienen hinter ihrem Sportlerlächeln zu verbergen suchen?" „Wer seinen Zorn über dieses verrückte Spiel nicht unterdrücken kann, soll eilends vom Spielfeld abtreten. Der Selbstmord ist auch ein Weg dazu." Daß der Wettkampf des Lebens zu einer so verfluchten Angelegenheit wird, dazu muß etwas von einer gänzlich anderen Dimension dazu kommen als die aufgeführten Probleme. Und dieses Etwas konnten wir bisher letztlich nur in den folgenden Punkten finden:

Erstens fragen wir, ob es beim menschlichen Leben, ähnlich wie bei anderen Wettkämpfen, etwas gibt, was als Absprache des Lebens der Urabsprache des Spiels entspricht. Gibt es etwas derartiges tatsächlich oder nicht?

Und zweitens, gesetzt, es gäbe etwas derartiges, ist es auch uns gewöhnlichen Menschen als das, was es ist, deutlich bekannt, und wird es auch angenommen, oder nicht?

Schließlich drittens: wenn dies glücklicherweise auch uns bekannt sein und von uns angenommen werden kann, was müssen wir tun, damit wir es richtig erkennen und annehmen können?

Beim Wettkampf des menschlichen Lebens sind aber, anders als bei allen anderen Wettspielen, diese Punkte im allgemeinen völlig unklar. Während dies aber völlig im Dunkeln ist, tun viele angesehene Leute so, als ob alles völlig klar vor Augen läge, und reden und dozieren über die Normen des menschlichen Lebens und die Grundlagen der Gesellschaft. Deshalb kommt es oft dazu, daß hier – während es beim wirklichen Wettspiel nur eine Regel gibt – ein jeder Mensch und eine jede Gruppe ihre eigene Regel selbstherrlich bestimmt, und auch dieselbe Spielregel, beispielsweise die „Demokratie", an die sich alle halten wollen, in Wirklichkeit von den verschiedenen Beteiligten völlig unterschiedlich verstanden wird. Wahrscheinlich wird hier der entscheidende Grund liegen für die Aussage: „Das menschliche Leben ist wie eine von einem Verrückten veranstaltete Olympiade."

Und damit haben wir uns endlich dem schwierigsten Kern des Problems genähert.

## *3. Die Grundregel des Lebens und die Grundregel des Spiels*

### *3.1. Die Grundregel des Lebens*

Wie können wir aber auf die drei vorgenannten Fragen die rechte Antwort finden? Wenn wir dies hier so nochmals fragen, fällt einem jeden gleich auf, daß es hinsichtlich dieses Problems ist wie mit dem Schwimmen: Es hilft nichts, auf dem Trockenen Schwimmübungen zu machen. Wenn man sich der Lösung der Aufgabe nähern will, muß man ins Wasser, so gefährlich dies auch sein mag. Da wir ja schon von Geburt an in den Strudel des Lebens geworfen sind, müssen wir schließlich, ob wir wollen oder nicht, diese Frage stellen.

Bei dieser Frage können wir nicht zuerst erkennen wollen, ob es überhaupt eine Antwort gibt oder nicht, und diese dann zu finden versuchen. Wir müssen nach der wahren Antwort fragen, ohne zu wissen, ob man sie erfahren kann oder nicht, ja auch ohne zu wissen, ob es überhaupt eine Antwort gibt oder nicht. Als Wegweisung für diese Suche können wir höchstens folgendes sagen:

Wenn es beim menschlichen Leben so ist wie bei den verschiedenen Wettspielen, daß es von einer einzigen gemeinsamen Absprache beherrscht wird, und deshalb nur unter dieser großen Voraussetzung das Leben eines jeden einzelnen und der gegenseitige Umgang miteinander tatsächlich durchgeführt werden können, so wird das Bewußtsein davon und die Anerkennung dieser Tatsache zur ersten Voraussetzung unsererseits dafür, daß sich das menschliche Leben und die Gesellschaft normal realisieren können. Wird diese Bedingung nicht erfüllt, so wirft dieser Grundfehler seinen unglücklichen Schatten auf alle Situationen und Fälle des menschlichen Lebens und der Gesellschaft. Da das Problem sich darauf bezieht, was dem menschlichen Leben von Grund auf Halt gibt, können wir daran nicht vorbeikommen. Können wir diesen Halt nicht entdecken, so suchen wir uns auf jeden Fall irgendwo irgendetwas, das wir uns als Ersatzsymbol nehmen. Wie schon vorher gesagt, ist dies nichts anderes als das, was wir seit Vorzeiten gewöhnlich religiöse Anbetung oder Glauben nennen, wenn solche Symbole oder Handlungen besonders konzentriert oder typisch in Erscheinung treten.

Aber auch dann, wenn sie keine so auffallende Form annehmen, verschwinden solche grundlosen religionsähnlichen Empfindungen nicht einfach, solange das wirkliche Fundament nicht zum Fundament geworden ist. Sie treten dann, statt die Form einer Religion anzunehmen und zusammengefaßt zu erscheinen, je nach Zeit und Ort und je nach den Menschen verschieden, verstreut auf. So sind sie schwer zu fassen, verändern, verflechten und verwandeln sich, bis sie plötzlich zu einer schwer verständlichen Katastrophe führen.

Wir könnten wahrscheinlich, wie Feuerbach es getan hat, durch die genaue Betrachtung der Form und Veränderung der Religion versuchen, die durch diesen Ersatz verborgene und gleichzeitig dadurch bezeichnete Wahrheit zu finden. Würden wir dabei den Gegenstand unserer Betrachtung nicht auf unzweifelhafte Formen der Religion beschränken und sie auf den schwer faßbaren Bereich psychischer Symptome ausdehnen, so würden wir schließlich auf den seit Freud beschrittenen Weg der Psychopathologie und Tiefenpsychologie gelangen. Auch die Geschichte der Philosophie seit der Zeit der Griechen, die sich nicht mehr mit der überkommenen Religion und den Mythen zufrieden gab und nach der letzten Wirklichkeit, nach den Prinzipien, dem Zweck und der Einheit rang, kann uns auch im selben Sinne zur Erhellung unseres Problems gute Hinweise geben.

Welche Methode wir auch zur Klärung des Problems anwenden – wenn die wirklich umfassende und alles vereinigende Absprache, die wir suchen, in der Welt ist, in der wir wohnen, in der Welt, zu deren Wirklichkeit es gehört, daß ein jeder von uns ein Punkt in ihr ist – so wird sich doch das rechte Verständnis dieser Absprache von keinem anderen Ort her als nur von dieser Absprache selbst unserem Herzen erschließen. Der Beweis dafür, die Zuversicht, daß dieses Verständnis richtig ist, kann nicht dadurch erwachsen, daß wir das aus dem Unverständnis kommende falsche Verständnis und die falschen Überzeugungen schön anordnen und dann mit Schlußfolgerungen oder gar bloßen Vermutungen weiterarbeiten, oder mit einem „durch das Scheitern hindurchgegangenen Glaubensentschluß“. Alle derartigen Versuche können in dem finsteren Abgrund höchstens einen vorübergehenden Trost bieten. Es ist wie ein seltsamer Tanz, bei dem das Nichts das Sein gebären möchte.

Der wahre Beweis kommt nur unter dem Schein des Lichtes der wahren Absprache zustande. Die nicht leicht zu erschütternde Zuversicht kann nur durch die absolut unerschütterliche große Voraussetzung des Menschen und der Geschichte hervorgerufen werden. Auch dann, wenn es auf den ersten Blick so aussieht, als sei sie durch Schlußfolgerungen gewonnen, so kommt die Tatsache, daß sie die diesem fundamentalen Bewußtsein entsprechende Gewißheit hat, in Wirklichkeit daher, daß sie aus dem direkten Hören des *Wortes* entstanden ist, das die Ur-Absprache selbst spricht, deren Herrschaft das wirkliche Menschenleben durchdringt. Wäre es nicht so, so liefe doch am Ende lediglich alles darauf hinaus, daß nur ich diese Hypothese, wie wohlgegründet sie auch erscheinen mag, diese vergleichsweise umfassend und sicher erscheinenden Fundamente und Prinzipien, selbst versuchsweise aufgestellt hätte.

Hier gilt dasselbe wie bei einem Wettspiel, wo auch die Grundabsprache nicht aus der Geradheit oder Verdrehung, aus der Gestalt oder der Bewegung der verschiedenen Phänomene, die unter ihrer Herrschaft stehen, gewonnen wird, sondern wo am Anfang das Verständnis der Absprache steht, und sich erst daraus ein angemessenes Verständnis der einzelnen Dinge ergibt, und sich der Weg für ein entsprechendes Verfahren öffnet.

Deshalb wollen wir nun die Beschreibung der Umwege, die der Mensch gehen mußte, ehe er dort ankam, der langen und mühevollen Erfahrungen, ehe das menschliche Herz dort wirklich seine Ruhe finden konnte, das Geschichtliche und das Individuelle, zunächst beiseitelassen und uns ganz unvermittelt mit einer positiven Lösung für das anstehende Problem befassen. Den sogenannten „wissenschaftlich denkenden Menschen" wird dies zwar wahrscheinlich hinsichtlich seiner Beweisbarkeit und seiner inneren Logik als völlig grundlose Willkür oder als Phantasie erscheinen. Und es ist keineswegs so, daß es in Wirklichkeit keine entsprechenden Gründe dafür gäbe, daß dies so „erscheint".

Es ist aber so, daß die große Absprache des menschlichen Lebens, die fundamentale Norm der geschichtlichen Welt, die wir jetzt bejahen wollen, von Natur aus nicht deshalb besteht oder deshalb ihre Bedeutung hat, weil wir sie anerkennen. Sie ist doch das absolut bedingungslose Gesetz, das schon notwendigerweise vorausgehend den Ort beherrscht, an dem das menschliche Subjekt in Wirklichkeit zu Stand und Wesen kommt. Deshalb ist es weder möglich noch nötig, dieses Gesetz, nachdem das menschliche Subjekt entstanden ist – hinsichtlich der Zeit wohl gleichzeitig, hinsichtlich der wesentlichen Ordnung aber danach – auf die sich notwendigerweise aus ihm ergebenden Wirkungen und Inhalte der Sinne, des Denkens und der Vorstellungen, zu begründen oder es daraus abzuleiten. Umgekehrt schneidet gerade die Tatsache, daß es schon mit der Entstehung des Menschen gleichzeitig, völlig unabhängig von jedem Tun des Menschen, als solches besteht und gilt, jeden derartigen Versuch seiner Begründung oder Ableitung – dieses menschlich-allzumenschliche Verlangen – von Grund auf ab. Folglich gibt es dort nichts, was erst dadurch gesehen werden könnte, daß man das an und für sich bestehende menschliche Subjekt als Ausgangspunkt oder Zentrum voraussetzen würde. Kein menschlicher Gedanke kann in Wirklichkeit in diesen Bereich vordringen.

Wenn nun die Ur-Absprache des Menschenlebens, die gemeinsame große Voraussetzung, unbefangen und vorurteilslos ausgesprochen wird, muß diese Aussage in den Augen derjenigen, die nur allerlei Wirkungen zur Voraussetzung ihres Denkens machen, obwohl diese in Wirklichkeit auf der großen Voraussetzung beruhen, selbstverständlich nur als willkürliche oder phantastische Idee erscheinen, als völlig bedeutungslose und unkritische Behauptung. Untersucht man aber die Sache etwas genauer, so sind es doch gerade diese sogenannten Wissenschaftler, die den Menschen von den starken Bindungen an der Wurzel seiner Entstehung einfach nach eigenem Gutdünken abtrennen, ohne zu wissen, daß sie es tun, und die sich dann einbilden, es gäbe einen solchen „Menschen" und ein solches „menschliches Tun" in Wirklichkeit. In diesem Sinne sind sie es, die mit reiner Willkür und

Phantasie arbeiten. Sie schließen sich ab gegenüber der tiefen Bedeutung der Tatsache, die damit bedingungslos gegeben ist, daß das menschliche Subjekt als menschliches Subjekt tatsächlich existiert, und tun sich wichtig, wenn sie die Bedeutung der sich erst daraus ergebenden Wirkungen und Inhalte zur Voraussetzung ihres Denkens machen. Tatsächlich sind sie gerade in diesem Sinne völlig unkritisch. Um ihre falsche Voraussetzung aber weiter zu untermauern, müssen sie – auf der Suche nach der wahren ersten Voraussetzung – gleichsam über ihrem Dach immer noch ein weiteres errichten und sind so mit einem völlig sinnlosen Unterfangen beschäftigt.

Was wir hier über das Bestehen und die Herrschaft der Absprache des Menschenlebens gesagt haben, muß ebenso über die Möglichkeit des Bewußtseins dieser Absprache durch uns Menschen gesagt werden. Denn, wie ebenfalls schon vorher ausgeführt, kann man nirgends anders nach der Möglichkeit dieses Bewußtseins suchen als dort, wo diese ursprüngliche Absprache im wirklichen Menschenleben und in der Geschichte mit ihrer Herrschaft durchdringt. Natürlich ist die Möglichkeit dieses Bewußtseins für uns noch nicht dessen Wirklichkeit. Hier kann es aber nicht so gehen, daß wir zuerst von dieser Möglichkeit wissen, und dann versuchen, sie zu realisieren. Von der Natur der Dinge her ist es zwar so, daß die Möglichkeit dieses Bewußtseins, in der Absprache selbst gegründet, seiner Verwirklichung vorausgeht. Ohne daß wir dieses Bewußtsein aber wirklich erlangen, wissen wir niemals, daß es uns Menschen möglich ist.

Deswegen macht uns die Kritik an unserer Bejahung des Bestehens einer Ur-Absprache des Menschenlebens und der Geschichte, sowie der Möglichkeit, daß wir uns ihrer bewußt werden – daß wir dabei willkürlich, phantastisch, und unkritisch vorgingen – durch Philosophen und andere Leute nichts aus. Wenn uns dabei etwas bewegt, so ist es die Tatsache, daß das, was so wissenschaftlich und kritisch und scharfsinnig erscheint, in Wirklichkeit im Blick auf den Grund des menschlichen Lebens ohne irgendein reales kritisches Bewußtsein auskommt. Dies kommt daher, daß eine absolut unverletzliche Grenze des menschlichen Subjektes übersehen wird. Es ist wie ein krankhaftes Gefühl, das aus der Selbstüberheblichkeit kommt, in der ein jeder unbedingt sein eigener Herr sein will. Erst wenn wir von dieser Selbstüberheblichkeit frei geworden sind, können wir die sich aus der Herrschaft dieser Absprache über den Menschen notwendigerweise ergebenden Wirkungen und die Bedeutung ihrer Ergebnisse abwägen, sie genau messen, und eine Methode gewinnen, mit der Abweichungen als Abweichungen kritisch beurteilt werden können. Methodisch ging es von vornherein nicht darum, ob zuerst von den Grundnormen oder von den davon abgeleiteten Elementen geredet werden soll. Vielmehr soll von der gesamten Struktur, so wie sie wirklich ist, geredet werden. Aber gerade einer, der den springenden Punkt dieser Struktur erkannt hat, erkennt um so deutlicher, daß es unzählige Gefahren gibt, über den Grund unseres Lebens in phantastischer Willkür zu reden. Während man einerseits weiß, daß man keineswegs unbedingt auf sicherem Boden steht, wenn man in seinen Aussagen von den abgeleiteten Formen ausgeht, kann man aber andererseits mit fester Überzeugung behaupten, daß es keineswegs unbedingt „willkürlich“ sein muß, wenn man unvermittelt von der Grundregel zu sprechen beginnt.

Aber von welchem Charakter, von welcher Struktur ist diese Grund-Absprache eigentlich in sich selbst? Auch wenn uns nichts anderes übrig bleibt, als daß ein jeder durch mühevolle Erfahrungen und Studien wartet, bis ihm die Augen zur Erfassung dieser Dinge aufgehen, wollen wir doch im Folgenden versuchen, die entscheidenden Eigentümlichkeiten der großen Absprache des menschlichen Lebens im Vergleich mit denen bei einem allgemeinen Wettspiel aufzureihen, um so, wenn möglich, zu einer Verdeutlichung der Verhältnisse beizutragen.

## *3.2. Die Analogie zwischen Grundregel des Lebens und der Grundregel des Wettspiels*

### Absolute Verbindlichkeit

Um der Einfachheit der Darstellung willen wollen wir mit den Punkten beginnen, in denen die Absprache des Lebens derjenigen des Wettspieles gleicht. Erstens besteht nicht der geringste Unterschied darin, daß die anfängliche Absprache von dem Augenblick an, in dem ein Kampfplatz zum Kampfplatz wird, ihn schon mit absolut unbedingter Autorität beherrscht, und diese Herrschaft bis in die äußersten Winkel des Stadions, bis in alle seine Tiefen, von der fernsten Vergangenheit bis in die fernste Zukunft reicht, ohne daß der kleinste Winkel ausgespart bleibt – dies gilt sowohl für das menschliche Leben wie für jedes Wettspiel.

### Absolute Begrenzung

Zweitens aber bestimmt diese Absprache selbst, auch im wirklichen Leben, völlig unabhängig vom eigenen Willen des Wettkämpfers – vom Subjekt, das den Wettkampf durchführt – den Tätigkeitsbereich des Wettkämpfers. Dies bedeutet, daß uns, einem jeden von uns, durch das Vorhandensein einer Ur-Absprache für das menschliche Leben eine unbedingte Grenze gesetzt ist, die wir absolut weder überschreiten, noch hinter die wir uns zurückziehen können. In dieser Hinsicht ist das menschliche Subjekt am Grunde seines Entstehens absolut passiv. Wenn hier „absolut" gesagt wird, so deshalb, weil es hier um etwas grundsätzlich anderes geht als die Passivität, die dem menschlichen Subjekt, nachdem es entstanden ist, als die der Aktivität entgegengesetzte Seite seiner Bewegungen im weitesten Sinne – seiner Beziehungen zu allen Dingen und Menschen – jeweils zugehört. Hier aber geht es um die fundamentale Passivität.

## Die Freiheit unter der Grundregel

Drittens aber beschränkt die absolute Passivität des Subjektes des Wettkampfes in diesem Falle das Sein und das Tun dieses Subjektes als Subjekt in keiner Weise. Auch der Mensch soll, sobald er als Mensch geboren ist, sich als Mensch verhalten. Ungefragt steht er dabei unter dieser Absprache. Dort ist die Kraft, die ihn als Menschen vorantreibt. Wir Menschen sind am Grunde unseres Entstehens keineswegs Subjekt – unser eigener Herr – und daß wir hier durch und durch nicht Subjekt sind, ist nicht irgendeine bloß negative Verneinung. Im Gegenteil, gerade hier liegt der reale Ursprung des ganzen menschlichen Lebens, der deshalb nie zu seinem Besitz werden kann. Und auch die Freiheit des Menschen wird gerade und nur durch ihre völlige Verneinung ermöglicht. Hier geht es aber nicht um das, wovon einige Dialektiker sprechen: daß es zunächst ein Selbst gibt („an sich"), daß dieses sich absolut selbst verneint („für sich") und diese Negation zur absoluten Bejahung führt („an und für sich"). Das „nicht", die Negation in dieser Aussage, so tief diese auch sein mag, daß der Mensch „nicht Subjekt" ist, bezeichnet doch nicht die Wirkung oder den Zustand des menschlichen Subjekts. Auch wenn gesagt wird, daß diese „Verneinung" keine bloße Verneinung, sondern als solche direkt eine „Bejahung" sei, ist die Lage genau die gleiche. Auch wenn wir hier von der „Bejahung" oder „Verneinung" des Menschen sprechen, so ist doch deutlich, daß es nicht darum gehen kann, daß zunächst der Mensch als solcher da ist, und dieser dann danach bejaht oder verneint, ja nicht einmal darum, daß wir diesen bejahen oder verneinen. Wenn wir hier von „Bejahung" sprechen, so meinen wir hier vielmehr den unbedingten Befehl: „Du kannst und sollst einfach als Mensch gerne und reichlich leben!", den Antrieb des Lebens, der mit der Tatsache der Entstehung des Menschen gegeben ist, oder, anders gesagt, der immer schon an dem Ort gegenwärtig ist, an dem der Mensch tatsächlich ins Leben tritt. Diese Bejahung ist gleichzeitig das immer schon an dem Ort, wo Menschen sind, gegebene Verbot, aus der Reihe zu tanzen, es ist das absolut zu beachtende Gebot, daß der Mensch nicht selbstüberheblich sein darf, als sei er über den Menschen gesetzt. Allein diese Bejahung, die zugleich Befehl und Verbot ist, kann den Menschen davor bewahren, in den Abgrund des Verderbens zu stürzen. Nur indem der Mensch schon die dem Menschen absolut vorausgehende, den Menschen betreffende „Bejahung als Verneinung" empfängt, indem er sie immer neu empfängt, kann er sein Leben und seine Geschichte als etwas Wirkliches beginnen.

## Der Zufall, der die Notwendigkeit in sich trägt

Viertens aber ist die Tatsache, daß der Mensch „empfängt", mit dem Menschsein als solchem verbunden – unabhängig von Recht und Unrecht, von Gut und Böse, ob der Mensch dies will oder nicht – wie sehr er sich auch windet, er kann dies auf keinen Fall abschütteln. Und wenn er auch meint, er habe es abgeschüttelt, so meint er dies eben nur, denn in Wirklichkeit kann er es nicht. In diesem Sinne, „empfängt" er. In diesem Sinne ist die ursprüngliche „Bejahung" und „Verneinung", ihr „Empfang" für jeden Menschen, sofern er überhaupt wirklich existiert, etwas absolut Notwendiges. Wir haben zwar gesagt, daß diese den Menschen selbst betreffenden Verhältnisse seine Gedanken übersteigen oder seinem Willen vorausgehen. Dies gilt aber auch schon für das reale Sein des Menschen. Es ist doch nicht so, daß der Mensch zunächst irgendwo an einem unbekannten Ort herumschwebt, dort darüber nachdenkt, ob er tatsächlich existieren soll oder nicht, und sich dann entschließt, in die Existenz zu treten. Ja sogar, um wie Hamlet vor der Frage nach Sein oder Nichtsein zu stehen, muß man zunächst als Mensch da sein. Die faktische Realität seines Seins ist für den Menschen in dem Sinne, daß sie nicht ein Ergebnis seines Planens ist, etwas völlig „Zufälliges". Und diese zufällige Wirklichkeit ist, in dem Sinne, daß sie keinerlei Bestimmung hat, nicht „widersinnig" und „unvernünftig", sondern gerade umgekehrt ist sie eine Wirklichkeit, der das absolute Gesetz der menschlichen Existenz unmittelbar zugehört. Nur dort, wo der eigene Wille des Menschen völlig abgeschnitten ist, kann er den unbedingten und heiligen Willen empfangen, nach dem er „einfach und gerne und reichlich als Mensch leben soll". Nur wenn der Stolz des Menschen, ganz gleich, ob er aus seinem Intellekt, seinem Gefühl, oder seinem Willen kommt, gänzlich abgetan ist, kann er direkt an die wahre und unerschöpfliche Quelle des Lebens gelangen.

Obwohl es, vom Standpunkt des Wollens und Planens des Wettkämpfers aus gesehen, völlig zufällig ist, so fällt doch die menschliche Existenz unmittelbar und notwendigerweise in die Ur-Absprache hinein. Was wir hier bei anderen Wettspielen erkannt haben, können wir so oder in ähnlicher Weise auch im Stadion des menschlichen Lebens erkennen.

Folglich werden wir auch nicht nur bezüglich der Absprache des Wettspiels, sondern auch über das Tun des Subjekts des Wettspiels, das sich unter der Herrschaft jener vollzieht, viele Ähnlichkeiten finden können.

### Das Sein als Bewegung, die Vergangenheit als Zukunft

Fünftens bedeutet nämlich die Tatsache, daß der Wettkämpfer als Wettkämpfer an seinem Platz steht, streng genommen schon, daß das Subjekt schon als Subjekt zu handeln begonnen hat, und daß es von seiner gegenwärtigen Form zu seiner nächsten Schritt für Schritt in eigener Verantwortung weiterschreiten muß. – Dies wird besonders deutlich, wenn wir etwa an Schachspieler denken, die sich gegenseitig die jeweils für einen Zug zur Verfügung stehende Zeit beschränkt haben, aber es gilt auch für andere Fälle. – Auch bei unserem Leben ist es so: Sobald wir als Menschen geboren werden, sind wir schon mitten im Spiel. Der Mensch, der schon durch die Tatsache seiner Existenz ein absolutes Gebot empfängt, dem er nicht ausweichen kann, muß, von einem jeden Ergebnis seines Tuns ausgehend, von Augenblick zu Augenblick, in eigener Verantwortung, irgendwie zur nächsten Tag schreiten.

### Gemeinsamer Grund

Sechstens ist dabei die erste Tat, die auch beim Wettspiel des menschlichen Lebens vom Subjekt des Wettkampfes gefordert wird, daß er die beim Ausgangspunkt des Zustandekommens des Wettspieles – des Stadions sowohl wie des Subjekts – anwesende Absprache als solche klar versteht, anerkennt, und zum Ausdruck bringt. Als einer, der das absolute Gebot empfängt und somit gänzlich nicht Subjekt ist, der sich nur bemüht, zu befolgen, was er hört, und der erst gerade darin zum wirklichen Subjekt des Wettspiels wird – wer dieses eine in seinem Herzen festhält, gewinnt immer neu Ruhe und unerschütterlichen Mut. Dann ist ein Mensch, dann ist der Grund des menschlichen Herzens nicht mehr wie ein finsterer Abgrund, in dem eine bösartige Schlange lauert, sondern das menschliche Herz ist wie ein harter Fels, aus dem wie in jener Geschichte von Mose in der Wüste das frische Wasser des Lebens hervorsprudelt, sobald man daran rührt. Und dabei ruht dieser harte Fels keineswegs nur am Grunde des Herzens aller und eines jeden einzelnen Menschen. Wenn der Mensch dies erkennt und so entdeckt, daß die Menschen sich darin eigentlich und zutiefst verstehen können, überkommt ihn unermeßliche Freude. Wie phantastisch dies auch erscheint, so können doch in dieser Hinsicht – ohne Rücksicht auf die Begabung oder die Erfolge oder die Stellung des Gegenübers – nur bedingungslose Achtung und Liebe, unwandelbare Ermunterung und Ermahnung die Atmosphäre zwischen den wirklichen Menschen bestimmen.

### Die vorantreibende Kraft

Siebtens bedeutet die Tatsache, daß auf diesem Kampfplatz des menschlichen Lebens von Anfang bis Ende ununterbrochen und jeweils neu diese einfache eine Sache ausgeführt wird, keineswegs aber, daß es in dieser Arena langweilig oder dürftig zugeht. Wie konkret und allgemein ein Begriff auch sein mag, er kann dieses einzelne Ding nicht fassen, das so äußerst einfach ist, daß es nicht Vorder- oder Rückseite, nicht Äußeres oder Inneres hat, den Punkt, der doch das ewig-universale Gebot empfängt und daraus schöpferisch wirkt. Mit einem Wort gesagt: Weil die Tatsache des absolut Objekt seienden Subjekts eine keinesfalls sich ändernde Tatsache ist, nur und gerade deshalb können sich innerhalb dieser Welt ohne Ende neue Gestalten entfalten. Deswegen können nur die, die diese eine Sache fest im Herzen behalten, ohne sich an die Vergangenheit oder Zukunft zu verlieren oder vor ihnen zu schaudern, wirklich frei, mit einem Sinn für die Wirklichkeit und schöpferisch sich des Lebens freuen.

### Das Urteil der Wahrheit und die Beurteilung durch den Menschen

Zuletzt ist, achtens, zu sehen, daß auch bezüglich des menschlichen Lebens dasselbe gilt wie für jedes Wettspiel, daß nämlich, wer gegen die anfängliche Absprache verstößt, aus dem Spiel genommen wird. Dies geschieht aber nicht durch den Schiedsrichter, der gleicherweise wie der Wettkämpfer auch nur ein menschliches Subjekt ist. Ehe nämlich in einem gewöhnlichen Wettkampf der Schiedsrichter sein Urteil spricht, so daß alle Menschen es hören können, ist das Urteil der Wahrheit tatsächlich schon ergangen, der Schiedsrichter ist nur derjenige, der es schnell und genau sieht und dieses dann ausspricht.

Der Schiedsrichter ist als wirklicher Mensch unter der Herrschaft der Wahrheit den anderen Menschen völlig gleich, er genießt nur als einer, der die Erfahrung langer Übung hat, das gemeinsame Vertrauen der übrigen. Daß das von ihm einmal ausgesprochene Urteil gilt, auch wenn er als wirklicher Mensch manchmal Fehler macht, ist wohl das Ereignis der Duldsamkeit und Besonnenheit, in der die am Wettspiel Teilnehmenden gleichsam unausgesprochen anerkennen, daß das Urteil der Wahrheit ursprünglich sowieso nicht in der Hand des Menschen liegt.

Einem Gerechtigkeitsfanatiker mag dies auf den ersten Blick inkonsequent erscheinen, und doch hat dieser Brauch überall volle Anerkennung gefunden, wo wirkliche Menschen Wettspiele veranstalten. Ebenso wissen diejenigen, die im wirklichen Leben gegenüber der anfänglichen Absprache treu sind, daß das Urteil der Wahrheit notwendigerweise und von selbst gegen die ergeht, die dagegen verstoßen. Gerade deshalb wissen sie, daß sie, wenn sie vor dem Fehler anderer Erschrecken empfinden, um so mehr Mitleid und Nachsicht üben müssen.

### 3.3. *Der Unterschied zwischen der Grundregel des Lebens und der Grundregel des Wettspiels*

Wenn uns so die grundsätzliche Ähnlichkeit zwischen dem menschlichen Leben und allen Wettspielen deutlich geworden ist, so ist uns damit von selbst auch der grundsätzliche Unterschied zwischen beiden überhaupt deutlich geworden.

#### Die Grundregel, die dem Menschen absolut vorausgeht

Erstens ist die Absprache aller Wettspiele, wie schon verschiedentlich dargelegt, für die Menschen, die unter ihnen an einem Wettkampf teilnehmen, etwas Unbedingtes, sie ist ein Befehl mit einer Autorität, die keinen Einspruch duldet. Aber obwohl dies kaum mehr aufs neue betont zu werden braucht, sind alle diese Absprachen nicht von ursprünglicher Art, sondern sie sind von uns Menschen ausgedacht, gemacht. Und insofern können sie als das, was sie sind, auch zum Gegenstand von Kritik und Abänderung werden, neu geschaffen werden und vergehen. Dies gilt selbstverständlich für geistige Wettspiele wie Schach oder Go, aber ebenso für körperliche Wettkampfarten wie beispielsweise Baseball, wie uns deren Geschichte sofort zeigt.

Anders aber bei der Absprache des menschlichen Lebens, die in keinem Sinne etwas vom Menschen Geschaffenes oder Erdachtes ist. Sie geht allem Tun des Menschen voraus, ist der absolute Befehl, die unbedingte Bedingung, die am Ausgangspunkt der Entstehung des Menschen anwesend ist. Es ist die von keinem Menschen bestimmte eigentliche Bestimmung des Menschen. Diese aber ist kein von dem Ort, an dem wir uns gerade befinden, getrennter, freischwebender Begriff, nicht eine Norm oder ein Symbol. Es ist vielmehr das Wort der absolut unverdienten Liebe, das unfehlbar an den

Ort kommt, wo wir stehen und wohin wir gehen, das alle Dinge des Menschen erleuchtet, das richtende Schwert, die Triebkraft, die ihn erzieht. Daß wir Menschen diese Absprache kritisieren oder abändern könnten, kann gar nicht in Frage kommen. Die Frage für uns Menschen ist vielmehr, diesem Gebot aufrichtig zu entsprechen und diese dem Menschen gegebene und aufgetragene eigentliche Bestimmung gänzlich zu erfüllen. Ehe wir Selbstkritik oder gegenseitige Kritik üben, erfolgt immer schon von Augenblick zu Augenblick eine Kritik, die nicht unsere eigene ist, eine Kritik, die von jener Absprache des Lebens selbst – von dem in jenem Gebot verborgenen Subjekt – herkommt. Nur wenn wir dieser Kritik, wenn wir diesen Forderungen auf Änderung entsprechen, kann unsere Kritik und unsere Praxis der Veränderung richtig und fruchtbar sein.

### Was hinter den Absprachen steht – das menschliche Leben als Urform des Wettspiels

Hier müssen wir, zweitens, unbedingt über den „Hintergrund" der Absprache und des Gesetzes des menschlichen Lebens reden. Bei allen anderen Wettspielen stehen im Hintergrund der anfänglichen Absprache die Menschen, die diese Absprache getroffen haben. Das Tun des Wettkämpfers innerhalb des Wettkampfes kann sich nur unter der Herrschaft dieser ursprünglichen Absprache entfalten. Insofern hat der Wettkämpfer sozusagen die absolute Autorität der anfänglichen Absprache im Rücken und vor sich die Situationen der Welt des Wettkampfes, denen er Gestalt verleiht. Da aber der Wettkämpfer als wirklicher Mensch weiterhin hinter dieser Absprache steht, kann er diese Absprache betrachten, darüber nachdenken oder sie kritisieren. Da aber die Welt des Wettkampfes nur ein winzig kleiner Ausschnitt aus der Welt des Menschen ist, bleibt der Mensch gegenüber dem Wettkämpfer, den er in sich hat, ein in seiner Freiheit grenzenloses und tiefes Subjekt.

Was aber in diesem Falle gut beachtet werden muß, ist die Tatsache, daß, auch wenn der Mensch hier als ein „in seiner Freiheit grenzenloses und tiefes Subjekt" bezeichnet wird, dies nicht lediglich heißt, daß der Mensch aus der Welt des Wettkampfes heraus in einen irgendwie unbegrenzt tiefen Abgrund tritt. Er steht vielmehr in der wirklichen Welt, die ähnlich wie jeder andere Kampfplatz auch ihre klaren Begrenzungen enthält. Nur ist diese fundamentale Begrenzung, anders als bei den Absprachen anderer Wettspiele, unseren Augen gewöhnlich allzusehr verborgen. Deswegen verbleibt uns nichts, als daß wir unter unseren eigenen Füßen nur einen bodenlosen, erschreckenden Abgrund erblicken.

In Wirklichkeit ist aber unsere Furcht, unsere Hoffnungslosigkeit, die Angst, trotz des Griffs nach dem letzten Strohhalm doch unterzugehen, ein völlig grundloser Wahn. Denn von unserem Ursprung her und jetzt immer noch sind wir doch nichts mehr als ein Tropfen in diesem finsteren Abgrund. Und dies hindert uns Menschen nicht im geringsten daran, auf der Oberfläche dieser Tiefe die Wellen kräuseln zu machen und ein uns Menschen gemäßes schönes Muster zu zeichnen. Dies hindert uns nicht nur daran, dies ist sogar die dazu nötige Voraussetzung.

Sich einzubilden, in diesem finsteren Abgrund zu sein, sei dasselbe wie in dem ewigen Abgrund des Verderbens zu versinken, bedeutet nur, diese unbedingt notwendige Voraussetzung vergessen zu haben. Es ist nur eine Illusion, die aus der Eitelkeit geboren wird, die Schönheit der selbst gezeichneten Kreise auf dem Wasser festhalten zu wollen.

So können wir Menschen alle nur deshalb, weil wir schon an einen so niederen Ort gestellt sind, an dem man die Gefahr vergessen kann, noch tiefer zu fallen, subjektiv und kreativ sein. Nur als derjenige, der jeweils an der Grenzlinie festgesetzt ist, die er niemals überschreiten kann, um sie zu sehen oder zu bedenken, kann sich der Mensch grenzenloser Freiheit erfreuen. Das wahre und ewig grenzenlose, das reinste und höchste Licht von jenseits der Grenzlinie diesseits der Grenzlinie widerzuspiegeln, dies ist die fundamentalste Absprache, die unser menschliches Leben trägt.

Hier möchten wir, um der gebotenen Klarheit willen, die das Thema erfordert, ein bisher mit Bedacht vermiedenes Wort entschlossen einführen und von *Gott* sprechen. Wenn wir bisher sagten, daß das Leben des Menschen nicht existiert losgelöst von der ursprünglichen Absprache, so bedeutet dies klarer ausgesprochen, daß, losgelöst von „Gott, der der Herr der Absprache“ ist, in Wirklichkeit der Mensch nicht existieren kann. Und wenn wir sagten, daß der Mensch nur als solcher Subjekt ist, als der er nicht Subjekt – nicht sein eigener Herr – ist, so heißt dies nichts anderes, als daß der Mensch derjenige ist, dem als Knecht des verborgenen Herrn die Verwaltung des Gartens dieses Herrn übergeben wurde. Der Mensch ist – ohne Rücksicht auf den Erfolg seines Tuns, auf seine geschichtliche oder gesellschaftliche Lage – am Grunde seines Entstehens zwar durch eine unüberschreitbare Grenzlinie getrennt, dennoch direkt mit dem wahren Gott verbunden. Dabei ist er sich dieser einzigartigen Beziehung bewußt – der Beziehung von dem absolut vom Menschen verschiedenen Gott zu dem absolut von Gott verschiedenen Menschen – durch die ihm an seinem Grunde die Erlaubnis und die Forderung zuteil wird, in dieser Welt Gottes zu leben.

So erfährt ein jedes Geschöpf durch Gott als den Herrn der Schöpfung, während es durch und durch Geschöpf bleibt, die Forderung, schöpferisch zu handeln, und darin wird der Mensch, das Wesen, das in jedem Augenblick seine eigene Verantwortung trägt, geboren. Daß der Mensch wirklich lebt, bedeutet vor allem anderen, daß er in der Hand des Gottes ist, „der ins Verborgene sieht“, daß ihm unaufhörlich neue Ermunterung und Weisung, unwandelbare unverdiente Liebe und ein inniges Wohlwollen, das vom Grunde aller Dinge des Universums ausgeht, zuteil werden. Und an dem Punkt, an dem diese absolut unzertrennliche, absolut unvermischbare und absolut unumkehrbare Beziehung zustande kommt, lebt in Wahrheit, mit den Worten der Bibel gesagt, der wahre Mensch, der den Willen des Vaters im Himmel tut, der Gottessohn und Menschensohn, der Retter *Christus*.

Betrachtet man den wirklichen Menschen bis auf seinen tiefsten Grund so, wie er ist, so sieht man dort auf jeden Fall die bedingungslose Verbindung zwischen Gott und Mensch, die Absprache Gottes gegenüber dem Menschen, die Zusage freien Lebens für den Menschen. Daß die Trennungslinie zwischen Gott und Mensch, die gleichzeitig eine absolute Trennung anzeigt und unzertrennlich verbindet, von Gott selbst gezogen wurde, bedeutet, daß innerhalb dieser Linie unter der Liebe und dem Urteil Gottes sich ein kreatives menschliches Leben entfaltet, das Gott ähnelt, und daß innerhalb dieses Lebens der Menschen die Trennungen und Verbindungen zwischen Wirklichkeit und Wesen, Körper und Geist, Gefühl und Vernunft, Vergangenheit und Zukunft, dem anderen und dem eigenen Selbst, Gesellschaft und Einzelnem notwendigerweise zustandekommen. Statt aber jetzt in eine schwierige philosophische Diskussion über Einzelfragen einzutreten, was an anderer Stelle geschehen soll, wollen wir nun wieder zu unserem eigentlichen Thema zurückkehren.

Es geht darum zu klären, was hinter den Absprachen – den fundamentalen Begrenzungen des Subjekts des Wettspieles – steht, die in der Arena dem Tun des Wettkämpfers vorausgehen. So sahen wir, daß hinter den Absprachen der gewöhnlichen Wettspiele der Mensch steht, aber diesem Menschen die seinem Tun vorangehende Absprache immer neuen Lebens gegeben ist, und hinter dieser Absprache Gott als der Herr der Absprache steht, der den als Knecht daruntergestellten Menschen hält, erzieht, ermahnt und ermuntert. So sagten wir zwar vorhin, daß hinter den Absprachen der gewöhnlichen Wettspiele der Mensch steht, der diese Absprachen geschaffen hat, wir müssen aber nun genau genommen sagen, daß dahinter die zwischen Gott und den Menschen bestehende absolut unumkehrbare Trennung und Beziehung, die gänzlich unverdient dem Menschen gegebene Absprache des Lebens selbst steht.

So können wir auch das tiefe Geheimnis verstehen, wieso die Welt der Wettspiele, die doch eine von uns Menschen geschaffene Welt ist, zu einem

Abbild der wirklichen Welt werden kann, die den Menschen in sich enthält. Wenn der Mensch schöpferisch tätig wird, so geschieht dies eben nicht im leeren Raum, sondern gemäß der ihm unabhängig von seinem Willen gegebenen heiligen Absprache, als Abbild in einer Gestalt, als Erfüllung der Absprache. Folglich sind alle vom Menschen geschaffenen Formen einerseits durch und durch geschichtlich und faktisch, andererseits aber haben sie auf jeden Fall einen wesentlichen und werthaften Charakter. Die verschiedenen Welten der Wettspiele kann man daher ohne Einschränkungen als eine der Arten von Formen betrachten, die der Mensch schafft, wobei sie jedoch über den Willen des Menschen hinausgehend bestimmt werden, und kann deshalb gleichzeitig ihren Wert danach beurteilen, wie genau und umfassend sie die wirkliche Welt der Menschen oder die fundamentale Absprache dieser Welt widerspiegeln.

In diesem Sinne kann man sagen, daß die von Gott mit einer Grenzlinie ausgestattete Welt, und auch die Welt des Menschen darinnen, das Urbild aller vom Menschen geschaffenen Stätten des Wettkampfes ist. So steht hinter der Grenzlinie dieser Welt, hinter der Absprache des Lebens der Menschen etwas, was nicht von der Art der Handlungen und Gestalten ist, die dort erscheinen. In der Art solcher Handlungen und Gestalten ist jenes Etwas nur ein absolutes Nichts, und doch ist es das reine unvermischte Licht des Lebens, als dessen bunter Abglanz allein sich all diese Handlungen und Gestalten verwirklichen können. Es ist, als ob die Sonne des Lebens durch ein von ihr selbst aufgestelltes Prisma scheint. So sind die unendlich vielfältigen Veränderungen der Farben, von dem selbst leuchtenden wahren Licht des ewigen Lebens beschienen, wie das Aufblitzen des Lebens, das von Augenblick zu Augenblick ausstrahlt und Harmonien und Disharmonien entstehen läßt.

### Der ewig und überall anwesende Ort

Während wir uns mit der zweiten Frage, nämlich nach dem Hintergrund der anfänglichen Absprache, beschäftigten, konnten wir auch gleich schon den dritten Unterschied zwischen den übrigen Stadien und der Arena des menschlichen Lebens erblicken.

Nicht nur für ein solches Stadion, sondern für jeden besonderen Lebensbereich, den ein Mensch schaffen mag, wie weit und mit einem wie festen Zaun er auch umgeben sein mag, gilt, daß wir aus diesem Bereich auch einmal heraustreten können. Es ist dem Menschen nicht möglich, sofern er existiert, keinerlei besondere geschichtliche oder soziale Situation zu schaffen, oder nicht in irgendeiner Umgebung zu leben. Aus einem solchen Bereich herauszutreten, bedeutet immer, in einen anderen Bereich überzuwechseln oder diesem einen Bereich eine andere Gestalt zu geben. Geht man von der Arbeitsstelle nach Hause, wird man von einem gewöhnlichen Angestellten zu einem leitenden Angestellten, wird man von einer Firma zu einer anderen oder zu einer Behörde versetzt, spaltet man eine Gewerkschaft und gründet eine andere, verwandelt man eine kapitalistische Gesellschaft in eine sozialistische, flüchtet man von Ostdeutschland nach Westdeutschland (oder umgekehrt), geht man von Zuhause in die Kirche, oder von einer Kirche in eine Bar – was man auch tut, kein Mensch kann dem entkommen, immer in irgendeinem bestimmten Lebensbereich zu sein. Auch wer wie Robinson Crusoe allein auf einer einsamen Insel lebt, schafft sich dort seine ihm eigentümliche Umwelt. Und diese je eigentümliche Art zu leben verlangt nach einer je eigentümlichen Beziehung zu anderen Menschen und wandelt sich so von der Vergangenheit zur Zukunft.

Und doch kann man sagen, daß gerade deswegen kein Lebensumfeld als besondere geschichtliche oder gesellschaftliche Situation einen Menschen völlig festhalten kann. Ja sogar einer Erscheinung wie der nazistischen Gewaltherrschaft kann der Mensch aus dem Wege gehen. Auch wenn man Hände und Füße in Fesseln legt, kann das Herz des Menschen in Freiheit bleiben. Als letztes Mittel des Ausweges bleibt der Selbstmord. Um wieviel leichter ist es aber, einen Spielplatz zu verlassen, auf dem man nicht die geringste Lebensverpflichtung hat.

Vom Kampfplatz des menschlichen Lebens können wir aber, anders als von allen darauf entstandenen oder geschaffenen Orten, so sehr wir uns auch dagegen wehren mögen, nicht irgendwo hinaustreten. Auch wenn wir zum Mond fliegen, so ist auch dieser immer noch ein Teil der Arena des menschlichen Lebens mit ihren ursprünglich gegebenen Beschränkungen. Oder wenn wir jeglichen Umgang mit der äußeren Welt abbrechen und uns in unser eigenes Inneres zurückziehen, sind wir auch dort noch innerhalb der Arena des menschlichen Lebens. Und auch wenn einer immer tiefer in das Innere seines Selbst versinkt und schließlich von seinem eigenen Selbst erlöst, befreit wird, oder umgekehrt, wenn einer „aus der Tiefe“ zu „Gott in der Höhe“ aufblickt und von ihm Rettung erhofft, so kann er doch dadurch die Grenzlinie des Kampfplatzes, auf den er von Anfang an gestellt ist, die Bestimmung des Lebens, daß der Mensch eben nur ein Mensch ist, nicht verschwinden machen. Gerade darin, daß der Mensch weder ewig noch universal ist, daß er nur ein winziger Punkt ist, der in einem Augenblick vergeht, bleibt er für den von Liebe erfüllten Blick des wahren, ewigen und universalen Gottes, der bis zu den Enden der Welt reicht und bis in die Tiefen der Tiefen des menschlichen Herzens dringt, nicht unbemerkt. Die Zuwendung Gottes, die dem

Menschen seinen Platz bestimmt hat, ehe er im Leib seiner Mutter ist, weicht nicht von ihm, auch wenn er schon gestorben und begraben ist. Der Mensch kann diese Hand Gottes auch durch Selbstmord nicht abschütteln. Wenn es einem auch gelingt, allen Urteilen der Welt der Menschen zu entkommen, so kann er sich doch nicht außerhalb des Urteils stellen, das über die Arena ergeht, wo der Mensch sein Leben mit Gott führt. Auch wenn einer einen anderen tötet und ihn begräbt, ohne daß dies ein anderer Mensch weiß, und darüber hinaus auch selbst vergessen würde, was er getan hat, so kann er sich selbst doch vor Gott nicht verbergen.

## Die vergessene Absprache oder die Unaufrichtigkeit des Menschen

In der dargestellten Weise ist die Arena des menschlichen Lebens etwas Absolutes. Sie ist der eine uns zugesprochene Platz, ehe wir im Mutterleib sind, der Platz der unverdienten Liebe und des wahren Gerichts des Herrn, der keinen von uns verläßt, auch wenn wir schon gestorben und begraben sind. Dieser Garten, der alles, was in der Welt erscheint, umfaßt, ist grenzenlos weit, seine Absprache ist mit ihrem Herrn zusammen durch alle Veränderungen der Zeiten hindurch ewig gegenwärtig.

Wenn wir aber so immer tiefer auf die Eigentümlichkeiten achten, die die Arena des menschlichen Lebens von allen anderen Spielplätzen deutlich unterscheiden, stoßen wir auf eine schwer verständliche Tatsache – den vierten Punkt, durch den sich das Wettspiel des menschlichen Lebens von allen anderen Wettspielen deutlich abhebt.

Daß die Menschen, anders als alle anderen Dinge, als sprechende und denkende Wesen in die Welt geboren werden, dient vor allem und zuerst dazu, daß sie die Grundabsprache dieses Kampfplatzes – daß der Mensch selbst absolut nicht Herr ist, vielmehr vom Herrn der Wahrheit, ohne irgendwelche vorhergehende Verdienste, aufgerufen und als ein Gast eingeladen wurde, und daß er nur so zum Subjekt des Wettkampfes werden kann – daß die Menschen eben dieses Grundgesetz der menschlichen Existenz klar verstehen, daß sie sich gegenseitig helfen und ermahnen können, um sich des Wettkampfes nach Herzenslust freuen zu können, und um danach dieses Leben in Frieden zu beenden. Dies brauchen sie nicht bei einem anderen zu erfragen. Vielmehr ist durch die Tatsache, daß einer als Mensch an diesem Ort steht, das, was er von selbst verstehen soll, ihm von Anfang an so in den Grund seines Geistes und in den Kern seines Körpers hineingesprochen, daß er es versteht. Denn der Herr der Absprache, mit dem der Mensch am Grunde seines Entstehens direkt verbunden ist, ist ganz anders als die von Menschenhand geschaffenen Götter, die nicht sprechen – Götzen, die eine Gestalt haben und doch keine. Er ist ein lebendiger und tätiger Gott.

Aber wie ist es in Wirklichkeit? So sollte es eigentlich sein, aber das genaue Gegenteil entspricht der nicht zu leugnenden Wirklichkeit des menschlichen Daseins.

Während wir Menschen durch verschiedenerlei Absprachen gegenüber anderen Menschen gebunden sind, und wir uns an Absprachen klammern, die andere zu unseren Gunsten getroffen haben, versuchen wir kaum, die Absprache des Lebens selbst zu bedenken. Ja sogar wenn wir behaupten, daß alle Absprachen in dieser Welt im Grunde für den Menschen da sind, und daß der Mensch das Subjekt von allen Dingen ist, denken wir überhaupt nicht an die für das Zustandekommen des Subjekts absolut unentbehrliche Bedingung. Während der Mensch seine Einsamkeit so sehr beklagt und mit solcher Sehnsucht auf Mitteilungen von anderen Menschen wartet, bemerkt er gar nicht, daß die *gute Botschaft*: „Gott mit uns", ihn immer neu erwartet. Auch wenn diese heilige Absprache so zur Sprache kommt, daß wir sie deutlich mit unseren Ohren hören können, auch wenn die gute Botschaft des Herrn der Absprache allgemein verkündet wird, denken wir doch nicht einmal im Traum daran, daß diese Worte uns selbst als überaus konkretes Zeugnis gelten. Wir meinen nur, die Zusage Gottes, daß er ein Gott ist, der mit und bei allen Menschen, der mit und bei einem jeden Menschen ist, sei ein abstrakter Begriff, der mit dem wirklichen Leben in dieser Welt, mit den geschichtlichen und gesellschaftlichen Verhältnissen, nichts zu tun habe. Dies sei wie eine Art von gefährlichem Opium, das unseren Blick von der Härte der wirklichen Probleme ablenkt. Und daß der Name Gottes tatsächlich oft in dieser Weise aus Faulheit und Egoismus benützt wird, um sich den Anblick der Wirklichkeit zu ersparen, kommt ja leider nicht selten vor.

Während wir so möglichst praktisch und vernünftig in dieser Welt zu leben versuchen, verlieren wir den eigentlichen Angelpunkt des menschlichen Lebens, verlieren wir schon am Anfang die letzte Beziehung – den „Logos", das Grundgesetz der Welt – aus den Augen. Auch ein törichter Mensch wird nicht an irgendeinem Wettspiel teilnehmen wollen, ohne sich zuerst nach den Regeln zu erkundigen und sich diese anzueignen, aber bei dem Wettspiel des menschlichen Lebens bilden sich seltsamerweise auch die klügsten und einsichtigsten Menschen ein, ohne Kenntnis der Vorbedingung zum besten Spieler, ja zum höchsten Herrn des Spieles selbst werden zu können. Dazu kommt noch, daß bei anderen Wettkämpfen eine Verletzung der anfänglichen Absprachen nur im Scherz oder nur als ein einen Augenblick dauerndes Mißgeschick vorkommt und keiner absichtlich daran festhalten möchte. Ein absichtlicher Betrug wird meist nicht innerhalb des Spieles selbst, sondern außerhalb, um irgendwelcher dem Spiel fremder Ziele willen, geplant, und er ist die Ausnahme. Die Teilnehmer am Spiel des menschlichen Lebens tun aber meist im Ernst so, als gäbe es gar keine ursprüngliche Absprache, ein jeder behauptet die Richtigkeit seines Vorgehens, und sie sagen, ein jeder habe die „Freiheit" des Denkens und des Glaubens und könne deshalb sein Leben so führen, wie er wolle.

Daß das Leben, das von derartigen Spielern entfaltet wird, wie „eine von einem Verrückten veranstaltete Olympiade" aussieht, daß „die berühmtesten Wettkämpfer der Welt ihre bitteren Mienen hinter ihrem Sportlerlächeln zu verbergen suchen", ist dann kein Wunder.

Der Großmut Gottes – die Blindheit des Menschen für diese Absprache und die Entwicklung von Technik und Wirtschaft

Wenn wir aber nun, fünftens, am Ende den Unterschied zwischen dem menschlichen Leben und den anderen Spielen fundamental darauf zurückführen, daß die Absprachen des Spieles von jedem Teilnehmer selbst und gegenseitig klar anerkannt oder aber eben nicht anerkannt sind, so stoßen wir erneut auf ein weiteres seltsames Problem.

Bei einem gewöhnlichen Wettspiel würde auch der größte Hitzkopf nicht, ohne sich zuerst nach den Regeln zu erkundigen, sie zu verstehen und sich darüber mit den anderen zu verständigen, einfach drauflosrennen. Und wenn einer es täte, könnte er doch nicht annehmen, auf diese Weise voranzukommen oder gar zu siegen, und er hätte auch keinen Grund, andere zu verspotten, die anders vorgehen als er selbst. Während aber die meisten Menschen sich im wirklichen Leben genauso verhalten, halten sie dies nicht für seltsam, und ein jeder bildet sich ein, sein Leben vortrefflich zu führen.

Wieso kommt es zu einer so sonderbaren Situation? Wie kann es dazu kommen?

Man kann annehmen, daß es sicher zutiefst damit zusammenhängt, daß die Grenzlinie der Arena des menschlichen Lebens – die fundamentale Absprache und das Grundgesetz – nicht vom Menschen geschaffen sind, daß sie von dem Augenblick an wirksam sind, in dem wir als Mensch geboren werden, daß, ob wir Menschen sie anerkennen oder nicht, ihre Herrschaft sich bis in die äußersten Winkel der menschlichen Welt erstreckt. Bei anderen Wettspielen muß streng zwischen den Regeln und dem Tun der Wettkämpfer unter diesen Regeln unterschieden werden, und diese Beziehung ist unumkehrbar. Ohne dies käme kein Wettspiel als Wettspiel zustande, und man könnte nicht sagen, daß einer fair spielt oder betrügt. Aber bei all diesen anderen Spielen ist das, was wir die Grundbedingungen nennen, trotz dieser Bezeichnung nicht etwas, was eine ursprünglich der menschlichen Existenz als solcher eigentümliche Bedingung wäre. Natürlich sind diese, wie früher ausgeführt, auch nicht einfach ohne jede Beziehung zu der Grundbedingung des menschlichen Lebens entstanden. Auch lassen sich bei dem Schachspiel in seiner gegenwärtigen westlichen und in seiner japanischen Ausprägung Unterschiede feststellen, für die es entsprechende Gründe geben wird. Auch dafür, daß das Baseballspiel, zu einer bestimmten Zeit in den USA entstanden und nach Japan eingeführt, so große Verbreitung gefunden hat, wird es jeweils besondere mit dem Leben verbundene Bedürfnisse und notwendige Entwicklungen gegeben haben.

Aber dennoch sind diese Wettkämpfe letztlich im eigentlichen Sinne dieses Wortes „Spiel“. Sie sind nicht mit den unausweichlichen Notwendigkeiten des wirklichen Lebens direkt und unauflöslich verbunden. Im Grunde haben sie alle ein Element der Willkürlichkeit der einzelnen Menschen an sich. Wenn wir deshalb von einem einmal festgesetzten Wettspiel sagen, daß zwischen seiner anfänglichen Absprache und deren Verständnis und Anerkennung eine unumkehrbare Ordnung besteht, so kann man doch nicht davon absehen, daß die anfängliche Absprache und die unbedingte Ordnung nicht aus sich selbst bestehen, sondern lediglich durch ein Tun des Menschen, und damit in gewisser Weise durch willkürliche Vereinbarungen, zustandekommen. Deshalb kommt, ohne daß wir Menschen uns dessen bewußt sind, es verstehen, anerkennen, und uns darüber einigen, kein Wettspiel zustande.

Im Gegensatz dazu ist die Grundbedingung des menschlichen Lebens absolut. Es ist die ewige Absprache des Lebens, die jedem Tun des Menschen vorausgeht, wie sie von Paulus angesprochen wird: „Fürwahr, er ist nicht ferne von einem jeglichen unter uns. Denn in ihm leben, weben und sind wir“ (Apg 17,27f.). Das menschliche Wesen (seine *essentia*) führt von der von Paulus genannten Grundtatsache her, direkt zum menschlichen Dasein (seiner *existentia*). Es geht, anders ausgedrückt, um den vom Grunde der Entstehung des Menschen ausgehenden Antrieb, sich dieser Grundtatsache ohne Widerspruch freiwillig zu fügen. Die Freiwilligkeit des Menschen kann sich ursprünglich nur dann erfüllt und klar verwirklichen, wenn sie einem derartig unbedingten Anruf antwortet. Daß dieser Widerhall den Raum des Menschen mit reicher Harmonie erfüllen kann, geschieht nur an der absoluten Grenzlinie – gleichsam dem kristallharten Prisma, durch das das Sonnenlicht fällt – an der jeder Ton, den der Mensch spricht, zum Verstummen kommt, an der das ernste Dasein als tonloser Ton, als stimmlose Stimme wie ein Echo erklingt. Sobald man von diesem verborgenen Angelpunkt abkommt, verlieren das menschliche Leben und die Gesellschaft sofort ihre innere Erfüllung.

Daß wir Menschen aber gegenüber der Existenz dieser Grenzlinie uneinsichtig werden, ist keineswegs in der Entstehung des Menschen angelegt. Die besondere Fähigkeit des Menschen zu denken, unterscheiden zu können, ist dem Menschen vor allem deshalb gegeben, damit er diese Grenzlinie erkennen kann, da er nur mit dieser Erkenntnis als Voraussetzung gänzlich als Mensch zu handeln vermag. Dafür, daß das Herz des Menschen hinsichtlich dieses fundamentalen Punktes erblindet, gibt es überhaupt keinen positiven Grund. Es ist überhaupt nichts, nur unsere Eitelkeit, die in uns eine ungeheure Kraft entfaltet – anders würde nicht ein jeder von uns so tun, als ob es diese fundamentale Grenzlinie jetzt und hier nicht gäbe, und wir würden nicht eigenmächtig „absolute Grenzlinien" und „letztgültige Ziele" für das Leben des Menschen und der Geschichte aufrichten, oder unverantwortlicherweise behaupten, daß es derartige in Wirklichkeit überhaupt nicht gibt.

In Wirklichkeit verhalten wir wirklichen Menschen uns aber von Geburt an ausnahmslos genau so übermäßig seltsam. Am hellichten Tage träumen wir mit weit geöffneten Augen kühne Träume, ohne zu wissen, was wir dabei in Wirklichkeit tun. Es ist ähnlich, wie wenn wir, während wir nachts träumen, nicht merken, daß wir nur träumen. Während aber ein gewöhnlicher Traum zum natürlichen Ausruhen des Menschen nicht in Widerspruch steht, widersprechen derartige Tagträume dem „Logos" des Körpers und der Seele des Menschen, da man sich dadurch die extremste unnatürliche Spannung selbst aufzwingt. Dies ist nicht nur eine direkte Auflehnung gegen den wahren Herrn des menschlichen Lebens, sondern darin tut man auch gleichzeitig seiner eigenen und der Natur aller anderen Menschen Gewalt an.

Trotz dieser unglücklichen Neigung, die der Mensch in sich trägt, und die in allen möglichen Formen zum Ausdruck kommt, erleben wir auf dieser Welt glücklicherweise täglich einen neuen Morgen und einen neuen Abend, und bilden eine menschliche Gesellschaft, die nicht ihresgleichen hat. Auch wenn wir die Grenzlinie des menschlichen Lebens, das Bewußtsein vom wahren Herrn, gänzlich verlieren und so, als seien wir selbst der oberste Herr, das Leben bestimmen, oder wenn wir umgekehrt am Grunde eines finsteren Abgrundes zu sitzen meinen und uns fürchten, so ist doch die anfänglich gesetzte Grenzlinie unerschütterlich, und der Antrieb des freundlichen und ernsten Herrn weicht keinen Augenblick von uns Menschen und unserer Gesellschaft.

Während der Mensch so blind gegenüber der ihm unmittelbar nahen äußersten Grenzlinie bleibt, ist er innerhalb dieser selben Grenzlinie Mensch, nimmt Dinge wahr, begehrt sie, denkt, macht sich Vorstellungen, und produziert. Gleichzeitig damit und dadurch und deshalb rufen die Menschen sich gegenseitig, helfen einander, und schaffen ihre geschichtlich besonderen Gesellschaften. Während die Menschen aber in selbstvergessener Ohnmacht anfänglich kein anderes Mittel wußten als leere Hirngespinste – groteske Magie und Aberglauben – um den Mangel ihrer wirklichen Kraft aufzuwiegen, nahm ihre Produktionskraft unversehens immer weiter zu, und ihre gesellschaftlichen Beziehungen dehnten sich auf andere Gesellschaften aus.

Der so entstandene Warenaustausch setzte sich umgekehrt auch innerhalb der einzelnen Gesellschaften immer mehr durch, wodurch Geld entstand, das auf einer weiteren Stufe zum Kapital wurde. Gleichzeitig wurde die Spontaneität des Einzelnen immer mehr geweckt, die schon ursprünglich am Anfang der Produktion mitgewirkt hatte. Als Gipfel dieser Entwicklung verbreitete sich die Warenwirtschaft allgemein, neue Methoden der Produktion wurden erforderlich und erfunden, und gleichzeitig mit dem Auftreten der Maschinen kam die kapitalistische Gesellschaft zu ihrer Vollendung. Bei diesem Prozeß wurde sich der Mensch dessen bewußt, daß er allein durch die Unterordnung unter die von seinem Willen völlig unabhängigen Gesetze der Natur über die Dinge der Natur wirklich verfügen könne, zu welchem Zweck er die naturwissenschaftliche Methode erdachte.

Dieser Fortschritt von Naturwissenschaft und Produktionstechnik vermehrte aber keineswegs nur die allgemeine Wohlfahrt, sondern ließ bisher nie dagewesene Wirren und heftige Klassengegensätze entstehen. Dadurch wurden sich die Menschen aber der fundamentalen Bedingungen bewußt – des „wirtschaftlichen Grundgesetzes“ – die dem materiellen Leben der menschlichen Gesellschaft zugrundeliegen, sie erkannten die wirtschaftliche Beschaffenheit zunächst der gegenwärtigen kapitalistischen Gesellschaft, aber auch der verschiedenen Gesellschaftsformen der Vergangenheit, kritisierten sie, und suchten nach der Verwirklichung einer dem Wesen des Menschen wirklich angemessenen Gesellschaft. Gleichzeitig kam es erstmals in der Geschichte zu einem wissenschaftlichen Bewußtsein von der Gesellschaft als einem Geflecht von materiellen Produktionsbeziehungen, und es entstanden Bewegungen sozialer Revolution. – Daß dies etwa der Prozeß ist, der zu unserer gegenwärtigen Situation geführt hat, ist heute allgemein bekannt.

So ist der Boden der Arena des wirklichen Lebens fest, seine Grundbegrenzung umschließt einen Fortschritt ohne Grenze, von einer Weite, deren noch nicht erschöpften Spielraum niemand kennt. Diese unermeßliche Grenzlinie – die unmittelbar unzertrennliche, absolut unumkehrbare, durch diese Grenzlinie bestimmte Beziehung des menschlichen Subjekts, das ursprünglich in keiner Weise Subjekt ist, zu dem wahren und unbegrenzten Subjekt – ermöglicht, auch wo der Mensch sie nicht als solche ehrfürchtig annimmt, die technische und wirtschaftliche Entwicklung der Produktion, den naturwissenschaftlichen und gesellschaftswissenschaftlichen Fortschritt des Bewußtseins durch das Subjekt des Menschen. Diese Entwicklung und dieser Fortschritt stehen in keinem Widerspruch zu jener ursprünglichen einzigartigen fundamentalen Beziehung. Gerade weil diese Beziehung ewig gegenwärtig ist – weil der Mensch ursprünglich eine Handvoll Erde ist, weil er nicht ein allmächtiger Gott ist, weil er absolut gehalten wird – sind Entwicklung und Fortschritt die Form und Bewegung des menschlichen Lebens und der Gesellschaft, die, auf diesem Boden bedingungslos gehalten und geführt, sich Schritt um Schritt verwirklichen. Wenn daher der wirklich an der Produktion orientierte und gesellschaftlich bewußte wissenschaftliche Geist durch und durch objektiv und wissenschaftlich sein will, muß er, so schwierig dies tatsächlich auch sein mag, das am Ursprung des Menschen und der Gesellschaft tief verborgen liegende Gesetz und diese Beziehung befragen. Man wird wohl sagen können, daß Entwicklung und Fortschritt von Technik und Wirtschaft dies von Natur aus erfordern.

## Die Grundregel und der Mythos der Gegenwart

Die angeborene Uneinsichtigkeit des Menschen bezüglich dieses fundamentalen Punktes, daß er den sich trotz seiner Uneinsichtigkeit durch die unendlich weite Gnade des wahren Gottes verwirklichenden Fortschritt der menschlichen Kultur zum Vorwand nimmt, so zu tun, als sei er der absolute Herr dieser Welt – als gäbe es keine seiner Entstehung vorausgehende in ihm gesetzte Grenzlinie oder kein Gesetz – führt zu außerordentlicher Selbsttäuschung. Als ob durch das Abtun von grob unwissenschaftlichen Dingen wie Götzendienst und Mythen, von Zauberei und Aberglauben schon alle Probleme des Menschen ganz gelöst seien, verlachen sie alle metaphysischen Wissenschaften und jedes Wort, das vom Namen Gottes redet.

Sicher tragen dafür bisher auch Religion und Philosophie, Theologie und Metaphysik große Verantwortung. Angesichts ihrer Geschichte wird man sagen müssen, daß diese edlen Bemühungen fast immer durch für den Menschen gänzlich unnötige Sorgen und unerfüllbaren Ehrgeiz Mißgeburten waren. Denn diese frommen Übungen und tiefen Gedanken zielten darauf, in letztlich verbindlicher Weise dem Leben des Menschen und der Gesellschaft einen Halt zu bieten. In Wirklichkeit aber ist dieser letztlich verbindliche Halt nicht etwas, wenn es wirklich diesen Namen verdient, was der Mensch extra suchen müßte. Er ist ihm vom ersten Anfang seiner Entstehung an schon gegeben und ist ihm bis zum Ende der Welt immer neu gegenwärtig. Was für uns Menschen übrig bleibt, was wir können, was wir tun sollen, ist nur dies eine, für diesen Halt – als ein Geschöpf, das absolut von Gott verschieden ist, dem er aber beschied, völlig subjektiv und schöpferisch zu sein – und für den Antrieb des wahren Gottes zu danken und unsere ganze Kraft als Menschen zusammenzuraffen, um diesem Antrieb zu folgen. Dessenungeachtet tun die religiösen Führer und Philosophen dieser Welt so, als gäbe es diesen Halt nicht oder als hätte er keine Kraft zu wirken, und bemühen sich, durch ihre eigenen hochtrabenden Worte und Gesten diesen letzten Halt hervorzubringen und zusammenzustückeln. Es sieht fromm aus und ist doch Anmaßung, es sieht weise aus, ist aber in Wirklichkeit nur dummes Geschwätz. Bei jedem anderen Wettspiel würde ein solcher Schwindel sofort bemerkt und er wäre bestenfalls als humoristische Einlage für ein Zwischenspiel zu gebrauchen. Dennoch versuchen wir im wirklichen Leben immer das zu tun, was uns Menschen im Prinzip nicht möglich ist, wir sehnen uns nach dem, was unnötig zu tun ist und nicht getan werden darf, und verachten, was wirklich nötig ist und unbedingt getan werden muß.

Der Weg der wirklichen Wissenschaft wurde Schritt um Schritt in einen Kampf auf Leben und Tod gegen solch eitle „religiöse Traditionen“ und „philosophische Spekulation“ eingeebnet. Insofern ist es fast selbstverständlich, daß die Autorität von Religion und Philosophie immer mehr verdrängt wurde, je mehr sich die Natur- und Gesellschaftswissenschaften entwickelten. Anstelle Gottes wurde der Mensch, anstelle des Himmels die Erde, anstelle eines irgendwo fernen Jenseits das Hier und Jetzt zum heute interessierenden Brennpunkt. Und dies ist an sich gar nicht unbedingt falsch. Nur kommt es dabei darauf an, ob der Mensch und die Erde, das Hier und Jetzt wirklich so, wie sie sind, fundamental und umfassend aufgefaßt werden oder nicht.

Die heutigen Menschen rühmen sich aber fast alle – ohne zu bemerken, daß dies problematisch ist – ihrer freien „Humanität“, ihres Realitätssinnes und ihrer Rationalität. Wenn einer nur die alte Religion und Metaphysik angreift, kann er fast automatisch, ohne Mühe, ohne sich dessen zu schämen, und ohne daß er selbst darüber erstaunt ist, zu einem solch angeblich wahren Menschen werden. Tatsächlich ist es für einen jeden von uns aber durchaus nicht so einfach, wie wir meinen, als Mensch wirklich zu leben. Obwohl es zwar eine so äußerst einfache Sache ist, daß es dabei für uns überhaupt nichts zu denken gibt, begegnet sie uns doch immer so, daß dies unsere äußerste Aufmerksamkeit erfordert.

Daß der Mensch nur Mensch ist und nichts darüber hinaus, diese Tatsache kann keineswegs bestehen, solange der Mensch allein da ist. Abgesehen von der Wahrheit, daß Gott, der absolut nicht Mensch ist, beim Menschen und mit dem Menschen ist, oder anders gesagt, abgesehen davon, daß Gott vor allen anderen Dingen beim und mit dem Menschen ist, abgesehen davon gibt es den Menschen nirgendwo. Erst als Knecht des wirklich freien Herrn wird der Mensch zum freien Subjekt. Will der Mensch abgesehen von dieser anfänglichen Absprache, von dieser absoluten Verbindung, Mensch sein, mag dies überaus menschlich erscheinen, und doch ist es ein überaus unmenschliches Verlangen. Abgesehen von dieser fundamentalen Beziehung über die Existenz und das Wesen des Menschen nachzudenken, mag überaus konkret und realistisch erscheinen, in Wirklichkeit ist es aber ein überaus sinnloser abstrakter Wahn. Betrachtet man die hier auftauchende Freiheit des Menschen genau, so ist sie nichts anderes als die unheimliche Gestalt eines bösen Geistes, der sich bisher hinter einem Sternbild, einem Baum oder Tier oder hinter einem Helden, jedenfalls hinter irgend einer aktiven Existenz verborgen hatte und nun endlich die Gelegenheit ergreift, wo er selber, alle Masken von sich werfend, hervortanzt. Es ist die wahre Gestalt eines unbotmäßigen Knechtes, der sich bisher so verkleidet hatte, daß man zumindest, von außen gesehen, meinen konnte, er diene seinem Herrn. Was hier lebt, ist keineswegs der echte und wahre Mensch, sondern ein Mensch, der seine Grenze als Mensch mißachtet und sich zum Gott gemacht hat, der völlig vernunftwidrige Götze der Gegenwart und ihr Mythos.

Wie sehr sich der Mensch aber auch zu vergöttlichen sucht, ist er doch nicht mehr als ein immer noch an seinem Grunde auf einen Punkt dieses Universums beschränktes, einsames Wesen. Weiß der Mensch aber nicht, daß der Ort seiner völligen Einsamkeit, so wie er ist, der Schoß des Vaters im Himmel ist, „der in das Verborgene sieht“ (Mt 6.4), der „weiß, was wir alles bedürfen“ (Mt 6.32), und lebt der Mensch so, dann gleicht sein Leben einem Taumel hinter einem Irrlicht in einer grenzenlosen Dunkelheit, einem Lauf in den Abgrund des ewigen Verderbens. Welch schweres Unheil diese dem Menschen eigentlich fremde Qual, diese an sich unerträgliche Last sogar unter Menschen anrichten kann, denen sonst gar nichts fehlt, zeigen wohl am deutlichsten die „grundlosen“ Selbstmorde und Morde, die in unserer Zeit so häufig geworden sind. Wenn es auch quantitative Unterschiede gibt, so gehört doch auch die Perversion, mit Hilfe von ideologischem Zwang oder mit Hilfe der Wasserstoffbombe die Sicherheit eines Landes oder den Frieden der Welt absichern zu wollen, in den Bereich des vorher erwähnten Mythos der Gegenwart.

Die Abwesenheit und Anwesenheit des wahren Menschen – über den Jesus der Evangelien

Wir müssen gestehen, daß auch heute, zu einer Zeit da uns Humanismus und Demokratie so viel bedeuten, ein wirklich menschlicher Mensch, ein wahrer Mensch ebenso selten ist wie vor tausend oder zweitausend Jahren. Und doch werden wir sogar sagen müssen, daß dieser – im strengen Sinne dieses Wortes – „wahre Mensch" in dieser Welt überhaupt nicht zu finden ist.

Dieser – im strengen Sinne des Wortes – „wahre Mensch" ist doch nur der, der dem am Grunde seines Entstehens anwesenden Antrieb des „wahren Gottes" für den Menschen ohne die geringste Abweichung völlig entsprechend lebt; er ist ein Mensch, in welchem das Tun Gottes, der nicht Mensch ist, der es aber dem Menschen zeigt, unmittelbar und unverändert zum Tun des Menschen wird, der nicht Gott ist, der aber Gott in seinem Tun zur Erscheinung bringt; der auch im Augenblick jedweden Leidens nicht die dem Menschen durch sein Menschsein gegebene Grenze überschreiten will, und der gerade darin seine Beziehung zum „Vater im Himmel", und daß er ursprünglich „Sohn Gottes" ist, klar zeigt. Die Verfasser der vier Evangelien sahen eben diesen „wahren Menschen" in Israel vor zweitausend Jahren in Jesus von Nazareth, der so sprach, liebte und nach seinem Leiden und nachdem er von seinen Jüngern verraten war, gekreuzigt wurde, starb und begraben wurde. Ob dies eine historisch gesicherte Wahrheit ist oder nicht – ja nicht einmal mit Hilfe einer solchen Tatsache können wir heute so mit unseren Sinnen, wie es seine unmittelbaren Jünger konnten, „ihn" sehen. Dies bedeutet aber nicht, daß das, was sie in ihm sahen – den sie als „den Sohn Gottes, Christus", „den wahren Gott und den wahren Menschen" bezeichneten – nur ein Idealbild in ihrer Vernunft oder in ihrem Gemüt gewesen wäre.

Das damals und dort einmal als Wort Jesu erklungene Evangelium, die absolute Geduld, die auch vor der Anklage der Menschen schweigt (Mt 27,12), das Erbarmen des wahren Gottes, das als Blut am Kreuz inmitten dieser Welt der Dunkelheit überfließt, sie leben ebenso noch heute. Dies sind nicht unsere Gedanken, nicht einmal unser rechter „Glaube". Ganz im Gegenteil, es ist das alle unsere Gedanken übersteigende Gastmahl des ewigen Lebens, zu dem alle Menschen eingeladen sind. Ohne diese gegenwärtige, ohne Bedingung ergehende Einladung kann es für uns Menschen auch keinerlei Wirklichkeit geben. Diese Welt, in der der Mensch Jesus „gekreuzigt, gestorben und begraben", auch „am dritten Tage auferstanden", zum Segen für uns alle und zum Gericht lebt – dieser Glaube der Jünger ist eine der Gestalten, die die schon vor ihrem Glauben existierende Grundtatsache, die gestern und heute und in Ewigkeit neu existierende große Wahrheit dieser Welt, durch das Licht dieser Tatsache selbst am klarsten widerspiegeln. Genau so kann und muß man es sagen.

## *4. Das heitere Leben und das düstere Wettspiel*

### *4.1 Die Gabelung des Weges zum Heiteren oder Düsteren – über die Verwandlung des Wettspiels ins Glücksspiel*

Damit haben wir mit großer Ausführlichkeit die Gemeinsamkeiten und Unterschiede zwischen der Arena des menschlichen Lebens und allen anderen Stadien, sowie zwischen den grundlegenden Absprachen, die darinnen gelten, mehr oder weniger geklärt. Gleichzeitig blieb auch unverändert klar, daß es für die allgemeine Meinung über die Heiterkeit des Spiels und die Dunkelheit des Lebens zwar gute Gründe geben mag, daß es aber keineswegs unbedingt so sein muß, daß es dafür keine schicksalhaften und naturnotwendigen Gründe gibt.

Sofern die anfängliche Absprache für das menschliche Leben unverändert gilt, solange es keinen Raum des Menschen gibt, an dem der wahre Gott nicht gegenwärtig wäre, kann kein Abgrund der Sünde oder des Todes für uns Menschen zum Grunde der Verzweiflung werden. Hier wird die dunkle und häßliche, furchterregende Welt, so wie sie ist, zum Gegenstand einer Trauer, rein wie ein Gebirgsbach, und eines völlig heiteren Lachens. Wie äußerlich oder innerlich schwere Verhältnisse uns auch belasten mögen, auch wenn wir wüßten, morgen sicher sterben zu müssen, so kann das menschliche Leben an seinem Grunde doch eine Freude sein und seine Spannung behalten. Auf keinen Fall können wir sagen, daß das Leben nicht lebenswert wäre, wenn es nicht auch noch Sport und Vergnügungen gäbe. Denn das Leben selbst steht für uns immer neu bereit, es ist das Stadion, das darauf wartet, daß wir dort spielen. Wie könnten wir, diese in ihrer grenzenlosen Kompliziertheit dennoch fein gegliederte Olympiade vor uns, die Zeit finden, das Fehlen andersartiger Vergnügungen großartig zu beklagen!

Ist aber das Leben selbst nichts im Grunde Heiteres, so wird uns auch die Heiterkeit der allgemeinen Wettspiele zweideutig erscheinen.

Daß aber unserem Leben die wirkliche Ruhe fehlt, heißt in Wirklichkeit nichts anderes, als daß wir bei allen und jedem in dieser Welt auch eine irgendwie unnatürliche Ablenkung suchen. Und solange in unserer heutigen Gesellschaft das Geld das allmächtige Mittel ist, um sich irgendwelche Ablenkungen zu verschaffen, ist der Erwerb dieses Geldes selbst oft die heftigste Form einer nur eingebildeten Ablenkung, und alle sonstigen Unternehmungen werden nur zu einem Mittel dazu. Auch die einfachsten und simpelsten Formen des Wettkampfes können dann nicht mehr an sich Freude bereiten. Um den Sieg wird nur noch wegen des damit verbundenen Geldes gestritten. Die heilige Absprache des Spiels wird auch, wenn es der Gegner nicht bemerkt, rücksichtslos mit Füßen getreten. Daß bei Fahrradrennen und anderen Sportarten, bei denen es Toto-Wetten gibt, die Ergebnisse oft vorher heimlich verabredet werden und sonstige Betrügereien vorkommen, ist ein offenes Geheimnis. So werden die Wettspiele, die doch Oasen in der Wüste des menschlichen Lebens sein sollten, tragischerweise zu einem schrecklichen Strudel, in dem alles Böse und Häßliche des menschlichen Lebens und der Gesellschaft durcheinandergewirbelt wird.

### *4.2 Der Sport als Opium*

Damit aber nicht genug des Unglücks. Auch wo der Sport noch mehr ist als ein Anlaß für Toto-Wetten, ist die Atmosphäre in den Stadien doch nicht nur heiter.

Die Welt der Wettkämpfe nimmt im allgemeinen nur einen beschränkten Raum ein, manchmal genügt dazu ein kleines Brett von weniger als einem halben Meter, aber doch birgt es, wie am Anfang gesagt, fast alle wichtigen Elemente des menschlichen Lebens in sich. Obwohl das Stadion des menschlichen Lebens grenzenlos weit ist, ist der Mensch selbst von Haus aus nicht mehr als ein unendlich kleiner Punkt, weswegen die normalen Wettspiele, die meist auf einem kleinen, beschränkten Platz ausgetragen werden, dennoch ausreichen, das ganze Interesse des Menschen zu fesseln und uns ganz verrückt zu machen. Auch bei einem äußerlich so einfach aussehenden Wettkampf wie dem Schwimmen, zu dem man nur ein Becken von weniger als fünfzig Metern Länge braucht, wird Übung und Planung benötigt, können Rekorde und Siege errungen werden, bei denen es mindestens so erregend zugeht wie beim tatsächlichen Lebenskampf. Hier ist nämlich das menschliche Leben selbst im Vollsinne des Wortes der Brennstoff, anders als etwa bei einem Hundekampf oder einem Pferderennen. Daß aber auch diese Dinge den Menschen erregen können, setzt voraus, daß sie, als Wettkampf, zur Sache des Menschen geworden sind. Betrachtet man sogenannte körperliche Sportarten, wird deutlich, daß sie gleichzeitig auch geistige Wettkämpfe sind, und sieht man einen Wettkampf von Meistern in einem Denksport zu, wird deutlich, daß sie sich gleichzeitig einen Kampf liefern, bei dem es auf Körperkontakt ankommt. In diesem Sinne müssen wir bei jedem Wettspiel alle unsere Kräfte einsetzen – gerade darin liegt das Reizvolle am Wettkampf.

Aber gerade daher rührt eine große Gefahr. Es kann wegen der übermäßigen Heftigkeit eines Sports oder aus übergroßer Begeisterung dazu kommen, daß sowohl Wettkämpfer als auch Zuschauer die offensichtliche Wahrheit vergessen, daß das Stadion, so tiefgründig seine Bedeutung auch sein mag, letzten Endes eben doch nur ein vom Menschen geschaffener, äußerst begrenzter Raum ist. Da gibt es Leute, die sich so weit in diese Gedanken hineinsteigern, daß sie sagen: „Für mich gibt es außer dem Baseball-Stadion überhaupt keinen Platz, an dem ich leben könnte", oder: „Auch wenn ich sterbe, höre ich doch mit dem Rugby-Spielen nicht auf." Tatsächlich wurde vor einiger Zeit vom Selbstmord eines Studenten berichtet, der einen Brief hinterließ, in dem er etwas derartiges geschrieben hatte. Aber auch wenn es nicht so weit getrieben wird, haben Sportfanatiker solche Neigungen, wie man an den Kindern sieht, die stundenlang auf einen berühmten Sportler warten, um ein Autogramm von ihm zu erhalten, oder an den Erwachsenen, die die Nacht vor dem Kassenschalter verbringen, um am nächsten Tag auf jeden Fall eine Eintrittskarte zu bekommen. Sie werden von einer seltsamen Unsicherheit gepackt, so als würde sie eine große Leere heimsuchen, wenn sie bei der täglichen Fahrt zur Arbeit nicht mindestens drei verschiedene Sportzeitungen vom selben Tag unter dem Arm haben. Solche Leute kann man täglich sehen. Deswegen ist es nicht verwunderlich, daß auch die öffentlichen Rundfunk- und Fernsehanstalten und auch bedeutende Zeitungen dem Sport das ganze Jahr übermäßig viel Zeit und Raum widmen, viel mehr als dem Wesen der Sache entspricht.

Während einerseits deswegen viele Menschen im ganzen Lande den Trübsinn ihres mühevollen Lebens vergessen, führt es andererseits dazu, daß sie gänzlich aufhören, über den Bereich des Sports hinaus, die Natur zu betrachten und die Welt des Menschen zu bedenken. Was über die ausgesprochen einfachen Regeln ihres Spiels und die darin vorkommenden auffälligen Ereignisse hinausgeht, dies zu betrachten, gar darüber zu lesen oder nachzudenken, all das ist ihnen zu mühevoll. Während es in der wirklichen Gesellschaft viele dunkle Stellen gibt und das Leben schwer ist, geht die Energie verloren, über die Ursachen dafür nachzudenken und sich um eine Verbesserung der Lage zu bemühen, und jeder lebt nur träge von einem Tag zum anderen. Schließlich kommt es dann so weit – wie in dem amerikanischen Film „Die zwölf Geschworenen" oder in einem Werk des französischen Meisters Julian Duvivier – daß man für alles andere unempfindlich wird, ganz gleich, ob wegen der Freude, einem Wettkampf zuzusehen, ein unschuldiger Mensch beinahe dem Tode übergeben wird, oder ob ein anderer, der seine Freunde den Nazis verraten und dadurch ihren Tod verschuldet hat, noch heute ohne Strafe und Gewissensbisse dahinlebt. Die ganze Welt verfällt in einen solch erschreckenden Zustand, und kaum einer findet etwas Ungewöhnliches an dieser Abgestumpftheit. So ist es durchaus nicht ohne Grund, daß die „Kämpfer der linken Szene" auch den Sport als Opium bezeichnen.

### *4.3 Wettspiel und Religion – Das Scheitern von Judentum und Christentum*

Von der anderen Seite betrachtet kann man aber sagen, daß derartige Wettkämpfe und Spiele wohl erst gar nicht entstanden wären, wenn es für uns Menschen so leicht wäre, den Schwierigkeiten der Gesellschaft und den Mühen des Lebens zu trotzen und dennoch eine fast kindliche Arglosigkeit und Munterkeit in den Spannungen des Lebens nicht zu verlieren. Seit alters entstanden zu verschiedenen Zeiten, in unterschiedlichen Gesellschaften und aus allen möglichen Anlässen, ungeplant allerlei Spiele, die sich unversehens verbreiteten, wobei einige, wie das Go oder das Schachspiel, bis in völlig andersartige Epochen und veränderte Gesellschaften weitertradiert wurden. Dafür muß es ganz bestimmte positive Gründe gegeben haben. Es war nämlich, so könnte man sagen, wie die erste reine Quelle des Lebens, wie ein freundlicher Garten der Gemeinschaft, auf die der einsame Mensch traf, vom täglichen Streit ermüdet und deshalb nur mit der Aussicht, noch weitere unauflösbare Verwirrungen auszulösen, am Ende seines sehnsüchtigen Umherstreifens auf der Suche nach einer Welt freundlicher Gemeinschaft und sprudelnden Lebens.

Der Garten des wahren Lebens liegt uns immer neu zu Füßen und wartet darauf, daß wir ihn entdecken und widerspiegeln. Andererseits ist er aber für uns sündige Menschen zusehr verdeckt, und wenn einer versucht, zu schnell durch diese Decke hindurchzudringen, ruft er dadurch meist nur irgendwelche Listen des Teufels herbei, durch die er sich selbst in den Abgrund des ewigen Verderbens führt. Den besten Beweis dafür liefern, im individuellen Bereich, die oft jämmerlichen letzten Lebensjahre von heroischen oder genialen Menschen, die anderen gegenüber durch hervorragende Anlagen begnadet waren, und im gesellschaftlichen Bereich sind es die endlosen Kämpfe auf Tod und Leben, die die verschiedenen Religionen und Ideologien ausfechten.

Dazu gehört auch besonders das Volk Israel, das Abraham, Isaak und Jakob zu seinen Vätern hat, von allen Seiten von vielen starken Völkern umgeben, die feierlich ihre Götter verehrten und sich prächtige Theorien über die Welt schufen, das aber selber nur inbrünstig auf die Absprache „Gottes des Herrn": „Ich bin der ich bin" vertraute. Wegen dieser Absprache folgten sie Mose und konnten nicht nur alle Schwierigkeiten überwinden und aus der Knechtschaft Ägyptens entkommen, sondern schließlich schrieben sie sie auf die Tafeln der Zehn Gebote und schworen, sie bei all ihrem Tun fest im Herzen zu behalten. Nach dem Tode des Mose überschritten sie unter der Führung des Josua den Jordan, und daß sie schließlich das Königtum Davids errichten konnten, rührt auch von ihrem Vertrauen auf den Herrn der tief verborgenen Absprache, ihrem festen Zusammenhalt und ihrem unerschütterlichen Mut, mit dem sie alle Widerwärtigkeiten und Nöte überwinden konnten.

Die Tiefe unserer menschlichen Sünde, unsere Neigung zu Hochmut und Trägheit haben aber schließlich und immer wieder sogar das „auserwählte Volk" in ihren Bann schlagen können. Sie nahmen den aus dem ursprünglich versprochenen Leben kommenden Antrieb auf, wurden jedoch, je strahlender und reicher die Formen des Lebens wurden, das sich in ihrem Land rund um den heiligen Ort entwickelte, an dem sie die Lade des Gesetzes aufgestellt hatten, immer mehr nur von dem Glanz dieses Lebens geblendet und vergaßen schließlich die ihnen am Anfang, als sie all dies noch nicht gehabt hatten, ohne jedes Verdienst gegebene Absprache. Wenn gelegentlich Propheten auftraten, denen die Augen für die nicht beachtete Absprache aufgegangen waren und die Undankbarkeit, Hochmut und Trägheit des Volkes anklagten, wurden diese Störenfriede rücksichtslos vertilgt. Schließlich trat am Ende dieser Entwicklung der Herr dieser Absprache, der wahre Gott selbst in der Gestalt eines Knechtes in der Welt auf, die die Welt der Knechte ist, welche unter dieser Absprache stehen, und zeigte auf, was das Leben des „wahren Menschen" wirklich ist. Nach den Verfassern des Neuen Testamentes ist dies Jesus von Nazareth, der einzig dem Willen seines Vaters im Himmel folgend mit ihm zusammen die Undankbarkeit und Widerspenstigkeit der Menschen ertrug und ihnen diente, der bis zum Tode am Kreuz nicht aufhörte, die Menschen zu lieben.

> „Selig sind, die da geistlich arm sind; denn das Himmelreich ist ihr.
> Selig sind, die da Leid tragen; denn sie sollen getröstet werden.
> Selig sind die Sanftmütigen; denn sie werden das Erdreich besitzen.
> Selig sind, die da hungert und dürstet nach der Gerechtigkeit; denn sie sollen satt werden.
> Selig sind die Barmherzigen; denn sie werden Barmherzigkeit erlangen.
> Selig sind, die reines Herzens sind; denn sie werden Gott schauen.
> Selig sind die Friedfertigen; denn sie werden Gottes Kinder heißen.
> Selig sind, die um Gerechtigkeit willen verfolgt werden; denn das Himmelreich ist ihr.
> Selig seid ihr, wenn euch die Menschen um meinetwillen schmähen und verfolgen und reden allerlei Übles wider euch, so sie daran lügen.

Seid fröhlich und getrost; es wird euch im Himmel wohl belohnt werden.
Denn also haben sie verfolgt die Propheten, die vor euch gewesen sind.“

Mt 5,3–12

Wer die Lehre des Herrn der Absprache des Lebens in diesen Worten dieses Menschen nicht hört, wer sein Leiden sieht und diese Geduld Gottes, die den Menschen hier und jetzt von der Sünde befreit, nicht wahrnimmt, kann auf keinen Fall am Ende als Sieger aus diesem Stadion des menschlichen Lebens hervortreten, was er auch sonst noch alles gewinnen mag. Ja er kann die tiefsten Freuden des Spiels des menschlichen Lebens nicht schmecken.

Ob wir nun zu denen gehören, die zum traditionellen „Christentum“ gehören oder nicht – daß es im Leben dieses Menschen, der in den Evangelien Jesus von Nazareth genannt wird, wie seine direkten Jünger berichteten, etwas gab, was man nicht anders zum Ausdruck bringen kann als durch die Worte, daß der wahre Gott Mensch wurde und den Weg des Leidens auf sich nahm, damit wir alle und jeder einzelne Mensch von der Gefangenschaft der Sünde befreit werden – dies scheint über jeden Zweifel erhaben. Daß wir als wir selbst wirklich selbständig leben, daß wir uns gelassen an den Wettspielen im Stadion des menschlichen Lebens freuen können, ist weder so selbstverständlich, wie es die sogenannten humanistischen oder liberalen Denker unserer Zeit meinen, noch ist es so leicht. Und so wenig es etwas durch die bürgerliche Revolution schon Erreichtes ist, ebensowenig würde es „von selbst“ verwirklicht werden, auch wenn eine sozialistische Revolution in der ganzen Welt Erfolg hätte. Nein, dazu ist die große Geduld des „Sohnes Gottes Christus“ nötig, die für uns, die für mich selbst auch jetzt neu ersteht, und unsere eigene bescheidene Geduld, die wir, indem wir die große Geduld empfangen, mit dem Jesus jener Tage zusammen üben.

„Die Liebe ist langmütig und freundlich, die Liebe eifert nicht, die Liebe treibt nicht Mutwillen, sie blähet sich nicht,
sie stellet sich nicht ungebärdig, sie suchet nicht das Ihre, sie läßt sich nicht erbittern, sie rechnet das Böse nicht zu,
sie freuet sich nicht der Ungerechtigkeit, sie freuet sich aber der Wahrheit;
sie verträgt alles, sie glaubet alles, sie hoffet alles, sie duldet alles.“

1.Kor 13,4–7

Ohne die hier vom Apostel Paulus besungene Liebe ist die geschickteste Rede, die kraftvollste Weissagung, das tiefsinnigste Wissen, ja sogar „aller Glaube“, auch „wenn ich alle meine Habe den Armen gäbe und ließe meinen Leib brennen“, nur unnütze Eitelkeit, wie Paulus unmittelbar vorher erklärt. Die Errichtung einer sozialistischen Gesellschaft ist auch als rein wirtschaftliche Angelegenheit eine riesenhafte Aufgabe, die komplizierte und genaue Berechnungen und täglich neue Arbeit erfordert. Aber auch wenn alle nötigen Güter reichlich zur Verfügung stünden, würden doch das Tun des wirklichen Menschen, der gegenseitige Umgang der Menschen miteinander, so wie sie sind, ohne diese Liebe, die „alles verträgt", der Welt keine schöne Gestalt verleihen können.

Um den Ort und das Gesetz dieser Liebe richtig und der Sache selbst angemessen zu erkennen, gibt es, so weit ich selbst weiß, nichts, was besser wäre, als dem Wort des römischen Statthalters Pontius Pilatus zu entsprechen: „Sehet, welch ein Mensch!" – und eben diesen Menschen gut zu betrachten. Denken wir aber daran, wie oft die christliche Kirche, die doch an diesen Menschen als ihren einzigen Herrn glaubt und in seinem Namen große Taten vollbracht hat, ganz im Widerspruch zu dieser Liebe den Weg eitlen Ruhmes ging oder in den Abgrund des Verderbens stürzte, so erkennen wir immer mehr, wie tief die Absprache der Arena des menschlichen Lebens für uns Menschen verborgen ist, und wir sind zutiefst erstaunt und beängstigt, wie grundsätzlich schwierig es deshalb ist, korrekt zu spielen und ohne Betrug zu kämpfen. –

# Der Tod des Lehrers

## Natsumi Sōsekis Roman „Kokoro" und die Evangelien

### *I. Das Thema von Kokoro („Das Herz")*

Sie werden sich sehr wundern[1], daß ich Ihnen hier nun ein Werk dieses Sōseki und die Evangelien nebeneinanderzustellen und etwas darüber vorzutragen versuche. Ein solcher Versuch wird leicht den Eindruck erwecken, als trage ich nur eine von meiner persönlichen Erfahrung herstammende gekünstelte Hypothese vor. Ich bin mir auch gewiß, daß *Sōseki* beim Schreiben dieses Werkes nicht im Traum an die Evangelien dachte. Auf der Oberfläche des Bewußtseins gibt es zwischen seinem *Kokoro* und den Evangelien gar keinen Zusammenhang. *Sōseki* schrieb sicher ausschließlich aus seinem eigenen Interesse diese Geschichte von einem „Sensei" und einem Schüler. Denn wenn wir der Entwicklung seiner Werke genau folgen, dann finden wir, daß *Kokoro* und *Sōseki* genau dort anfängt, wo das vorige Werk *Kojin* (Der Wanderer) endet: dort wo der Held *Ishiro* trotz oder gerade wegen seines äußerst reinen Herzens und scharfen Intellekts in die verfluchte Einsamkeit stürzte und dann am Scheideweg stehenblieb, wo der Weg entweder in Tod und Wahnsinn oder zur Religion führt.

Wie wir z.B. aus der Voranzeige von *Kokoro* in der *Asahi*-Zeitung schon erraten können:

> „Ich empfehle denjenigen, die danach verlangen, das eigene Herz zu erfassen, dieses Werk, dem es gelungen ist, das Menschenherz zu erfassen",

versuchte *Sōseki* in diesem Werk nur denjenigen Menschen darzustellen, den er tatsächlich gesehen hatte, die Tatsache, das Wesen oder die Wahrheit des menschlichen Herzens, die er mit seinem eigenen Leib erforschen und

---

[1] In einer kurzen Einleitung schildert Takizawa, daß Sōseki zeit seines Lebens wenig Sympathie für das Christentum empfand. In seinen Werken war es meist „als Gestalt des Hochmutes, der Heuchelei und Unwissenheit", „Gegenstand des Spottes"; positiv aufgenommen wurde es höchstens als „Mittel ästhetischen Genusses" (d.h. durch Verwendung von Bibelzitaten). Auch wenn sich Sōseki mit dem Christentum auseinandersetzte, so stand „ihm der Buddhismus, insbesondere der Zen-Buddhismus, viel näher".
Zum Lebenslauf Sōsekis vgl. das Nachwort von Oskar Benl in der deutschen Übersetzung von *Kokoro* (Manesse-Bibliothek, Zürich 1976), auf das Takizawa selbst verweist.

klar schauen konnte. Oder er wollte, umgekehrt, selber sein eigenes Herz oder die Tiefe des menschlichen Daseins möglichst klar erforschen, indem er diesen Roman schrieb. Er hatte dabei weiter keine andere Absicht, als die inneren und äußeren Tragödien und Komödien der menschlichen Welt von sich, innen und außen, fernzuhalten, welche beide sich nur deswegen zutragen, weil man das Menschenherz nicht genau kennt oder weil man die Wahrheit des menschlichen Daseins außer acht läßt.

Diese Absicht *Sōsekis* zeigt sich am deutlichsten im folgenden einleitenden Abschnitt zum letzten Teil dieses Werkes (Es besteht aus drei Teilen: „Der Sensei und ich", „Meine Eltern und ich" und „Der Sensei und sein Vermächtnis"):

> „Als meine Eltern starben, war ich noch nicht zwanzig. Ich erinnere mich, meine Frau erzählte Ihnen einmal, sie seien an der gleichen Krankheit gestorben, und zwar, wie meine Frau Sie vermuten ließ, kurz hintereinander. Mein Vater litt an einem furchtbaren Unterleibstyphus, der sich auf meine Mutter, die ihn pflegte, schließlich übertrug.
>
> Ich war ihr einziges Kind und da meine Familie über ein stattliches Vermögen verfügte, kannte ich keine Not.
>
> Ihr plötzlicher Tod hinterließ mich völlig hilflos. Wären meine Eltern nicht gestorben, oder hätte wenigstens einer von ihnen überlebt, wäre mir ein großzügiges Leben möglich gewesen. Aber so besaß ich keinerlei Wissen, keine Erfahrungen und Kenntnisse. Als mein Vater starb, konnte meine Mutter nicht bei ihm sein und als meine Mutter starb, hat man sie in Unkenntnis gelassen, daß mein Vater bereits tot war. Ich weiß nicht, ob sie es geahnt hat oder, wie die Leute glaubten, fest darauf vertraute, mein Vater genese langsam. Sie bat nur meinen Onkel, für mich sorgen zu wollen. Auf mich deutend, der ich neben ihr stand, sagte sie zu ihm: ‚Laß ihn bitte…' Meine Eltern hatten mir schon früher erlaubt, einmal in Tokio studieren zu dürfen, und so scheint sie nun den Onkel in diesem Sinne unterrichten zu wollen. Als sie schließlich die Worte ‚…in Tokio studieren!' hinzufügte, erwiderte mein Onkel: ‚Sei unbesorgt!' Im übrigen schien meine Mutter von kräftiger Konstitution zu sein, die auch heftigem Fieber lange standhielt. Mein Onkel bewunderte immer wieder ihre kraftvolle, mutige Entschlossenheit. Wenn ich es mir heute überlege, bin ich mir freilich nicht ganz sicher, ob diese Worte ihr Vermächtnis waren. Zweifellos wußte ich, an welch furchtbarer Krankheit mein Vater litt, und sie wußte auch, daß sie davon angesteckt war. Doch erscheint es mir zweifelhaft, ob meine Mutter davon überzeugt war, sehr bald an eben dieser Krankheit sterben zu müssen. Zudem vergaß sie in ihrem hohen Fieber oft sogleich das, was sie gesagt hatte, so klar und vernünftig sie auch sonst sprach. Aber nicht davon will ich Ihnen erzählen. Ich war schon damals gewohnt, alles in dieser Weise zu zergliedern, es von allen Seiten kritisch zu betrachten. Ich glaube, ich muß gleich zu Beginn dieses Briefes Ihre Aufmerksamkeit darauf lenken und Sie darauf hinweisen, daß als Beispiel für das, was ich Ihnen vor allem bekennen will, dieser gar nicht so wichtig erscheinende Brief doch nützlich sein dürfte. Denken Sie daran, wenn Sie nun weiterlesen. Diese eben erwähnte Gewohnheit oder wohl auch Veranlagung bewirkt, daß ich die Handlungen anderer von einem

ethischen Standpunkt aus beurteile und im Laufe meines Lebens immer mehr dazu gelangte, am Sinn der Menschen für Rechtlichkeit zu zweifeln.

Aber meine Geschichte – dieser Bericht von meiner Vergangenheit, wird schwer verständlich, wenn ich immer abweiche, so kehre ich also zurück.

Ich glaube, daß ich diesen Brief gelassener schreibe als andere, die sich in der gleichen Lage befinden. Das Gepolter der elektrischen Straßenbahn, das man gerade dann, wenn alles schlafen geht, besonders laut hört, ist verstummt. Ganz fein und zart ertönen die Stimmen der armseligen kleinen Insekten vor der Regenschiebetür und lassen an traurige Herbstnächte denken. Nebenan schläft nichtsahnend meine Frau. Leise streicht der Pinsel bei jedem Schriftzeichen. In mir ist tiefe Ruhe. Da ich das Schreiben nicht gewohnt bin, biegt sich der Pinsel hin und wieder leicht zur Seite. Aber ich glaube nicht, daß dies von einer inneren, mir selbst gar nicht bewußten Verwirrung herrührt." (S. 192–195 der deutschen Übersetzung.)

Seltsamerweise erinnert mich dieser von *Sōseki* in tiefster Bewegung, seinem schriftstellerischen Drang einfach folgend, niedergeschriebene Abschnitt, mit dem der Sensei seinen ersten und letzten Brief an seinen jüngeren Schüler einleitet, jedesmal, wenn ich ihn lese, unwillkürlich und unaufhaltsam an die Worte Jesu an seine Jünger und sein Verhalten zu ihnen nach dem Bericht der Evangelien. Doch werde ich Ihren Verdacht, daß ich beide beliebig künstlich verbinden wolle, entkräften. Warum das Reden und Verhalten des Sensei in *Kokoro* mich an dasjenige Jesu in den Evangelien erinnert, war mir selbst zuerst nicht bewußt, sondern ist mir erst dann wirklich klar geworden, als ich das Thema von *Kokoro* genau analysierte und danach dessen Konstruktion mit der der Evangelien bis ins einzelne verglich.

Zunächst ist, wie die zitierte Vorbemerkung auch zeigt, dieses Vermächtnis vom Sensei geschrieben worden, um das Versprechen, das er einst einem Schüler gab, zu erfüllen. Er schrieb es aber nicht aus bloßem Pflichtbewußtsein, um das Versprechen zu halten. Er schrieb es vielmehr, weil er sich, abgesehen von seinem einstigen Versprechen, nicht enthalten konnte, es zu schreiben. Genauer müßte man sagen: Gerade was den Sensei einst dieses Versprechen aussprechen ließ, war nichts anderes als das, was ihn unaufhaltsam dazu trieb, dieses Vermächtnis nun auch zu schreiben. (Wie ein Versprechen überhaupt keine Kraft in sich selbst, sondern nur insofern für uns Menschen seine natürliche Kraft hat, als es außer ihm selbst einen realen Ursprung gibt, der von sich aus auch ohne hörbares Versprechen das versprochene Verhältnis des betreffenden Menschen notwendig immer wieder produziert.)

Sodann aber stellt sich die Frage, was es denn war, das den Sensei so unausweichlich dazu trieb, dieses Vermächtnis niederzuschreiben. – Schon aus der oben zitierten Stelle ist wenigstens folgendes anzunehmen: eine *Tatsache*, auf die der Sensei in seiner Jugendzeit völlig unerwartet – ob von außen oder innen überfallen, auf alle Fälle völlig unerwartet – stieß. Und zwar eine entscheidend wichtige Tatsache, die seitdem bei jedem Schritt in seinem Leben ins Gedächtnis zurückgerufen wird, von der er sich auch jetzt noch in keinerlei Weise befreien kann. – Das ist es, was den Sensei unaufhaltsam dazu treibt, dieses Vermächtnis für seinen jungen Schüler niederzuschreiben.

Es ist eigentlich, wie er selbst bekennt, eine Erfahrung des Sensei allein und keines anderen. Aber gerade so ist sie, nach der festen Überzeugung desselben Sensei, eine grundlegende Tatsache, der kein Mensch, ob er sich dessen bewußt ist oder nicht, ausweichen kann. Eben deshalb kann dieses Vermächtnis, in dem es sich ausschließlich um jene Tatsache dreht, dem jungen Schüler, der sich erst noch entwickeln soll, als ein unentbehrlicher Hinweis zu Hilfe kommen.

Bevor er dieses Vermächtnis niederschrieb, hatte der Sensei dem jungen Mann gegenüber schon oft – je nach der gegebenen Situation – diese Tatsache erwähnt. So einmal, als er hörte, wie jener voll Lust ein zufällig vorübergehendes Ehepaar kritisierte oder auch, als der junge Mann die verschiedenen Formen von Grabsteinen bemängelte. Ein anderes Mal, da er sich Sorge um seinen Schüler machte, der das Problem des Eigentums einfach für eine fremde Angelegenheit hielt. Oder auch, weil er sich dieses jungen Mannes erbarmte, der sich (so treuherzig) nach ihm sehnte. Durch all dies versuchte der Sensei, die *eine Tatsache* kundzutun, die er selber in seiner Jugend erfahren mußte. Trotzdem versteht dieser Jüngling nicht die Tatsache, die ihm sein Sensei übermitteln will, obwohl er so oft die Worte des Sensei hört und dessen Lebensweise vor Augen hat. Es kommt ihm zwar vor, als ob er den Sensei irgendwie verstanden hätte, jedoch fühlt er sich sehr beunruhigt, weil alles, was der Sensei sagt, wie Wolken in der Luft schwebend für ihn nicht greifbar ist. Das kommt wiederum nicht daher, daß er dem Sensei nicht fleißig zuhörte, geschweige denn daher, daß er gegen den Sensei irgendeinen Verdacht hätte oder ihm gegenüber kritisch wäre. Ganz im Gegenteil achtet er den Sensei hoch und versucht, ihn mit ganzer Kraft und Seele zu verstehen. Ja, er glaubt und verehrt den Sensei mit heißer Liebe.

Die Qual des jungen Mannes liegt also eben darin, daß er irgendwie mit dem Sensei eins sein und sein wahrer Jünger werden möchte, was ihm aber längst nicht gelingt, – er sich jedoch vom Sensei nicht entfernen kann und eben dieser Widerspruch ihm bei seinem Verhalten zum Sensei unablässig nachgeht. Umgekehrt liegt das Leiden des Sensei eben darin, daß er seinen jungen Schüler auf irgendeine Weise *die Wahrheit* – die furchtbare Tatsache, die er in seiner eigenen Jugend erfahren mußte, die sich aber auch diesem jungen Schüler aufdrängt – wissen lassen möchte, daß dieser ihn aber trotz aller sorgfältigen Worte nicht versteht, daß die Liebe seines jungen Schülers zu ihm (folglich auch zu allen anderen Objekten) für seine Augen zu klar die gefährliche Tendenz zeigt, deretwegen er einst unversehens in den Abgrund stürzte, aus dem er nie mehr herauskommen kann.

So ist endlich der Augenblick gekommen, wo sie beide es nicht mehr ertragen können, so ohne gegenseitiges Verständnis voreinander zu treten. Der Sensei kann seinem lieben, treuen Schüler nicht mehr mit verschränkten Armen zuschauen, wie der im Begriff ist, in den Abgrund zu gleiten. Dieser kann auch seine Frage nicht mehr in seinem Herzen unterdrücken. Wollen wir durch den Mund dieses Studenten selbst hören, was auf dem Höhepunkt dieser für die beiden unerträglichen Lage geschieht:

„Ich verdanke dem Sensei in geistigen Fragen unendlich viel. Doch ich muß auch sagen, daß es mir bei allem Bemühen oft nicht recht gelingen wollte, ihm dabei Greifbares zu entlocken. Unsere Gespräche endeten nicht selten in einer Sackgasse. Auch die Unterhaltung während dieses Spazierganges vor der Stadt hinterließ einen solchen Eindruck bei mir.

Unbekümmert, wie ich war, sagte ich ihm das eines Tages offen. Er lächelte, als ich begann. ‚Es soll mir gleichgültig sein', sagte ich, ‚daß mein Denkvermögen stumpf ist und ich das Wesentliche oft nur schwer erfasse, aber es bedrückt mich, daß Sie, Sensei, nicht deutlich genug zu mir reden, obwohl Ihnen das, was Sie sagen wollen, vollkommen klar ist.'

‚Ich verberge nichts vor Ihnen!'

‚Doch!'

‚Das glaube ich nicht. Verwechseln Sie nicht meine Ideen und Auffassungen mit den Erfahrungen meines Lebens? Ich bin durchaus kein scharfer Denker, aber ich verberge keinen einzigen Gedanken, den ich je einmal faßte. Es wäre auch gar nicht nötig, ihn zu verheimlichen! Ob ich Ihnen hingegen meine Vergangenheit erzählen muß, ist eine andere Frage.'

‚Ich meine, beides läßt sich nicht voneinander trennen. Ich schätze Ihre Gedanken so sehr, weil sie von Ihren Erfahrungen geprägt sind. Sobald man das eine vom anderen löst, verliert es für mich fast jeglichen Sinn. Es genügt mir nicht, eine Puppe in Händen zu halten, der keine Seele eingehaucht ist!'

Er sah mich betroffen an. Seine Hand, in der er eine Zigarette hielt, zitterte leicht.

‚Sie sind sehr kühn.'

‚Es ist mir nur sehr ernst. Ich möchte unbedingt wissen, welche Lehren das Leben erteilt!'

‚Selbst dann, wenn ich meine Vergangenheit enthüllen müßte?' Das Wort ‚enthüllen' traf mich wie ein Keulenschlag. Mir war, als sei der Mann, der vor mir saß, ein Verbrecher und nicht der von mir so verehrte Sensei. Sein Gesicht war fahl.

Als der Sensei seinen Schüler noch einmal fragte, ‚Sind Sie denn wirklich ernst und aufrichtig entschlossen?' und dieser darauf antwortete, ‚So wahr irgend etwas in meinem Leben ist, ist das, was ich eben zu Ihnen sagte, ernst gemeint, Sensei!', entschließt sich der Sensei endlich, den letzten Weg zu gehen, auf dem allein er seinem Schüler die Augen öffnen kann, um ihn vor der fatalen Falle zu schützen.

Er begibt sich in eine solche Gefahr, aus der er nicht mehr lebend herauskommen kann."

## *II. Die Konstruktion des Kokoro und die Struktur der Evangelien*

Wir haben jetzt das Thema von *Kokoro* oder den Kern dieses Romans bis in die letzte Tiefe erforscht, so daß Sie nun die erstaunlichen Parallelen in der ganzen Struktur der beiden Geschichten des *Kokoro* und der Evangelien merken werden, wenn Sie auch bisher keine Assoziation zwischen den beiden herstellen konnten. Wir wollen hier die Konstruktion des *Kokoro* mit der der Evangelien im einzelnen vergleichen.

### *1. Begegnung*

Mitten in der Volksmenge, die, vom Wirbel der Interessen mitgerissen, allerlei Dinge sieht, sich bewegt, zusammenkommt und auseinandergeht, lebt tief unten auf dem unsichtbaren Grund dieses Wirbels, von allen Leuten vergessen, allein und einsam ein Mensch. Andererseits gibt es zugleich einen anderen Menschen, der ebenso von dieser Volksmenge umgeben, von den jeweiligen Interessen beherrscht, ganz aufgeräumt dahinlebt, der sich jedoch, ohne selber zu wissen warum, nach einem Ort oder Menschen sehnt, wo oder bei dem er von Herzen ruhig, voller Kraft und glückselig leben könnte. Diese beiden Menschen begegnen sich nun gerade inmitten jener Volksmenge anläßlich zufälliger Umstände. Da wird der letztere stark hingezogen zum ersteren – ohne besonderen Grund, wie er etwa durch eine Verbindung in der Vergangenheit oder irgendeinen augenfälligen Prunk in der Gegenwart gegeben sein könnte. Und dieser fühlt eine unsagbare Freude, wenn er zu jenem gelangt. Bald wird er von diesem fremden Menschen so sehr fasziniert, daß er nicht mehr von ihm getrennt leben will...

Im Blick auf das Wesen eines solchen Ereignisses, so könnte man sagen, ist der Strand von *Kamakura*, wo der Sensei von *Kokoro* seinen jungen Schüler kennenlernt, nichts anderes als das Ufer des See Genezareths, wo Jesus seinen Jüngern begegnet.

> „Da er aber an dem Galiläischen Meer ging, sah er Simon und Andreas, seinen Bruder, daß sie ihre Netze ins Meer warfen; denn sie waren Fischer. Und Jesus sprach zu ihnen: Folget mir nach; ich will euch zu Menschenfischern machen! Alsbald verließen sie ihre Netze und folgten ihm nach. Und als er von dannen ein wenig weiterging, sah er Jakobus, den Sohn des Zebedäus, und Johannes, seinen Bruder, daß sie die Netze im Schiff flickten; und alsbald rief er sie. Und sie ließen ihren Vater Zebedäus im Schiff mit den Tagelöhnern und folgten ihm nach.
>
> Mk 1,16–20

Freilich rief der Sensei von *Kokoro* den Jüngling nicht ausdrücklich auf, ihm zu folgen, geschweige denn, daß er sich so aktiv verhielt, ihm etwas Großes zu versprechen. Und auch diese Frage wird sich wohl stellen: Was hat der See Genezareth ca. dreißig Jahre n. Chr. mit dem Strand von *Kamakura* der vierziger Jahre der *Meiji*-Ära (1907) zu tun?

Folgten aber Simon und sein Bruder Andreas Jesus, der ihnen zurief „Folget mir nach", nur deshalb, weil der Klang jener Worte an ihre Ohren drang? Jedoch, wie wir alle selber schon erfahren haben, kommt es beim Menschen oft vor, daß er sich gar nicht bewegen will, obgleich er von jemand anderem laut angerufen und aufgefordert wird. Es kann beim Menschen aber auch der Fall sein, daß er sich nicht enthalten kann, jemand anderem zu folgen, obwohl er von diesem gar nicht angesprochen worden ist. Ein Mensch kann keinen anderen Menschen, nicht einmal sich selbst, mit seinen eigenen Worten bewegen, sowenig wie wir einen Berg mit unseren bloßen Worten bewegen können. Wer meint, daß er zwar keinen Berg, wohl aber einen Menschen bewegen könne, der ist ein leichtsinniger Mensch, der auf seine eigene große Kraft stolz ist, aber in Wahrheit die *Schwere* des Menschseins, sozusagen das Gesetz der Schwerkraft der Menschenwelt, gar nicht kennt. Ob das Wort „Folget mir nach" mündlich ausgesprochen wurde oder nicht, kann kein entscheidendes Kriterium sein für den Erweis eines Unterschiedes der Kraft, die zwischen dem Sensei und seinem Schüler in *Kokoro* wirkte und jener Kraft des Ereignisses zwischen Jesus und seinen Jüngern. Wie ein Pfeil beim Bogenschießen nur dann das Ziel recht trifft, wenn er ohne eigensüchtigen Willen abgeschossen wird, so folgten Simon und sein Bruder Andreas, sich selbst vergessend, Jesus sofort nach, gerade weil das Wort Jesu an sie erging, ohne eigensüchtigen Willen, mit dem er sie hätte an sich ziehen wollen. Daß die mitreißende Kraft, die „Jakobus, den Sohn des Zebedäus, und seinen Bruder Johannes, wie sie die Netze ausbesserten", dem Anruf Jesu, ihren Vater Zebedäus samt den Tagelöhnern im Schiff zurücklassend, folgen ließ, keine andere als die Kraft war, die den heimgekehrten jungen Studenten mit heißer Sehnsucht wieder zum Sensei nach Tokio trieb, wird das Geständnis dieses jungen Mannes selbst nachweisen:

„Ich versuchte, meinen Vater und ihn miteinander zu vergleichen. Äußerlich schienen beide von so großer Ruhe und Gelassenheit, wie dies wohl nur auf der Grenzscheide zwischen Leben und Tod möglich sein kann. Für die meisten Menschen konnten diese beiden Männer freilich nichts bedeuten. Doch auch mir vermochte mein Vater, der so gern Schach spielte, als Partner selbst für eine Unterhaltung dieser Art nicht mehr zu genügen. Der Sensei hingegen, den ich noch nie zu einem solchen Zeitvertreib aufgesucht hatte, beeinflußte meinen Geist mehr als irgendwelche Freunde, mit denen ich umging. Nein, das Wort ‚Kopf' erscheint mir zu kalt, ich möchte lieber das Wort ‚Herz' gebrauchen. Mir kam die Vorstellung, daß in meinem Körper seine Kraft pulsierte und in meinem Blut auch das seine mitfloß, nicht im mindesten übertrieben vor. Hielt ich mir dann die Tatsache vor Augen, daß, anders als mein leiblicher Vater, der Sensei mir natürlich blutsmäßig fremd war, so staunte ich darüber, als hätte ich eine große Wahrheit entdeckt." (S. 79. Im letzten Satz wurde ein Fehler des Buchtextes korrigiert.)

Wir könnten noch mehrere Worte und Handlungen des jungen Mannes anführen, die dem eben zitierten Geständnis gleichkommen. In seiner Erinnerung heißt es z. B.:

„Dabei konzentrierte ich mich darauf, mir auszumalen, in welch düsterer Stimmung sich die größte Stadt Japans wohl befand. Im Zentrum dieser durch Tag und Nacht von unruhiger Hast getriebenen Stadt, die bei aller Trauer weiterleben mußte, sah ich gleich einem Lichtpunkt das Haus des Sensei. Ich merkte dabei nicht, wie dieses Licht unausweichlich in den geräuschlosen Strudel hineingerissen wurde, und ahnte nicht, daß auch dieses Licht nach einiger Zeit für immer erlöschen sollte" (S. 142. – Zu erinnern ist auch an jene Nacht, als der Student seinen Vater im gefährlichen Zustand hinter sich lassend, „in verzweifelter Entschlossenheit auf den Zug nach Tokio sprang", um den Sensei wiederzusehen, S. 168).

Folglich wird es auch nicht als Kriterium für eine Unterscheidung beider Ereignisse gelten können, daß der Sensei im Gegensatz zu Jesus seinem Schüler keine solche Zusage machte wie: „Ich will euch zu Menschenfischern machen" (Mk 1,17). Denn die Evangelisten erzählen oft, daß sich dieser „aktive" Jesus allein „abseits an einen öden Ort zurückzog" (Mt 14,13), während andererseits der junge Mann von *Kokoro* mehr als einmal vor den furchtbaren Worten, die aus dem Sensei plötzlich hervorbrachen, erschrak:

„‚Sah ich vorhin so erregt aus?'
‚So schlimm war es auch wieder nicht... Ein bißchen!'
‚Oh, das macht mir nichts aus, wenn man mir das angesehen hätte. Ich hatte mich tatsächlich erregt. Sobald ich von Vermögensangelegenheiten spreche, überkommt mich Zorn. Ich weiß nicht, wie Sie das finden, aber ich bin nun einmal ein sehr nachtragender Mensch. Schmach und materiellen Verlust, die mir einmal zugefügt worden sind, kann ich auch nach zehn, zwanzig Jahren nicht vergessen!'
Seine Stimme klang noch erregter als vorhin. Doch nicht der Ton überraschte mich, sondern das, was er sagte. Ein solches Geständnis aus seinem Munde mutete höchst unerwartet an.
Nie wäre ich bei ihm auf solch leidenschaftlichen Starrsinn gefaßt gewesen. Ich hatte seinen Charakter eher für schwach gehalten. Und gerade seiner Schwäche, die zugleich edel ist, galt meine Zuneigung. Ich hatte eben noch in einer launischen Anwandlung versucht, ihn herauszufordern, nun war ich ganz klein vor ihm. ‚Ich bin', fuhr er fort, ‚von anderen betrogen worden. Von Verwandten, in denen das gleiche Blut fließt, bin ich gemein übertölpelt worden. Das werde ich nie verges-

sen! Sie, die in den Augen meines Vaters brave Leute waren, haben sich, kaum war er gestorben, in unverzeihlicher Weise in ehrloses Gesindel verwandelt. Schmach und auch der große materielle Schaden, den sie mir zufügten, lasten seit meiner Kindheit bis heute auf mir. Und ich werde bis zu meinem Tod daran schleppen, denn ich kann das niemals vergessen! Aber ich habe mich nicht an ihnen gerächt. Genau genommen handelt es sich jetzt um mehr als um eine gegen einzelne Menschen gerichtete Rache. Ich hasse nicht nur sie, ich habe die ganze Menschheit zu hassen gelernt. Ich glaube, das genügt mir...'

Ich konnte nicht einmal versuchen, tröstende Worte für ihn zu finden." (S. 102–103.)

Wenn wir nun die Heftigkeit dieses Hasses mit dem Zorn Jesu vergleichen, der „eine Geißel aus Stricken machte und alle aus dem Tempel hinaustrieb mitsamt den Schafen und Ochsen, der den Wechslern das Geld ausschüttete und die Tische umstieß", und wenn wir uns weiter an das Wort *Sōsekis* erinnern: „Denjenigen Leuten, die ihr eigenes Herz erfassen wollen, empfehle ich dieses Werk, dem es gelungen ist, das eigene Herz zu erfassen", dann wird keiner von uns mit Bestimmtheit zu versichern wagen, daß jener junge Mann die stimmlose Stimme: „Folget mir nach" und „ich will euch zu Menschenfischern machen" nicht gehört hat, als er seinem Sensei, der in die offene See hinausschwamm, nachfolgte. Es könnte sein, daß zwischen dem Ufer des See Genezareths in den dreißiger Jahren n. Chr. und dem Strand von *Kamakura* in den vierziger Jahren der *Meiji*-Ära eine viel tiefere Beziehung besteht, als wir auf den ersten Blick meinen. Beides liegt am Rande, an der Küste des „Heiligen Landes", das nahe daran war, „unterzugehen" – das eine in den fürchterlichen Wogen des antiken Rom, das andere in denen der modernen westlichen Welt.

## 2. *Nicht wie die Schriftgelehrten*

Der Sensei freut sich, wie oben schon kurz erwähnt, an der Begegnung mit diesem Studenten. Er macht sich Sorge und Mühe, benützt jede Gelegenheit, um dieses junge Leben recht und gesund aufzuziehen. Und die Worte, die der Sensei ausspricht, ziehen den jungen Mann mit unwiderstehlicher Kraft an, obwohl es für diesen unfaßbar ist, was sie eigentlich bedeuten. Einerseits kommen ihm Reden und Ermahnungen des Sensei über das Geld, die Liebe und den Menschen als Gegenstände vor, die von ihm weit entfernt sind; andererseits aber lassen sie ihn fühlen, daß – tief verborgen in diesen Worten des Sensei – im Unterschied zu denen berühmter Professoren an der Universität, eine entscheidende, absolut unerschütterliche Tatsache verborgen liegt:

„Mein Zweifel ging noch weiter. Woher rührte diese seltsame Verschlossenheit ihres Mannes gegenüber allen Menschen? War sie darauf zurückzuführen, daß er sich und alle anderen stets mit kalten Augen betrachtete? Er war ein Mann, der meist im Sitzen dachte. Mußte etwa jeder, von gleichen Geistesgaben wie er, notwendig zu einer solchen Haltung gelangen, wenn er sitzend die Welt besah? Dies erschien mir wenig wahrscheinlich. Seine Ablehnung der Menschen gründete auf erschütternden Erlebnissen. Er war in meinen Augen zweifellos ein Denker von Rang. Doch seine Lebensauffassung entsprang einem gewaltigen und noch immer fortwirkenden Erlebnis. Und es war nicht ein Geschehen aus irgendeinem anderen Menschenleben, sondern eines, das ihm unter gewaltigen Schmerzen selber widerfahren war."

Ja, es waren dies keine bloßen Vermutungen von ihm. Der Sensei selbst gestand ja, daß es so war: „Ich habe mir das nicht bloß zusammengereimt, ich habe es durchlebt! Und ich bin zu Tode erschrocken, als es geschehen war." Und weiter: „Als er auf meine Frage an ihn: ‚Sie sprachen vorhin davon, daß jeder Mensch mit einem Schlag unerwartet plötzlich schlecht werden kann. Wie meinen Sie das?' schroff antwortete: ‚Wie ich das meine? – Es liegt kein allzu tiefer Sinn darin. Es handelt sich um eine Tatsache, nicht etwa um eine bloße Theorie!'" (S. 99–100). Dazu sein Verhalten, als er auf die verwunderte Frage des Studenten „Warum interessieren Sie sich nicht mehr so für Bücher wie früher?" ruhig und gelassen ohne die Bitterkeit eines Menschen, der der Welt den Rücken kehrte, erwiderte: „Das hat keinen besonderen Grund. Vielleicht rührt es daher, daß mir, wie ich heute glaube, die Lektüre auch noch so vieler Bücher einfach keinen Gewinn bringt" (S. 86). All dies läßt den jungen Mann trotz seines Unverständnisses für den wahren Sinn dieser Worte unaufhaltsam daran denken, daß hinter diesen Reden eine einschneidende Tatsache steckt.

So können wir uns wiederum nicht enthalten, uns an den Bericht der Evangelien zu erinnern, wo es zum Abschluß der Bergpredigt heißt:

„Und es geschah, als Jesus diese Reden beendet hatte, da erstaunte die Volksmenge über seine Lehre; denn er lehrte sie wie einer, der Gewalt hat, und nicht wie die Schriftgelehrten."

Mt 7,28f.

Oder wollen Sie den heftigen Fluch Jesu „Wehe euch, ihr Schriftgelehrten und Pharisäer, ihr Heuchler..." anführen, um den Kontrast zwischen der aktiven Positivität Jesu einerseits und einer gewissen untätigen Negativität des Sensei aufzuzeigen? Etwa wenn dieser seinem Schüler, der sich über solche Passivität wundert, wie folgt entgegnet: „Ich finde es unverantwortlich, wenn jemand wie ich in aller Öffentlichkeit meine Meinungen äußerte" (S. 41) oder: „Kurz, ich bin alt geworden" (S. 87)?

Aber teilt uns nicht eben dieser Schüler auch mit großer Bewunderung mit, daß jener Sensei, der sagt: „Mir fehlen eben die Eigenschaften, die nötig waren, auf andere einzuwirken“ (S. 42), tatsächlich auch der war, der „nicht selten über seine ehemaligen Mitschüler, die inzwischen berühmt geworden waren, mit schneidender Ironie erzählte“ (S. 41)? Andererseits: Erzählen die Evangelisten nicht von ihrem Lehrer, der vor ihren Augen große Taten vollbrachte, daß er sie ermahnte: „Sehet zu, niemand soll es erfahren!“ (Mt 9,30), und daß er öfter auf einen Berg oder an den See oder in ein Haus ging, um ganz alleine zu bleiben und sich von niemandem stören zu lassen? Freilich „konnte er nicht verborgen bleiben“ (Mk 10,24); „Soviel er es ihnen gebot, um soviel mehr machten sie es kund“ (Mk 10,36)! Wir sollten dann auch daran denken, daß der Sensei von *Kokoro*, als die Zeit kam, sich auf einmal nicht mehr enthalten konnte, es auszusprechen, daß die Nachricht von ihm, die sein Schüler veröffentlichte, sogar weit übers Meer in fremdem Land verbreitet wurde!

### 3. *Das große Rätsel*

Wie sich der Sensei von *Kokoro* auf den Besuch des jungen Mannes freute, so schien auch das Zusammensein mit den Jüngern für Jesus eine große Freude zu sein (Mk 3,13). Auch Jesus wollte dabei seinen Jüngern mitteilen, was er selbst, was diese Welt, was der Mensch eigentlich ist, und ergriff jede nur sich bietende Gelegenheit (Feiern und Feste, Geld und Hunger, Liebe und Tod, Krankheit und Sturm usw.), um das Leben derer, die ihm nachfolgten, fest zu gründen und ihnen den Weg des Lebens zu zeigen. Weder ein Spatz noch eine Feldblume blieben von ihm unbeachtet. In den so schönen Gleichnissen und Parabeln wie zum Beispiel vom Senfkorn und vom Weinberg erwies er sich als ein Meister der Erzählkunst. Mit unbedingtem Vertrauen und unsagbarer Freude hörten die Jünger ihm zu, blickten sie auf in sein Gesicht. Obwohl sie oft durch die Unverständlichkeit der Reden ihres Lehrers irritiert waren, drangen ihnen doch Treue und Liebe Jesu tief ins Herz.

Ja, die Jünger glaubten fest an die Liebe ihres Lehrers zu ihnen. Sie ihrerseits liebten und verehrten auch ihren Lehrer. Sie redeten Jesus oft, ja meistens mit „Herr“ statt mit dem üblichen Wort „Lehrer“ an. Wenn Jesus es ihnen befohlen hätte, wären sie für ihn wirklich durchs Feuer gegangen. Wenn sie auch seinen Befehl oder seine Worte nicht klar verstanden, wollten sie ihren Herrn sicher nicht zum Gegenstand neugierigen Interesses und bewertender Untersuchungen machen, als wären sie ihm gegenüber selbständige Subjekte. Denn Jesus war für sie einzig der Retter, so wie ihn zuerst Petrus als „Christus, Sohn des lebendigen Gottes“ bekannte.

Das „große Rätsel“ hätte ihnen also keine unerträglichen Schwierigkeiten bereitet, wenn es nur darum gegangen wäre, den Sinn seiner Worte klar genug zu verstehen. Die Jünger waren wohl nicht gerade hochgebildet und auch nicht im schulmäßigen Sinne „begabt“. Sie waren aber durchaus rein und naiv. Sie bezweifelten – abgesehen von Judas – nicht im Traum die Autorität und die Liebe ihres Meisters, auch wenn sie ihn oft nicht recht verstanden. Doch je fester sie ihr Vertrauen auf ihn setzten, um so tiefer quälte sie die jeweilige Rede und Haltung Jesu ihnen gegenüber. Denn es schien mehr und mehr, als wolle Jesus ganz alleine sein, indem er nicht nur die andrängende Volksmenge verließ, sondern auch die Jünger, die er doch selber erwählt und um sich gesammelt hatte. Einmal schlief er inmitten eines fürchterlichen Sturmes sorglos und tief am Heck des Schiffes ein, und nur der letzte, verzweifelte Hilferuf, der Hilfeschrei der Jünger konnte ihn wecken (Mt 18,24–27). Ein anderes Mal erwiderte er einem, der ihn „guter Meister“ ansprach: „Was heißest du mich gut?“ (Mt 19,16 u. 17), als wolle er seine Autorität von sich aus verneinen. Er tadelte sogar Petrus: „Hebe dich weg von mir, Satan“ (Mt 16,23). Endlich scheute er sich nicht davor, denselben Jünger, der ihm schwor: „Wenn sie sich alle an dir ärgerten, so will ich mich doch nimmermehr ärgern“, ins Gesicht zu erklären: „Wahrlich ich sage dir, in dieser Nacht, ehe der Hahn kräht, wirst du mich dreimal verleugnen“ (Mt 26,33–34).

Dieser Herzenskummer der Jünger Jesu war wie die Angst, die der Schüler des Sensei immer wieder verspüren mußte. Er zweifelte nie an der Wahrheit der Worte und an der tiefen Liebe seines Lehrers, wenn er beides auch nicht klar genug verstehen konnte. Der naive, reine Jüngling verehrte den Sensei und sehnte sich einfach nach ihm, statt ihn zu beobachten und „Betrachtungen“ über ihn anzustellen:

> „Ich war verblüfft. Doch ich ging ja in seinem Hause nicht etwa mit der Absicht ein und aus, möglichst viel über ihn herauszufinden, und so verzichtete ich auf weitere Fragen. Wenn ich heute darüber nachdenke, bewundere ich diese meine Haltung. Verdanke ich es doch ihr, daß unsere Beziehungen allmählich wärmer wurden. Hätte ich ihn damals auch nur mit einer Spur Neugierde verfolgt, so wäre das Band der Sympathie, das uns zusammenhielt, erbarmungslos zerrissen. Ja, was wäre geschehen, wenn ich mich anders verhalten hätte! Allein der Gedanke daran macht mich erschauern. Haßte der Sensei doch nichts mehr, als von kalten, neugierigen Augen belauert zu werden.“ (S. 28f.)

Je tiefer er aber den Sensei liebte und je ernster er sich nach dem Sensei sehnte, desto schmerzlicher mußte er empfinden, daß der Sensei ihn, der doch ganz mit ihm eins sein wollte, niemals mit offenen Armen aufnehmen und annehmen würde. Als er dem Sensei am Strand von *Kamakura* zum ersten Mal begegnete, gestand er: „Ich konnte mich des Eindrucks nicht erwehren, ihm irgendwo schon einmal begegnet zu sein, vermochte mich aber um nichts in der Welt an Genaueres zu erinnern." Er hielt es durchaus nicht für ausgeschlossen, daß es dem Sensei ihm gegenüber ähnlich ergehen müsse. Aufs äußerste gespannt, wartete er auf dessen Antwort. Der Sensei aber sann eine Weile nach und sagte nur: „Ich kann mich wirklich nicht an Sie erinnern. Verwechseln Sie mich nicht mit jemand anderem?" (S. 18). Bald, beim Abschied, als er den Sensei fragte: „Darf ich Sie gelegentlich zu Hause besuchen?", sagte dieser nur: „Ja, kommen Sie!" – ohne eine herzlichere Reaktion, die der junge Mann doch heimlich erwartet hatte. Auch nachher wurde er bei ähnlichen Gelegenheiten vom Sensei enttäuscht. Dennoch, trotz mehrmals wiederholter Enttäuschungen dieser Art, besuchte er den Sensei immer öfter. Dann aber kam es eines Tages zwischen ihm und dem Sensei zu folgendem Gespräch:

„‚Bitte, schwärmen Sie nicht für mich!' ermahnte er mich. – ‚Aber das ist meine Überzeugung!!' – Ich besaß damals viel Selbstvertrauen. Ein Selbstvertrauen, das er nie in mir genährt hatte. – ‚Sie lassen sich von Ihrer Begeisterung zu sehr fortreißen. Sobald Sie dann daraus erwacht sind, widert es Sie an. Es bedrückt mich, daß Sie soviel von mir halten. Doch wenn ich mir vorstelle, wie Sie sich verändern werden, bin ich traurig...' – ‚Erscheine ich Ihnen so oberflächlich? Haben Sie so wenig Vertrauen zu mir?' – ‚Es tut mir für Sie leid!' – ‚Vielleicht fällt es Ihnen nur schwer, es auszusprechen, daß Sie kein Vertrauen zu mir haben?' – Er wandte sich mit einem Ausdruck, als sei ihm dies alles fast lästig, dem Garten zu. Von den vielen Kamelienblüten, die erst kürzlich noch als kräftige dunkelrote Farbflecke überall aufgeleuchtet hatten, war keine einzige mehr zu sehen. Es war eine der Gewohnheiten des Sensei, sie vom Wohnzimmer aus zu betrachten. – ‚Kein Vertrauen? Es ist nicht so, als vertraute ich besonders Ihnen nicht. Ich traue der ganzen Menschheit nicht mehr!' – In diesem Augenblick erscholl von jenseits der Hecke die Stimme eines Mannes, der Goldfische feilbot. Sonst war weit und breit nichts zu hören. Der von der Hauptstraße etwa 200 m tief zum Hause des Sensei führende Weg lag in ungewöhnlicher Stille da. Im Hause selbst war es so ruhig wie immer. Ich wußte, daß im Nebenzimmer um diese Stunde seine Frau saß, schweigend nähte oder sich sonst beschäftigte, sie mich also hören mußte. Aber daran dachte ich in diesem Augenblick nicht. – ‚Dann vertrauen Sie also auch Ihrer Frau nicht?' fragte ich. – Ein unruhiger Schatten flog über seine Züge. Er wich einer klaren Antwort aus und erwiderte nur: ‚Ich vertraue nicht einmal mir selbst. Und deshalb kann ich auch anderen nicht vertrauen. Ich kann mich nur verwünschen...' – ‚Ist man so streng zu sich, kann keiner seiner sicher sein!' – ‚Ich habe mir das nicht bloß zusammengereimt, ich habe es durchlebt! Und ich bin zu Tode erschrocken, als es geschehen war!'" (S. 50f.)

Der Sensei erkannte das Wort des jungen Mannes nicht an, dieser schwärme nicht für ihn, sondern sehne sich nach ihm, gerade weil er von ihm wachgerüttelt worden sei. Und noch befremdlicher: „Sie dürfen mir auf keinen Fall zu sehr vertrauen! Sie würden es bald bereuen müssen! Und Sie würden sich grausam an mir rächen, sobald Sie erkannt haben, daß Sie von mir betrogen wurden!" (S. 52). Einmal sogar machte der Sensei ihn boshaft – wie es ihm vorkam – darauf aufmerksam, daß sich auch seine, des Jüngers, Stimmung plötzlich verändert habe, gleich nachdem er ihm versichert hatte, er werde ihn niemals verraten (S. 100).

### *4. Der Weg und der Tod*

Diese Ermahnung des Sensei veranlaßte den Schüler aber nicht, von ihm wegzugehen. Ganz im Gegenteil. So wie Petrus und die anderen Jünger auf die harten Worte Jesu „Ihr werdet euch in dieser Nacht alle an mir ärgern" (Mk 14,27) mit lautem Schwur „Herr, ich bin bereit, mit dir ins Gefängnis und in den Tod zu gehen" erwiderten, so wünschte der Jüngling, je kühler er vom Sensei behandelt wurde, desto heftiger, mit ihm wahrhaft eins zu werden, nämlich von Herzensgrund als Jünger des Sensei anerkannt zu sein. Jung, wie er war, glaubte er nicht, seine Zuneigung einem anderen als dem Sensei so uneingeschränkt schenken zu können. Er konnte einfach nicht umhin, sich dem Sensei gegenüber so zu verhalten, ohne zu wissen, aus welchem Grunde dies so war (S. 20f.). Sein Verlangen danach, mit dem Sensei wahrhaft eins zu sein, ihn gründlich zu verstehen, war keine Neugier, die, mit dem Anspruch der kritischen Beobachtung, jemanden gleichsam von hinten betrachtet, „hinter ihn zu kommen" versucht, sondern durchaus die Suche nach dem wahren Weg des Lebens, der feste Wille, wirklich unbedingt all jene Lehren zu erfahren, die das Leben selbst erteilt (S. 193).

Erst jetzt entschließt sich der Sensei, „unter den vielen Millionen Japanern allein diesem Jüngling" alles zu erzählen, was er auf dem Weg des Lebens erfuhr und jetzt noch erfährt. Der Weg des Lebens ist aber weder so schön noch so herrlich, wie dieser es sich bis dahin vorgestellt hatte. Im Gegenteil, es ist ein schmaler, gefährlicher Pfad, auf dem man nie wissen kann, wo und wann man ausgleitet, so daß man, einmal gestürzt, niemals mehr vom Abgrund loskommen kann. – Man begegnet oft in dieser Welt etwas Himmlisch-Schönem. Man schafft sogar ab und zu etwas Herrliches, das man selbst bewundert. Jedoch gerade dieses Schöne und Herrliche, worüber wir uns freuen, worauf wir alle stolz sind, läßt uns vom Pfad des Lebens abkommen!

Der Sensei wurde in seiner früheren Jugend wegen des Erbgutes seiner plötzlich verstorbenen Eltern von seinem Onkel betrogen, dem er voll vertraut hatte. Außerdem versuchte der Onkel, ihn zu veranlassen, seine Tochter zu heiraten, um den Betrug zu verhehlen. In tiefer Enttäuschung und Empörung verließ er dann seine Heimat für immer und zog nach Tokio. Doch nur drei Jahre danach betrog er selbst seinen engsten Freund wegen seiner heißen Liebe zu einem hübschen Mädchen, das ihm, der trotz seiner Jugend kühl und grüblerisch geworden war, das Licht des wahren Vertrauens und der hellen Hoffnung im Herzen wieder angezündet hatte. Dieser aufrichtige und ernste Freund K., der ihm vorkam wie ein alter Heilssuchender, gestand ihm eines Tages unerwartet seine tiefe Liebe zu demselben Mädchen. K. beging Selbstmord, wenige Tage nachdem er von der Mutter des Mädchens (bei ihr hatte der Sensei gewohnt und später dann auch K. durch seine Vermittlung) die plötzliche Verlobung der Tochter mit seinem Freund erfahren hatte. K., der wegen seines allzu heftigen Verlangens nach der Wahrheit von seinen Eltern und Adoptiveltern verstoßen worden war, hinterließ nur ein ganz einfaches Vermächtnis: Er nehme sich das Leben, weil er zu schwach sei, um nach der Wahrheit zu suchen, und weil er keine Hoffnung auf seine Zukunft setzen könne. – Der Sensei, der den rechten Weg gehen wollte, aber unachtsam von ihm abirrte, konnte als Folge dieser Verirrung nicht umhin, Jahr für Jahr tiefer in die finstere Einsamkeit zu verfallen, obwohl er mit seiner Geliebten zusammen ein angenehmes Leben führte. Weder Bücher noch Sake-Wein – oder was es sonst noch geben mag – nichts befreite den Sensei von seiner Einsamkeit, in der er, von aller Welt abgeschlossen, ganz allein leben mußte. Die geheimnisvolle, furchtbare Macht, die ihn immer aufs neue peinigte, ließ ihm nur noch den Weg zum Tode frei und hinderte ihn daher, in irgendeiner Richtung tätig zu werden. Es war derselbe Weg zum Grab, wie ihn der Freund K. schon beschritten hatte, der sich das Leben genommen hatte – nicht einfach wegen seiner unglücklichen Liebe, wie der Sensei zuerst dachte, auch nicht etwa wegen des Widerspruchs zwischen Ideal und Wirklichkeit, sondern, wie es ihm nun aufging, wegen der unsagbaren Einsamkeit, in der der Sensei jetzt selbst verharren mußte. War dieser Weg ihm nicht schon damals angedeutet, als er das Vermächtnis von K., außer sich vor Furcht, durchlas, und als der folgende Satz, den K. mit der letzten Tusche seines Pinsels noch hinzugefügt hatte, ihn mit besonderem Schmerz erfüllte: „Warum habe ich bis jetzt gelebt?“ (S. 335).

Für den Sensei, der eine solche Vergangenheit mit sich trug, gab es nur *eine* Tat, die den Weg des Lebens in Wahrheit aufzeigen konnte: Sein eigenes Herz aufzubrechen und das Blut in die Adern seines Schülers strömen zu lassen. So versprach der Sensei, daß er ihm später, aber an einem nicht zu entfernten Tage, alles von diesem Weg erzählen werde. Bald danach, Ende Juli, starb der Tennō (Kaiser) *Meiji*, mit dessen Licht er geboren, unter dessen Gnade er aufgewachsen war. Und einen Monat danach folgte General *Nogi*, den er immer hochgeachtet hatte, im Treue-Selbstmord dem Kaiser nach. Der General schrieb in seinem Vermächtnis nieder, daß er all diese 35

Jahre auf eine Gelegenheit gewartet habe, zu sterben, um vor dem Tennō seine Schande zu büßen, daß er sich im Seinan-Krieg (1877) seine Fahne vom Feinde hatte entreißen lassen. So kam auch für den Sensei die Zeit, sein fürchterliches Versprechen zu erfüllen. Er will es vollbringen, indem er seinem Schüler schreibt:

> „So will ich also die finsteren Schatten meines Lebens ohne Scheu auf Sie werfen. Fürchten Sie sich aber nicht! Greifen Sie, diesem Dunkel fest entgegenblickend, all das heraus, was Ihnen dienen könnte... Wenn nach meinem letzten Herzschlag in Ihrer Brust ein neues Leben zu atmen beginnt, werde ich glücklich sein" (S. 194f.).

So wie der Sensei, der die Lage Japans tief bedauerte, wo das Vertrauen zwischen Eltern und Kindern, Mann und Frau, Lehrer und Schüler, Herrn und Diener, zwischen Freunden, zwischen Mensch und Mensch überhaupt, unaufhaltsam dahinschwand (S. 52 unten), nur einen Jüngling unter vielen Millionen Japanern auswählte, um die entscheidende Lehre über *sein eigenes Selbst*, folglich auch für *das ganze Menschengeschlecht*, mitzuteilen, so wählte auch Jesus, der erklärt hatte: „Ich bin nicht gesandt außer zu den verlorenen Schafen vom Hause Israel" (Mt 15,24), nur die zwölf Jünger unter Hunderttausenden von Israeliten aus, um das Evangelium zu verkündigen als die Botschaft, die *sein eigenes Selbst*, damit auch das Schicksal des *ganzen Menschengeschlechts* angeht. Wie der Sensei sagte: „Doch möchte ich sie (seine Lebenserfahrungen) lieber mit mir ins Grab nehmen, als sie jemandem anzuvertrauen, der nichts damit anzufangen weiß" (S. 193), so ermahnte Jesus seine Jünger oft: „Ihr sollt das Heilige nicht den Hunden geben, und eure Perlen sollt ihr nicht vor die Säue werfen, auf das sie dieselben nicht zertreten mit ihren Füßen und sich wenden und euch zerreißen" (Mt 7,6). Nur die Reinheit des Vertrauens und der Hoffnung des einfachen Volkes, wie sie in den Ausrufen zum Vorschein kommt: „Auch Herr, du Sohn Davids, erbarme dich mein!" (Mt 15,21), „Herr, daß ich sehen möge!" (Lk 18,42), „Herr, so du willst, kannst du mich wohl reinigen" (Mt 8,2), – nur dieses schlichte Verlangen hat Jesus dazu bewegt, wunderbare Taten zu vollbringen. Einerseits wurde den Schriftgelehrten und Pharisäern, die sich ihm mit Hintergedanken näherten, ihre Maske schonungslos vom Gesicht gerissen, andererseits scheute er sich aber nicht davor, sich des römischen Hauptmanns und einer armen Frau aus Kana zu erbarmen, soweit ihr Verlangen schlicht und ehrlich war. Aber all diese Taten Jesu veranlaßten die Menschen nicht ohne weiteres dazu, das eine Notwendige, das er ihnen geben wollte, auch anzunehmen und zu empfangen. Dagegen, daß sich die Volksmenge nur um der Krankheit und des Hungers willen um ihn drängte, konnte er nichts tun. Auch nicht dagegen, daß seine Jünger, die von der unsichtbaren, hohen Kraft getrieben, ihm nachfolgten, weder seine Worte noch Taten wirklich verstehen wollten. Inmitten seines engsten Jüngerkreises und der sich unaufhörlich andrängenden Volksmenge konnte er oft nicht umhin, sich einsam zu fühlen, als wäre er ganz allein in dieser Welt. Er dachte dann immer wieder an die alten Propheten, die eines grausamen Todes starben, um dem Volk Israel diesen Weg aufzuzeigen. Der Tod des Täufers Johannes, der ihn allein in Wahrheit verstand, läßt ihn immer klarer sehen, daß die Zeit näherrückt, zu der er den einen Weg, der ihm nach seinen Worten und Taten einzig übrigbleibt, gehen muß. Doch auch, nachdem er dies den Jüngern eröffnet hatte, ging Jesus eine Weile in der Gegend des See Genezareth, weitab von Jerusalem umher, speiste die Hungernden, heilte die Kranken, erzählte seine Gleichnisse und Parabeln, setzte sich mit Schriftgelehrten und Pharisäern heftig auseinander, die ihm Fallen stellten. Die Volksmenge sehnte sich immer heftiger nach ihm, und die Jünger waren immer fester davon überzeugt, daß Jesus allein der Messias sei. Darum verstanden sie die Worte nicht und fürchteten sich, ihn zu fragen, selbst als er ausdrücklich von der nahegekommenen Zeit sprach (Mk 9,30–32) – genauso wie der Schüler von *Kokoro* nicht im Traum an den fürchterlichen Entschluß des Sensei dachte, obwohl dieser ihm oft von seinem Tode gesprochen hatte (S. 114–123). Doch mußte Jesus seinen Entschluß zu sterben um so fester fassen, je stärker seine Jünger an ihn glaubten, je mehr sie ihn davon abhielten. Als die Zeit kam, brach Jesus, begleitet von seinen ängstlichen Jüngern und einer jubelnden Volksmenge, nach Jerusalem auf, um seinen Auftrag zu erfüllen. Dort erwarteten ihn der Hohepriester, der König, die Schriftgelehrten und Pharisäer. Nun war das kein Kunstgriff, die Volksmenge und seine Jünger zunächst in Verzweiflung zu stürzen und sie dann als seine Anhänger neu zu gewinnen und nur um so fester an sich zu binden, sondern es war nur der Weg, den er gehen *mußte* und auf dem er nur darum beten konnte, daß all diesen Menschen die Augen geöffnet würden, um ihn und sich selbst in Wahrheit zu schauen (Lk 24, 13–43).

> „Danach, da Jesus wußte, daß schon alles vollbracht war, daß die Schrift erfüllt würde, spricht er: Mich dürstet! Da stand ein Gefäß voll Essig. Sie aber füllten einen Schwamm mit Essig und legten ihn um einen Isop und hielten es ihm dar zum Munde. Da nun Jesus den Essig genommen hatte, sprach er: Es ist vollbracht! und neigte das Haupt und verschied." Joh 19,28–30

Erinnern uns die Gestalt Jesu, die von Johannes so dargestellt wurde, ebenso wie der Schrei am Kreuz „Eli, Eli, lama sabachthani", nicht an die Worte des Sensei, als er am Ende seines Vermächtnisses schrieb:

„Und wenn ich hier mein Leben niederschrieb, so geschah dies nicht nur aus einem Gefühl der Verpflichtung Ihnen gegenüber, sondern mehr noch aus eigenem Bedürfnis. – Nun aber habe ich diesem Verlangen Genüge getan. Es bleibt mir nichts mehr zu tun. Wenn dieser Brief in Ihre Hände gelangt ist, bin ich wohl nicht mehr in dieser Welt..." (S. 259).

## *III. Der Tod des Sensei und der Tod Jesu*

Wir können nicht umhin, über die unerwartete Übereinstimmung beider Lebenswege zu staunen, auf denen sowohl der Sensei im Roman *Kokoro*, als auch Jesus in den Evangelien, jeder auf seine Weise, mit den Jüngern Erfahrungen machten, von der ersten Begegnung angefangen bis zum Tod.

„...Jedenfalls glaube ich, daß ich in diesem Brief alles so, wie ich es wollte, zum Ausdruck bringen konnte und also mein Bestes tat, mich Ihnen verständlich zu machen." (S. 358)

So wie der Sensei am Ende seines Vermächtnisses schrieb, waren auch alle Worte und Taten Jesu zu seinen Lebzeiten nichts anderes als sein Bemühen, die Jünger verstehen zu machen, wer er selbst eigentlich war. Gleichwie der Sensei weiter sagte: „Diese Vergangenheit, die mich zu dem, was ich heute bin, gemacht hat, kann von niemandem außer mir hinreichend dargestellt werden, und so ist mein Bemühen, sie vor meinem Tode wahrheitsgetreu niederzuschreiben, vielleicht für Sie und auch andere eine Hilfe geworden, das Leben, die Menschen zu verstehen" (S. 358f.), so war für Jesus das Bemühen, sich selbst verständlich zu machen, nichts anderes, als der ganzen Welt kundzutun, was der Mensch ist, was nicht nur seine Jünger, sondern auch alle anderen Menschen eigentlich sind. Endlich, was das Entscheidende ist: Genauso wie für den Sensei „den Menschen zu verstehen" eo ipso bedeutete, die Sünde des Menschen tief zu fühlen (S. 352), so war auch für Jesus die „Offenbarung" dessen, was und wie der Mensch ist, notwendig und eng damit verbunden, die Versuchung der Sünde in ihrer tiefsten Wurzel an den Tag zu bringen. So wie der Sensei eines grausamen Todes starb, um das Wirken der Sünde an der verborgenen Wurzel eben dadurch zu überwinden, daß er die Wirkung der Sünde bis zum Ende auf sich nahm, so wählte Jesus den Kreuzestod, um alle Menschen von der Versuchung der Sünde frei zu machen, indem er die innerste Macht der menschlichen Sünde an sich selbst radikal zur Wirkung kommen ließ, wie Paulus sagt: „Gott hat den, der von keiner Sünde wußte, für uns zur Sünde gemacht" (2.Kor 5,21).

Freilich hatte der Sensei zu seinen Lebzeiten nicht, wie Jesus, „zwölf Jünger" und war auch von keiner jubelnden Volksmasse umgeben. Deswegen wurde er wohl auch niemals von den Gelehrten, Frommen und Machthabern verfolgt. Im Gegensatz zum Leben Jesu, das an dramatischen Wechselfällen reich war, war das Leben des Sensei dadurch geprägt, daß er, jedenfalls von außen gesehen, ein Mensch von so großer Ruhe und Gelassenheit war, den nichts in dieser Welt erregen konnte (S. 79). Daß dieser Unterschied aber kein entscheidender sein kann, wird, wie vorhin aufgezeigt, daraus klar ersichtlich, daß Jesus einerseits immer wieder versuchte, sich in die Einöde zurückzuziehen, ja am Ende hinging an den Ort, „wohin ihm niemand folgen konnte", daß aber auf der anderen Seite der Sensei – entschlossen, so zu leben, als sei er schon gestorben – nicht nur manchmal fühlte, wie er durch Anregungen von außen plötzlich wieder Zuversicht gewann (S. 353), ja auch letztlich nicht umhin konnte, sich selbst restlos der Welt auszusetzen. Es hätte ja wohl geschehen können, daß dem Sensei trotz seines Willens, allein zu sein, mehrere Jünger folgten, daß die Volksmenge ihn um seine Hilfe bat, daß „Schriftgelehrte, Pharisäer und Machthaber" ihn deswegen verfolgten. Ja, es sind, so müßte man wohl sagen, schon klare Zeichen dafür vorhanden, daß es so hätte sein können: Ein junger, fremder Student war ihm schon ganz ergeben, während sein älterer Bruder ihm, dem Sensei, wegen seiner Tatenlosigkeit „Egoismus" vorwarf. Das ist doch so etwas wie eine „Mikro-Struktur" der „Nachfolge".

Vielleicht aber müßten wir den entscheidenden Unterschied zwischen dem Tod Jesu und dem des Sensei darin finden, daß jener einfach ein von außen durch die Schriftgelehrten, Pharisäer und Machthaber der damaligen Zeit aufgezwungener Tod war, während dieser völlig vom Innern des Sensei selbst verlangt wurde. Aber daß der Tod des Sensei unumstößlich vom Innern seines Selbst her gefordert wurde, bedeutet ja keineswegs, daß er willkürlich entschieden hätte:

> „Von dieser Zeit begann hin und wieder ein furchtbarer Schatten auf mir zu lasten. Zunächst drang dieser wie zufällig – von außen her – auf mich ein. Ich war bestürzt und erschrak zutiefst. Nach einiger Zeit fing ich an, diesem schrecklichen Druck nachzugeben, und schließlich war mir, als käme dieser nicht von außen, sondern hätte seit meiner Geburt auf dem Grund meines Herzens verborgen gelauert. Mißtrauisch fragte ich mich, ob nicht mein Geist verwirrt und krank geworden sei, doch ich konnte mich nicht dazu überwinden, einen Arzt aufzusuchen. Ich spürte lediglich die tiefe Sündhaftigkeit der Menschen, und so besuchte ich allmonatlich einmal das Grab meines toten Freundes. Das gleiche Gefühl befahl mir, zu meiner Frau besonders liebevoll zu sein. Von diesen Empfindungen bedrängt, verlangte mich manchmal danach, mich von Unbekannten auf der Straße auspeitschen zu lassen, doch allmählich hatte ich das Gefühl, daß ich mich selber auspeitschen müsse. Nein, das war noch zu wenig. Und ich wünschte, mir das Leben zu nehmen. Als letzten Ausweg entschloß ich mich, so zu leben, als sei ich bereits gestorben." (S. 352)

Wie aus diesem Geständnis hervorgeht, war die Kraft, die des Sensei Hände schließlich zur Selbsttötung führte, wenigstens am Anfang wie ein „Druck von außen", wie ein Schreck, ja, wohl wie ein fürchterlicher Blitz in Erscheinung getreten. Der Sensei schreibt weiter: „Nach einiger Zeit fing ich an, diesem Schreck nachzugeben, und schließlich war mir, als käme dieser nicht von außen, sondern hätte seit meiner Geburt auf dem Grund meines Herzens gelauert." Man neigt leicht dazu zu meinen, jener fürchterliche Schreck oder auch Blitz sei ihm so vertraut geworden, weil er für ihn zu einem beliebig verfügbaren Etwas wurde, an das man sich eben gewöhnen kann. Ganz im Gegenteil aber war dieser „Schreck" für ihn zur heiligen Kraft geworden, der er nirgendwo und -wie entfliehen konnte, so daß er nichts anderes tun konnte, als ihr zu folgen. Er wünschte, daß sich diese Kraft an ihm offenbare, mochte es auch die Peitsche eines Unbekannten auf der Straße sein. Schließlich kam ihm der Gedanke, den entscheidenden Ausbruch dieser Kraft an seinem Leibe nicht verhindern zu dürfen, auch wenn niemand sonst es wollte.

Andererseits ist der Tod Jesu, von den Schriftgelehrten, Pharisäern und Machthabern (und durch Judas, der ihn verriet) herbeigeführt, keineswegs bloß durch den Zwang von außen erfolgt. Jesus hat *nach seinem eigenen Willen,* einzig um den Willen des Vaters im Himmel offenbar werden lassen, *den Weg nach Golgatha gewählt!*

> „Da kam Jesus mit ihnen zu einem Hofe, der hieß Gethsemane, und sprach zu seinen Jüngern: Setzt euch hier, bis daß ich dort hingehe und bete. Und nahm zu sich Petrus und die zwei Söhne des Zebedäus und fing an zu trauern und zu zagen. Da sprach Jesus zu ihnen: Meine Seele ist betrübt bis an den Tod; bleibet hier und wachet mit mir! Und ging hin ein wenig, fiel nieder auf sein Angesicht und betete und sprach: Mein Vater, ist's möglich, so gehe dieser Kelch von mir; doch nicht wie ich will, sondern wie du willst!... Und es kam, daß er mit dem Tode rang und betete heftiger. Es ward aber sein Schweiß wie Blutstropfen, die fielen auf die Erde." Mt 26,36–39; Lk 22,44

Welche Zeit war für Jesus wohl quälender, die des Todes am Kreuz oder die des Gebetes im Garten Gethsemane? – So könnten wir wohl fragen, ähnlich wie der Sensei, als er sich überlegte, ob für den General *Nogi* wohl die durchlittenen 35 Jahre oder die kurzen Minuten, da er sich das Schwert in den Leib stieß, bitterer waren (S. 357). Sowohl für Jesus als auch für den Sensei lag die größte Schwierigkeit bei der Vollbringung des Lebenswerkes nicht darin, die grausame Peitsche der Welt und das leibliche Leiden zu ertragen, sondern darin, das eigene Selbst zu überwinden, das dem Willen jenes Etwas zu entfliehen suchte, welches vom absoluten Außen her seit der Geburt so unbeugsam und beständig im Innersten, im Grunde des Herzens verborgen war. Sehen wir nicht im erblaßten Gesicht des Sensei den Schatten des klagenden Jesus in Gethsemane? – Wir müßten dann feststellen, daß es, abgesehen von einem „Mehr oder Weniger" des leiblichen Schmerzes, keinen genügend entscheidenden Unterschied zwischen dem Tod des Sensei und dem Tod Jesu geben kann, ob dieser Tod nun durch den Menschen selbst oder durch die Tat anderer herbeigeführt worden ist.

Sollten wir dann letztlich den entscheidenden Unterschied zwischen dem Tod des Sensei und dem Tod Jesu darin sehen, daß das Leiden des Sensei die notwendige Folge der von ihm selbst begangenen Sünde war, während das Kreuz Jesu die Offenbarung der freien Barmherzigkeit war, die es ihn ohne jegliche Schuld tragen ließ? – Sicher, der Jesus der Evangelien beging niemals eine solche Sünde wie der Sensei im Roman *Kokoro*. Folglich können Leiden und Sterben Jesu auf keinen Fall im gleichen Sinne wie beim Sensei als „Strafe" bezeichnet werden. Woher kommt es aber, daß uns das Leiden des Sensei bis zu seinem fürchterlichen Tod so tief ans Herz rührt? Nur deswegen, weil es die gebührende Strafe für die Sünde ist, die er einst begangen hat? Doch gibt es ja von alters her unzählig viele, die unter einer solchen Strafe für eigene Sünden lebenslang litten und starben. Diese Welt ist voll von solchen noch viel aufregenderen und offensichtlicheren Beispielen. Übrigens haben wir – nicht nur die mit allen Wassern gewaschenen Erwachsenen, sondern auch die meisten jungen Menschen – uns heute im Vergleich mit der damaligen Zeit, in der der Sensei starb, im Prozeß der sogenannten Zivilisation (in Japan seit der *Meiji*-Restauration, 1868) durch die Skandalpresse so sehr an solche aufregenden Nachrichten gewöhnt, daß wir von den scheußlichsten Skandalen und deren grausamsten Folgen erfahren, ohne eigentlich zu erschrecken oder nachzudenken. Warum rührt uns aber das von seinem Schüler erzählte Leiden des Sensei so tief an – unter Tausenden solcher Nachrichten?

Wir müssen anerkennen: Das Wesen des Leidens des Sensei liegt nicht nur darin, daß es die gebührende Strafe für seine einst begangene Sünde war, sondern vielmehr *im Prozeß der Schritt für Schritt vertieften Erkenntnis* seiner eigenen Tat, folglich in der Erkenntnis dessen, was die Sünde des Menschen eigentlich ist, wann und wie sie wirkt. Wenn wir dem Sensei, der mit dem Jüngling redet oder spazierengeht, aufmerksam folgen, so kommt es uns vor, als würde plötzlich eine uns bisher fremde Welt inmitten unserer geräuschvollen Umgebung eröffnet. Im Laufe der Lektüre vom Vermächtnis des Sensei erfahren wir unerwartet immer tiefer, daß die Sünde des Menschen, die uns bis dahin – selbst wenn wir von den grausamsten Nachrichten lasen oder hörten – wie ein fernes Feuer am anderen Ufer vorkam, nun zu einem Feuer wird, durch das wir selbst hindurch müssen. Unser starres

Herz, das bisher durch keine Ermahnungen vom hohen Katheder oder Predigtstuhl her berührt wurde, das sich auch unter keinen wirklichen Peitschenhieben beugte, beginnt von selbst, heimlich tief zu seufzen. Wir können nicht mehr umhin zu glauben, daß, wer wegen der eigenen Sünde sterben soll, eigentlich nicht der Sensei ist, sondern vielmehr wir selber sind. Sogleich rufen alle scheußlichen Missetaten dieser Welt, die wir früher als fremde Angelegenheit außer Acht gelassen hatten oder höchstens aus Neugier zur Kenntnis nahmen oder nur blindlings fürchten konnten, nun in uns ein tiefes Gefühl des Erkennens wach: Als Taten unglücklicher Menschen, die sich nur deswegen verirrten und in den finsteren Abgrund stürzten, weil sie sich über irgendeiner an sich guten Sache vergaßen. Und dieses Erbarmen, das uns aus dem Herzen herausquillt, ist auch die tiefverwurzelte, tätige Liebe, die den Sensei seine Schwiegermutter mit ganzer Kraft und Sorgfalt pflegen und nach ihrem Tod seine Frau mit größter Liebenswürdigkeit behandeln ließ (S. 350–353).

So gelangen wir zur Einsicht, daß die harte Tatsache des Todes des Sensei als die gebührende Strafe für seine einst begangene Sünde es andererseits gar nicht hindert, daß derselbe Tod im Grunde das Überströmen der freien Barmherzigkeit ist, die vom Sensei selbst herkommt:

> „Sorglos hatte ich ihm alles überlassen, war also mit den Augen der Welt betrachtet, ein rechter Dummkopf gewesen. Von einer höheren Warte aus mag man mich vielleicht einen reinen und achtbaren Menschen nennen, doch wenn ich mich zurückblickend selbst beurteile, erfaßt mich unsagbare Erbitterung gegen meine zu große Vertrauensseligkeit, und ich sehne mich danach, weniger unschuldig geboren zu sein. Aber manchmal möchte ich doch so unschuldig und vertrauensselig bleiben, wie ich als solcher geboren wurde“ (S. 213).

Jedesmal, wenn ich dieses Geständnis des Sensei vernehme, ist mir fast zumute, als hätte er sich, seiner angeborenen Schuldlosigkeit trotzend, zur Sünde gemacht, um sich selbst für das Leben seines einzigen Schülers und damit auch für unser aller Leben zu opfern.

Jedoch meine ich freilich nicht, es sei für uns Menschen notwendig, wie der Sensei die Sünde irgendwann einmal zu begehen, um zur wahren Erkenntnis menschlicher Sünde, wie sie eben dem Sensei zuteil geworden ist, zu gelangen. Folglich ist die Tatsache, daß der Tod des Meisters die gebührende Strafe für die von ihm selbst einst begangene Sünde war, und die Tatsache, daß derselbe Tod ein Überströmen der freien Barmherzigkeit war, die die Kehrseite der radikalen Erkenntnis der menschlichen Sünde ausmacht – also diese negative und diese positive Seite des Todes des Sensei sind nicht so fatal miteinander verbunden, daß man sie niemals voneinander trennen könnte. Sie stehen auch nicht so gegeneinander wie These und Antithese, die

„dialektisch" zu einer Synthese aufgehoben werden könnten. Wie wir alle es erfahren und wie es der Prozeß des Herzenszustands des Sensei direkt nach seiner Missetat aufweist, erweitert sich die einmal begangene Sünde von selbst wie eine Welle, die plötzlich auf dem Strom erscheint und ihre Wirbel nach und nach erweitert. Die Sünde scheint auch gleich wie das Leben, ja noch schneller als das Leben anzuwachsen. Die Erkenntnis der Tag und Nacht wachsenden Sünde kann auf keinen Fall die Sünde selbst, sondern nur das rechte Urteil über die Sünde sein, in dem sich das reine Leben ausdrückt. Folglich ist wohl möglich, daß der Sensei zu jener gründlichen Erkenntnis der menschlichen Sünde gelangt, ohne selber darein zu verfallen. Im Gegenteil, gerade dann würde der ermahnende Ruf des Sensei in die verwüstete Welt des gegenwärtigen Japan so hart ergehen, daß er, wie Johannes der Täufer damals, nunmehr von den „modernen Pharisäern" verklagt, wohl enthauptet würde.

Wie wir in der „Stimme eines Predigers in der Wüste", nämlich in Johannes dem Täufer einem Menschen begegnen, der wegen seiner Ermahnung, die der des Sensei gleicht, sterben mußte, ohne selber zu sündigen, so werden wir im Apostel Paulus denjenigen finden, der einst von einer noch grausameren Leidenschaft als der des Sensei gefangengenommen war, der aber später voll tiefer Liebe wie Jesus nicht davor zurückwich, „das Kreuz zu tragen". Denn sofern er einst als einer der Pharisäer, die Jesus ans Kreuz brachten, die Jünger Jesu verfolgte, so mußte sein Tod (auch wenn er nach dem heiligen Geist ein Fehlurteil war) auf seiner negativen Seite den gleichen Sinn haben wie der Tod des Sensei, der ihn als die Strafe für seine einstige Sünde, die den Freund zum Selbstmord trieb, ertrug. Die Freude des Sensei, der in seiner Jugend einmal zu Fall gekommen war und nicht wieder aufstehen konnte, der aber nun die Möglichkeit findet, das Ende des Geistes der *Meiji*-Ära durch seinen Freitod zu besiegeln, ist in gewissem Sinn nichts anderes als die Freude des Paulus, der einst nach Damaskus zog, um die Jünger Jesu zu verfolgen, dem es aber nun erlaubt war, seinem Herrn Jesus Christus nachzufolgen, „gezeichnet durch das Sterben Christi an seinem eigenen Leibe".

So werden wir in tiefes Erstaunen versetzt: Das *Kokoro* von Sōseki und die Evangelien, die zuerst nichts miteinander zu tun zu haben schienen, haben wie zwei ähnliche Figuren fast die gleiche Struktur. Der Tod Jesu und der Tod des Sensei – beide kamen uns zunächst durchaus als beinahe direkt entgegengesetzt vor! – sind nun einander so nahe gerückt, daß sich ihr Sinn letzten Endes völlig deckt. Und im Gegensatz zum Anfang, als wir die Vorbemerkung des Vermächtnisses des Sensei lasen und darin unerwartet den gleichen Ton wie in den Evangelien hörten, können wir nicht umhin, von neuem zu fragen: Worin liegt nun denn der entscheidende Unterschied zwischen dem wesentlichen Inhalt von *Kokoro* und dem der Evangelien, wenn jene äußerst wichtige Tatsache, daß der Sensei ein Sünder war, der einst seinen engsten Freund verriet, in ihrem Gegensatz zur wirklichen Sündlosigkeit Jesu vernachlässigt werden kann? Oder hat der Unterschied des Eindrucks, den diese beiden Schriften wie Licht und Schatten auf uns machen, keinen realen Grund, der in der Tiefe ihrer Sache selbst verborgen liegt, sondern seine Ursache vor allem darin, daß wir im allgemeinen alles nur oberflächlich betrachten?

Jedoch haben wir unversehens schon einen bedeutenden Hinweis auf die Antwort zu dieser Frage erhalten, als wir darüber nachdachten, warum die Haltung des Sensei und sein Vermächtnis uns so tief ans Herz rührt wie bei keinem anderen Ereignis oder einer anderen Schrift? – Um der Erleichterung oder vielmehr der sachlichen Notwendigkeit der Darstellung willen erlauben Sie mir bitte, im Voraus vom Schluß zu sprechen:

Gleichwie es nur im Prozeß der von der einstigen Missetat veranlaßten, und dann Schritt für Schritt vertieften Erkenntnis der eigenen Sünde und damit auch der menschlichen Sünde überhaupt lag, was das Leiden und den Tod des Sensei von anderen dahinter zurückbleibenden Geschehnissen und Schicksalen unterschied, so liegt nun das Entscheidende, das Trauer und Leiden Jesu bis hin zu seinem Tode von denen des Sensei unterscheidet, allein darin, daß bei Jesus die Erkenntnis der Sünde des Menschen (positiv gesagt: der Sinn für den eigentlichen Auftrag des Menschengeschlechts, dessen einer er auch selber war), viel weiter als beim Sensei reichte, ja durch einen unerhörten Sprung zum wahrhaft letzten Punkt gelangte.

## *IV. Die Belehrung des Sensei und das Evangelium Jesu*

### *1. Der Tod des Sensei und das neue Leben*

„Wir standen in der Menge. Auf allen Gesichtern schimmerte Fröhlichkeit. Bis wir dann in Welten gelangten, wo weder Kirschblüte noch Menschen zu sehen waren, fand ich keine Gelegenheit mehr, über dieses Problem mit ihm zu reden. ‚Ist Liebe ein Verbrechen?‘ fragte ich ihn plötzlich. – ‚Ein Verbrechen! Ja ganz sicher!‘ – Seine Stimme klang mit der gleichen Entschiedenheit wie vorher. – ‚Und warum?‘ – ‚Das werden Sie bald begreifen. Nein, nicht bald – im Grunde müßten Sie es jetzt schon wissen. Fühlen Sie sich denn nicht schon lange von Gefühlen der Liebe gequält?‘ – Ich gab mir Mühe, möglichst tief in mich hineinzublicken, aber es war in meinem Herzen unerwartet leer. Es gab keinerlei Anhaltspunkte für eine solche Vermutung. – ‚In mir ist nichts, was darauf schließen lassen könnte! Wirklich nicht! Und ich will Ihnen nichts verheimlichen, Sensei!‘ – ‚Ihre Unruhe kommt daher, daß Ihre Liebe noch keinen Partner hat. Sie glauben, Sie kämen zur

Ruhe, sobald Sie ihn fänden – und deswegen sind Sie immerfort auf der Suche.' – ‚Aber so viel Unruhe ist gar nicht in mir...' – ‚Suchen Sie nicht deswegen Umgang mit mir, weil Sie irgendein Ungenügen quält?' – ‚Das mag sein, aber das hat doch mit Liebe nichts zu tun!' – ‚Es ist eine Stufe hinauf zur Liebe. Bevor die Liebe Ihnen befiehlt, ein Mädchen – das andere Geschlecht also – zu umarmen, kommen Sie zu mir, dem Gefährten des gleichen Geschlechts.' – ‚Nach meinem Empfinden sind das völlig verschiedene Dinge.' – ‚Nein, sie sind gleicher Natur. Ich, ein Mann, kann Ihr Herz keinesfalls befriedigen. Außerdem bin ich – besonderer Umstände wegen – viel weniger als irgend jemand imstande, dazu beizutragen. Das tut mir wirklich leid. Ich glaube, Sie sollten sich jemand anderem zuwenden. Ich hoffe das sogar, und doch...' – Mich befiel eine seltsame Traurigkeit. – ‚Falls Sie es wünschen, daß ich mich von Ihnen zurückziehe, Sensei, werde ich das tun, aber mir wäre so ein Gedanke nie gekommen...' – Er hörte mir gar nicht zu. – ‚Seien Sie stets auf der Hut! Denn die Liebe ist ein Verbrechen! Im Umgang mit mir finden Sie zwar keine Befriedigung Ihres Herzens, doch Sie begeben sich auch nicht in Gefahr. Aber können Sie sich vorstellen, wie es ist, von langen schwarzen Haaren gefesselt zu sein?' – Ich kannte das aus meinen Phantasien, doch nicht aus Erlebnissen. Mir blieb noch immer unklar, was der Sensei unter Verbrechen verstand. Außerdem wurde mir zunehmend unbehaglich zumute. – ‚Sensei, bitte, erklären Sie mir doch, was Sie mit Verbrechen meinen! Oder Sie sprechen erst dann wieder darüber, wenn mir der Sinn dieses Wortes aufgegangen ist.' – ‚Oh, das war recht dumm von mir! Ich wollte Ihnen eine Wahrheit übermitteln, habe Sie aber nur beunruhigt. Das tut mir leid!' – Wir gingen mit langsamen Schritten von der Rückseite des Ueno-Museums aus in Richtung Uguisudani. Wir sahen in einem sich weithin erstreckenden Garten einsam und wie verloren ein niedriges Bambusgebüsch. Mit einem Mal fragte der Sensei: ‚Kennen Sie den Grund, warum ich jeden Monat einmal das Grab meines Freundes im Zoshigaya-Friedhof besuche?' – Er wußte doch, daß ich diese Frage nur verneinen konnte. Ich schwieg eine Weile. Dann fuhr er fort, als habe er mein Schweigen erst jetzt bemerkt: ‚Auch das war also nun dumm von mir. Ich wollte Ihnen alles erklären, damit Sie sich nicht weiter beunruhigen, habe aber nur erreicht, daß ich Sie noch weiter verstöre. Da ist nichts zu machen. Lassen wir das alles auf sich beruhen. Aber: die Liebe ist ein Verbrechen! Glauben Sie mir! Und sie ist auch etwas Heiliges!'" (S. 46–49)

Wie lebhaft und ergreifend sind alle diese Worte und die Haltung des „nicht mehr in dieser Welt seienden" Sensei im Herzen seines Schülers zu neuem Leben *erweckt* worden. Dieser las seinen Brief im dröhnenden Zug dritter Klasse Wort für Wort. Daß die Zeit vorübergeht, heißt sonst im allgemeinen nichts als Vergessen. Soweit es aber den Sensei betrifft, erging es dem jungen Mann ganz umgekehrt. Je weiter die Zeit vorüberging, desto klarer erstand in seinem Gedächtnis der verstorbene Sensei. Er erinnerte sich auch an geringfügige Handlungen und Gesichtszüge, die er früher gar nicht bemerkt hatte. Und die Worte des Sensei, die in seiner Lebenszeit für ihn nur bedrohende Rätsel oder höchstens abstrakte Begriffe waren, wurden alle und jedes zum lebendigen Licht, das seinen gefährlichen Lebensweg erleuchtete.

„Ich mußte unbedingt und auf der Stelle Gewißheit haben, ob der Sensei noch am Leben war. Genaueres über seine Vergangenheit, diese halbdüstere Vergangenheit zu erfahren, die zu ‚enthüllen' er mir einst versprochen hatte, fand ich unnötig." (S. 185)

Das reine Herz des Jünglings, der so empfand in dem Augenblick, als er in seinem Elternhaus den Entschluß des Sensei zu sterben erfuhr, hat sich auch nachher nicht im geringsten verändert. Seine Trauer, daß der Sensei für ewig ihm verloren gegangen war, sein Verlangen, den Sensei im Leben noch einmal zu sehen, wird mit der Zeit immer tiefer und heißer. Trotz all dem steht der Sensei jetzt erst wirklich bei ihm, ohne jeglichen düsteren Schatten oder unüberwindlichen Graben zwischen ihnen zu lassen. Das letzte Gebet des Sensei ist erhört. Das neue Leben wohnt im Herzen des Schülers, strömt über, weiter und weiter, bis daß es zu einer großen und schönen Geschichte wird, die nicht nur diesem Schüler selbst, sondern auch uns Japanern, ja allen Menschen dieser Welt mitteilt, was das Geheimnis des menschlichen Herzens eigentlich ist.

## 2. *Die Liebe und die Sünde – Erfahrungen des Sensei (Zusammenfassung)*

(In diesem Abschnitt erläutert Takizawa die gegensätzliche Erfahrung des Sensei, daß Liebe einerseits etwas Heiliges ist, andererseits ein Verbrechen. Beides gilt in uneingeschränktem Maße: „Wenn das Wort des Sensei ‚Die Liebe ist heilig' als eine Tatsache streng akzeptiert wird, erst dann erfassen wir das andere Wort desselben Sensei: ‚Aber glauben Sie mir: Liebe ist ein Verbrechen!' in seinem vollen Gewicht. Wenn er sagt: ‚Liebe ist ein Verbrechen' sagt er nicht etwas Neues, indem er etwa sein erstes Wort ‚Liebe ist heilig' ein bißchen auflockert. Nicht eine Liebe, die nur zügelloser Geschlechtstrieb oder ein selbstsüchtiges Mittel ist, um eine Anstellung, um Geld oder Ehre zu gewinnen, oder eine eitle Sehnsucht nach leiblicher Schönheit und geistiger Entfaltung in Kunst und Wissenschaft, sondern gerade die wirkliche Liebe, die fast dem Glauben gleicht, die von religiösem Empfinden nicht wesentlich verschieden ist, die absolut selbstlos und opferbereit ist, – diese Liebe als solche ‚ist ein Verbrechen' – so und nicht anders meint es der Sensei."

Die Liebe des Sensei ist darum heilig, weil sie „das notwendige Suchen nach erfülltem Leben" ist, die „Quelle des Lebens, worin das vulgär weltliche Leben aufhört". Doch auf diese Weise war „dieses Mädchen ... für ihn absolut notwendig", ohne sie hätte er seinen „Seinsgrund" verloren. Darum konnte er es auch nicht hinnehmen, daß sein Freund oder irgend ein anderer Mann ihr nahekam. So beging er „gerade wegen seiner brennenden, reinen

Liebe“ die Sünde, seinen Freund bewußt in die Verzweiflung zu treiben. Die Erkenntnis der Tatsache, daß er, der „sich selber vertraute, auch nicht viel anders als sein Onkel war, der ihn damals betrogen hatte“ und daß dies nicht allein die eigene, vielmehr „die Sünde des Menschen überhaupt“ war, ließ ihn in tiefste Schwermut und Einsamkeit verfallen.)

### 3. *Die Sünde und der Mensch – die Belehrung des Sensei*

Wir verstehen vielleicht erst jetzt, daß die Ermahnung des Sensei „Aber: die Liebe ist ein Verbrechen! Glauben Sie mir! Und sie ist auch etwas Heiliges!“ (S. 49) nicht einer bloßen Idee entsprang, sondern eine lebendige Tatsache ausdrückte, ebenso wie auch seine Worte:

> „Die Menschen auf dem Lande sind eher schlechter als die Städter. Sie sagten eben, unter Ihren Verwandten sei wohl niemand, den man als schlecht bezeichnen könne. Aber glauben Sie denn, daß es auf dieser Welt eine Gattung Menschen gibt, die von Natur aus böse ist? Nein, das ist unmöglich. Im Grunde sind es alle gute oder doch wenigstens ganz gewöhnliche Menschen. Das Furchtbare ist aber, daß sie mit einem Schlag, unerwartet plötzlich sich in schlechte verwandeln können! Aus diesem Grunde muß man sich vor ihnen hüten!“

Die Sünde des Menschen ist weder „Anlage“ noch „Charakter“. Sie ist überhaupt nicht etwas, das irgendjemandem besonders zu eigen wäre, wie man doch im allgemeinen meint. Es gibt nirgendwo einen von Grund auf bösen Menschen. Jedoch heißt es auch nicht, daß es irgendeinen Menschen irgendwo gibt oder gab, auf den man sich ganz sicher verlassen dürfte. Daß die Menschen im Grunde alle „gute oder doch wenigstens ganz gewöhnliche Menschen“ sind, gibt noch lange nicht dem Optimismus recht, daß die eigentliche Natur des Menschen immer gut sei. Im Gegenteil: daß alle Menschen in ihrem Alltagsleben wenigstens ganz gewöhnliche Menschen sind, weist vielmehr darauf hin, daß wir alle uns im allgemeinen gar nicht darum kümmern, was eigentlich gut oder böse sei, sondern nur konventionell dahinleben, gleichsam instinktiv, wie die Tiere. Es gibt aber eine Zeit, wo das *Bewußtsein von Gut und Böse* erwacht, indem der Mensch über das herkömmliche formale Urteil hinaus sein eigenes Urteil im eigentlichen Sinne bildet. Der Mensch schreitet dann über das bisherige gedankenlose Leben hinaus, richtet selbst ein neues Kriterium auf, das, ungeachtet dessen, ob es ein von seinen ehrbaren Vorfahren überliefertes Gesetz oder ein Mensch ist, dem er erst gestern begegnete – oder was es sonst auch sein möge! – auf alle Fälle etwas Heiliges ist. Nach diesem Kriterium will er nun leben, bemüht, sich das Gute anzueignen und das Böse zurückzuweisen. Nur so fühlt er sich als ein Mensch, der im Unterschied zu den meisten Leuten dieser

Welt ein festgegründetes, schöpferisch-kämpferisches Leben führt. In der Tat sind der Fortschritt der Welt und die Entwicklung des öffentlichen Lebens des Volkes durch die leidenschaftliche Arbeit solcher Menschen angeregt und vollzogen worden. Eben diese Menschen – voll reiner schöpferischer Leidenschaft – sind es, die als „Heroen" des Volkes oder „Genies" der Welt verehrt worden sind. Jedoch zeigen die Erfahrung und das Vermächtnis des Sensei unabweisbar, daß selbst eine solche Elite des Menschengeschlechtes in ihrer äußersten Not von der Versuchung der Sünde gar nicht frei sein kann. Vielmehr wird deutlich, daß, je reiner und stärker die Leidenschaften sind, desto feiner und grausamer die Versuchung der Sünde wird. Und wenn man einmal dieser Versuchung unterliegt, dann wird man sofort in den finsteren Abgrund gestoßen, aus dem man nie mehr herausfinden kann. Der arme Sensei war schon in einen solchen Abgrund gestürzt, als er angesichts des Todes seines Freundes plötzlich zu sich selbst erwachte.

„Mein erster Eindruck war fast der gleiche wie damals, als er mir überraschend seine Liebe gestand. Kaum hatten meine Augen das Innere des Zimmers überflogen, da verloren sie, als seien sie zu Glas erstarrt, alle Kraft, sich zu bewegen. Wie angewurzelt stand ich da. Und nachdem dies alles gleich einem Wirbelwind vorbeigerauscht war, wurde ich mir der entsetzlichen Lage bewußt, in der ich mich befand. Ich ahnte dunkel, daß etwas Furchtbares, etwas, das nie wieder gutgemacht werden konnte, geschehen war. Ich begann zu zittern. – Trotzdem konnte ich mich nicht völlig vergessen. Mit einem Mal entdeckte ich einen Brief auf dem Tisch. Er war, wie ich erwartet hatte, an mich gerichtet. Hastig riß ich den Umschlag auf. Aber es stand nicht das darin, was ich gefürchtet hatte. Ich war gefaßt gewesen, lange Anklagen vorzufinden, die mich tief verletzten, und ich hatte gebangt, die Frau und ihre Tochter würden mich verachten, wenn sie das lasen. Erleichtert atmete ich auf. (Selbstverständlich war mir nur der Außenwelt gegenüber geholfen, aber dieser äußere Schein war mir ungeheuer wichtig!)." (S. 333–334)

Erst als all diese Bemühungen, vom Abgrund loszukommen, nach und nach scheiterten, kam der Sensei dazu, den Grund für den Selbstmord seines Freundes wahrhaft zu verstehen.

„In dieser Zeit sann ich viel darüber nach, aus welchem Grund sich K. wohl das Leben genommen hatte. Als er starb, war ich zu sehr von meiner Sehnsucht nach dem Mädchen beherrscht und glaubte, er habe sich aus enttäuschter Liebe umgebracht, doch als ich mich beruhigt hatte, erkannte ich, daß es sich viel komplizierter verhielt. Es handelte sich bei ihm wohl um einen Konflikt zwischen Ideal und Wirklichkeit, doch reichte dies nicht aus, seinen Selbstmord zu motivieren. Plötzlich stellte ich mir die Frage, ob er sich nicht vielleicht so einsam wie ich gefühlt hatte und deswegen aus dem Leben geschieden war. Mir schauderte, und es beschlich mich die furchtbare Ahnung, daß ich eines Tages den gleichen Weg wie er zu gehen hatte." (S. 349–350)

An jenem fröhlichen Nachmittag, als der Sensei im Wald von Ueno beim Spaziergang mit starkem Ton wiederholte: „Liebe ist ein Verbrechen! Ja, ganz sicherlich!“, als er seinem Schüler, der ihn dann fragte „Und warum?“, erwiderte: „Das werden Sie bald begreifen. Nein, nicht bald – im Grunde müßten Sie es jetzt schon wissen. Fühlen Sie sich denn nicht schon lange von Gefühlen der Liebe gequält?“, als er, weiter, der hitzigen Behauptung seines Schülers „In mir ist nichts, was darauf schließen lassen könnte! Wirklich nichts! Und ich will Ihnen nichts verheimlichen, Sensei!“ entschieden entgegnete und erklärte: „Ihre Unruhe kommt daher, daß Ihre Liebe noch keinen Partner hat. Sie glauben, Sie kämen zur Ruhe, sobald Sie ihn fänden – und deswegen sind Sie immerfort auf der Suche“ – als dies alles geschah, da breitete sich schon heimlich die oben erwähnte Einsamkeit aus, in die der Sensei unversehens hineingeworfen worden war. Von diesem Standort zurückblickend, wird es offenbar, daß die reine Leidenschaft des Menschen (die heilige Liebe) von einer unfaßbar-unergründlichen Tiefe her aufsprießt und sich, völlig ungeachtet des Zieles, das sie eigentlich meint, an einer unsagbar feinen Grenze plötzlich in ihr Gegenteil, in häßlichstes, grausamstes Begehren verwandelt. Was „heilig“ und zugleich „Sünde“ ist, ist nicht nur die Liebe zwischen Mann und Frau. Der Sensei sagt seinem Schüler, der für ihn schwärmt: „Seien Sie stets auf der Hut! Denn die Liebe ist ein Verbrechen! Im Umgang mit mir finden Sie zwar keine Befriedigung Ihres Herzens, doch begeben Sie sich auch nicht in Gefahr. Aber können Sie sich vorstellen, wie es ist, von langen schwarzen Haaren gefesselt zu sein?“ (S. 48). Was aber den Menschen fesselt, sind nicht immer „lange schwarze Haare“. Daß bei der Leidenschaft dieses Schülers dem Sensei gegenüber keine Gefahr droht, gilt nicht im Allgemeinen für die Verehrung eines Lehrers. Vielmehr entsteht hier keine Gefahr, weil der betreffende Lehrer eben der Sensei ist, der von dieser Gefahr weiß. Aber trotz der oft wiederholten Ermahnung des Sensei ist es für den Hörenden schwer, die Gefahr der Leidenschaft zu verstehen, geschweige denn sie auszurotten. Als der Schüler meint: „Das mag sein, aber das hat nichts mit Liebe zu tun“, zeigt ihm der Sensei die Gefahr mit dem entscheidenden Wort auf: „Nein, sie sind gleicher Natur.“ In dieser einen Hinsicht kann keine Liebe, keine Leidenschaft des Menschen eine Ausnahme machen, ganz gleich, ob sie sich auf seine Frau, seine Kinder, seine Lehrer, seine Wissenschaft, seine Kunst oder irgendetwas sonst beziehen mag. Von hier aus gesehen, stellt sich die Frage, ob nicht selbst die vulgärsten Begehren der Welt, z. B. das wahnsinnige Hängen an Geld oder das „niedere“ sexuelle Verlangen, keineswegs an sich selbst böse sind, sondern nur Folgen jener heimlichen und fatalen Täuschung, die einen Menschen in dem Augenblick überfällt, wo er noch keinen wirklichen „Gegenstand" der Liebe gefunden hat und glaubt, sich in einem solchen Begehren beruhigen zu können? – Übrigens, wenn sich die meisten Leute im täglichen Leben mit einem herkömmlichen formalen Urteil zufrieden geben, ohne zu einem klaren Kriterium des Guten und Bösen zu erwachen, so bedeutet das gewiß einerseits, daß sie eben „ganz gewöhnliche Menschen" in einer harmlosen Volksmenge sind. Andererseits aber wird ohne Zweifel deutlich, daß sie schon lange von eben jener Täuschung gefangen genommen worden sind. Ist es nicht ein offensichtliches Zeichen dafür, wenn die Volksmenge sich hier angesichts von „Heroen" und „Genies", dort von „Verbrechern" und „Wahnsinnigen" gleicherweise und ausnahmslos erregen läßt? Eben darum mußte der Sensei zu seinem Entsetzen schließlich entdecken, daß er, der fest überzeugt war, selber – so schlecht die Welt auch sein mag – ein vertrauenswürdiger Mensch zu sein, gar nicht anders war als sein Onkel, der ihn betrogen hatte.

Dies war in der Tat *„das Herz"* des eigenen Selbst, das der Sensei mit seinem Blut seinem Schüler schenkte, – *die Tatsache des Menschseins,* auf die der Verfasser des *Kokoro* die ganze Welt aufmerksam machen wollte (vgl. die Ankündigung des Buches *Kokoro*!).

### *4. Probleme, die noch ungelöst bleiben*

Doch glaubte der Sensei an das reine Herz des Menschen, obgleich er selber in solchem Tal der Tränen blieb. Je mehr er sich selbst unrein fühlte, desto inniger wünschte er, daß die Erinnerung seiner Frau an ihn so rein wie möglich bliebe (S. 360). Außerdem legte er Hoffnung in das reine Herz des Jünglings und opferte ihm sein eigenes Leben, um es zu schützen und aufzuziehen (S. 107–111; 193–195). Beim Sensei war also der Gegenstand des Glaubens (das Heilige, die letzte Stütze des menschlichen Lebens) bis auf den Tag seines Todes durchaus der bestimmte, reine Zustand des menschlichen Herzens; was die innige Beziehung zwischen den Menschen zerreißt, ist folglich nur eine einmal begangene Missetat oder ein einmal aufkommender „böser Wille". Es gibt letzten Endes nichts, außer jene guten Taten, die aus einem guten, erhabenen Willen und den ihm entsprechenden Worten folgen, was das „reine Herz" des Menschen schützen und die einmal entstandenen Risse heilen kann.

Der Gott, der hoch im Himmel wohnt und nichts Gemeinsames mit den hier und jetzt leiblich existierenden Menschen hat, oder der stereotype Heilige oder Gute und der ebenso stereotype, von diesem getrennte Böse oder Sünder, oder auch die ewig feste Verbindung zwischen den Menschen, die von irgendeiner Blutsverwandtschaft oder durch die Gemeinsamkeit ihrer Fähigkeiten herkommt – ja sogar die Wiederherstellung des Friedens zwischen Gott und Mensch, die vom geheimen Willen Gottes vollzogen wird, – wie klar und tief ist im Vergleich mit all solchem mythologischen „Glauben“ jener Einblick des Sensei, der nichts besonders Hohes zur Schau stellt, ins unfaßbare *Herz* des eigenen Selbst und in die unergründliche Tatsache des Menschseins! Man könnte wohl sagen: Sein Verfahren ist so streng wissenschaftlich, daß es nichts Mysteriöses oder Heiliges gelten läßt, das nicht durch Fakten und Erfahrungen nachgewiesen wird. Aber gerade dadurch ist es, im Unterschied zu allen modernen Gelehrten, die auf ihre Wissenschaftlichkeit und Humanität stolz sind, so ernsthaft moralisch, daß es uns keinen Raum für Entschuldigung und Selbstgefälligkeit läßt. Wenn wir unser eigenes Herz auf diese Weise erfassen, m.a.W. wenn sich diese Tatsache des Menschseins selbst in und weit außerhalb unseres Landes kundtut, wie viel eitler Dünkel, unnötige Kriecherei, folglich auch düstere, unnütze, grausame Kämpfe zwischen Einzelnen, Völkern und der ganzen Menschheit könnten von dieser Welt verschwinden! Statt all dieser Selbstsucht – wieviel bescheidene Barmherzigkeit, unentbehrlicher Mut, reine, fruchtbare Schöpferkraft und wirklicher, notwendiger Kampf könnten in dieser Welt entstehen! Das Leben des Sensei bis zu seinem Tode, das in seinem unsagbaren Kummer und Leid doch immer tiefer in die Wahrheit des Menschen eindringt, weist das zur Genüge auf.

Wenn aber unser *Glaube* auf das Lichte gründet, das der Sensei in der Erinnerung seiner Frau an die vergangene Zeit sah, wenn unsere *Hoffnung* auf das Zukünftig-Reine, wie der Sensei es im Entschluß seines jungen Schülers fand, ausgerichtet wird, könnte unsere *Liebe* in Wirklichkeit die wahre Liebe sein, die sich nicht bläht, die nicht eifert, die sich nicht erbittert, die alles verträgt, die zugleich der alles schaffende Mut ist? Wie würde es sein, wenn einmal das Lichte in der Erinnerung der Frau des Sensei, das für ihn noch köstlicher als sein Leben war, von außen oder von innen, durch ein unerwartetes Ereignis oder durch eine absichtliche Einflüsterung plötzlich befleckt wird? Oder, wenn es geschähe, daß die Lauterkeit des jungen Schülers, um deretwillen er sein eigenes Leben opferte, eines Tages in einem Nu verloren ginge? Und wenn dies als die notwendige Folge der unfaßlichen Versuchung der Sünde oder als ein Unglück sich ereignete, das letzten Endes kein Mensch mit seiner eigenen Selbstbeherrschung oder moralischen Reinheit von sich zurückweisen kann? Kurz, wenn der Zustand des Freundes und schließlich des Sensei selbst schließlich das für uns alle unvermeidliche Schicksal wäre? – Könnten wir dennoch die Tatsache, daß wir als Menschen geboren sind, ertragen, ohne es zu verfluchen? Würden uns nicht nach und nach Feigheit, Vernachlässigung, stumpfe Arroganz und feurige Eifersucht überfallen?

Wenn man von hier aus zurückblickt, ist zu fragen: Steckte nicht noch eine andere, besondere Ursache in der Tatsache, daß der Sensei seiner Frau nicht alles, wie es wirklich war, gestehen konnte? Wo er doch nicht im geringsten die Absicht hatte, sich seiner Frau als wertvoller hinzustellen, als er etwa sein mochte, und er ganz sicher war, daß sie ihm mit Tränen verzeihen würde? (S. 344–347). Hängt nicht jene andere Ursache so unverhofft wie eng mit jenem wunderlichen Wort des Sensei zusammen, das er seinem Schüler beim Versprechen, ihm die eigene Vergangenheit zu gestehen, sagte: „Aber meine Erfahrungen werden Ihnen vielleicht nicht von großem Nutzen sein" (S. 107); und auch mit den unklaren Zeilen am Ende seines Geständnisses: „Ebenso, wie ich das Motiv des Generals *Nogi*, zu sterben, nicht völlig verstehen kann, werden vielleicht auch Sie nicht restlos begreifen, warum ich aus dem Leben scheide. Dies rührt wohl daher, daß die Verschiedenheit der Generationen zu auseinanderweichenden Auffassungen führt, und daran läßt sich nichts ändern. Doch hängt dies mehr noch mit den verschiedenen Charakteren zusammen, mit denen jedes Individuum geboren wird. Jedenfalls glaube ich, daß ich in diesem langen Brief alles so, wie ich wollte, zum Ausdruck bringen konnte, und mein Bestes tat, mich Ihnen verständlich zu machen" (S. 358)? –

Romane, Briefe, Tagebuch und Fragmente des Verfassers *Sôseki* selbst zeigen, wie mir scheint, klar auf, daß die eben erwähnte Vermutung zutrifft. Jetzt aber, all dieses beiseite, ist es notwendig, zum Thema dieser Vorlesung zurückzukehren und möglichst klar zu erzählen, was „das Evangelium Jesu" eigentlich ist. Denn das Evangelium Jesu ist gerade dasjenige, was nicht nur die Belehrung des Sensei in sich enthält, sondern darüber hinaus auch die Lösung der restlichen, im *Kokoro* enthaltenen Probleme, genauer gesagt: deren Auflösung bringt.

### 5. *Jesu Anschauung vom Menschen – erstaunliche Übereinstimmung mit derjenigen des Sensei*

„Und es begab sich, daß Jesus wandelte am Sabbat durch die Saat; und seine Jünger fingen an, indem sie gingen, Ähren auszuraufen. Und die Pharisäer sprachen zu ihm: Siehe zu, was tun deine Jünger am Sabbat, das nicht recht ist? Und er sprach zu ihnen: Habt ihr nie gelesen, was David tat, da es ihm not war und ihn hungerte samt denen, die bei ihm waren? Wie er ging in das Haus Gottes zur Zeit Abjathars, des Hohenpriesters, und aß die Schaubrote, die niemand durfte essen denn die Priester, und er gab sie auch denen, die bei ihm waren? Und er sprach zu ihnen: Der Sabbat ist um des Menschen willen gemacht, und nicht der Mensch um des Sabbats willen. So ist des Menschen Sohn ein Herr auch des Sabbats." Mk 2,23–28

Dieses entscheidende Urteil über den Sabbat, den die Juden als den Tag, an dem Gott der Schöpfer ausruhte von seinen Werken, seit alters her streng beachteten, zeigt besonders klar, daß das Interesse des „Christus" Jesus immer auf *den Menschen* selbst, der an einem bestimmten Ort und in einer bestimmten Zeit lebt, gerichtet war, nicht aber auf das historische Alter des gegebenen Gesetzes oder auf die Feierlichkeit religiöser Rituale oder auf die allgemeinen Meinungen des Volkes. Übrigens gab es für Jesus, soweit es die Rettung, die wahre Ruhe und Gerechtigkeit des Menschen betrifft, keinen *besonderen* spezifisch privilegierten Menschen, weder aus verwandtschaftlichen, geschichtlichen oder gesellschaftspolitischen Gründen noch auch religiös-moralischen. Unter zahlreichen Überlieferungen sind hier besonders zwei einander verwandte Texte aus dem Lukasevangelium zu nennen:

„Jesus ging durch die Städte und Dörfer und lehrte und nahm seinen Weg nach Jerusalem. Es sprach aber einer zu ihm: Herr, meinest du, daß wenige selig werden? Er aber sprach zu ihnen: Ringet danach, daß ihr durch die enge Pforte eingehet; denn viele werden, und das sage ich euch, danach trachten, wie sie hineinkommen und werden's nicht können. Von da an, wenn der Hausherr aufgestanden ist und die Tür verschlossen hat und ihr dann anfanget, draußen zu stehen und an die Tür zu klopfen und zu sagen: Herr, tu uns auf! wird er antworten und zu euch sagen: ich kenne euch nicht, wo ihr her seid. So werdet ihr dann anfangen zu sagen: wir haben vor dir gegessen und getrunken, und auf unseren Gassen hast du gelehrt. Und er wird zu euch sagen: ich weiß nicht, wo ihr her seid; weichet alle von mir, ihr Übeltäter! Da wird sein Heulen und Zähneklappern, wenn ihr sehen werdet Abraham und Isaak und Jakob und alle Propheten im Reich Gottes, euch aber hinausgestoßen. Und es werden kommen vom Osten und vom Westen, vom Norden und Süden, die zu Tische sitzen werden im Reich Gottes. Und siehe, es sind Letzte, die werden die Ersten sein, und sind Erste, die werden die Letzten sein." (Lk 13,23–30)

„Jesus sagte aber zu etlichen, die sich selbst vermaßen, daß sie fromm wären, und verachteten die andern, dies Gleichnis: Es gingen zwei Menschen hinaus in den Tempel, zu beten, einer ein Pharisäer, der andere ein Zöllner. Der Pharisäer stand und betete bei sich selbst: Ich danke dir, Gott, daß ich nicht bin wie die anderen Leute, Räuber, Ungerechte, Ehebrecher oder auch wie dieser Zöllner. Ich faste zweimal in der Woche und gebe den Zehnten von allem, was ich einnehme. Und der Zöllner stand von ferne, wollte auch seine Augen nicht aufheben gen Himmel, sondern schlug an seine Brust und sprach: Gott, sei mir Sünder gnädig! Ich sage euch: dieser ging hinab gerechtfertigt in sein Haus, nicht jener. Denn wer sich selbst erhöht, der wird erniedrigt werden; und wer sich selbst erniedrigt, der wird erhöht werden." (Lk 18,9–14)

Besonders die letzte, so schöne Erzählung läßt uns an den Schreck und die Trauer des Sensei denken, der fest überzeugt war, ein vertrauenswürdiger Mensch zu sein, wie schlecht die Welt im übrigen auch immer sein mochte, und der dann erfuhr, daß er selber „nicht wert war, die Augen aufzuheben". Ähnlich wie der Sensei, nach dem sich sein Schüler so sehnte, mit seinem listigen Onkel im selben Dorf lebte, so hielt sich auch Jesus, den seine Jünger als den „Herrn" verehrten, bei den Zöllnern und Sündern auf. Und das bedeutete keineswegs, daß er Anteil genommen hätte an den „Freuden der Volksmenge", daß er auf diese, durchaus bedenkliche Weise zur „Vergebung" bereit gewesen sei. Sein Verhalten enthielt vielmehr in sich die schonungslose Kritik und strenge Ermahnung gegen die Gefahr bloßer „humaner Gefühle" und eifernder Leidenschaft – Gefahren, die von der Welt im allgemeinen nicht beachtet werden, „Tugenden", die oft hochgelobt werden. – So scheint es auch bei Jesus, daß sein *Gericht* über die Sünde und den Dreck des Menschen desto strenger wird, je tiefer er zu den Zöllnern und Sündern hinabsteigt. Seine Reden z.B. über die Ehe und das Verhältnis zwischen Eltern und Kindern zeigen das in aller Deutlichkeit:

„Ihr habt gehört, daß gesagt ist: ‚Du sollst nicht ehebrechen.' Ich aber sage euch: Wer eine Frau ansieht, ihrer zu begehren, der hat schon mit ihr die Ehe gebrochen in seinem Herzen. Wenn dir aber dein rechtes Auge Ärgernis schafft, so reiße es aus und wirf's von dir. Es ist dir besser, daß eins deiner Glieder verderbe und nicht der ganze Leib in die Hölle geworfen werde. Wenn dir deine rechte Hand Ärgernis schafft, so haue sie ab und wirf sie von dir. Es ist dir besser, daß eins deiner Glieder verderbe und nicht der ganze Leib in die Hölle fahre. Es ist auch gesagt: ‚Wer sich von seiner Frau scheidet, der soll ihr geben einen Scheidebrief.' Ich aber sage euch: Wer sich von seiner Frau scheidet, es sei denn wegen Ehebruchs, der macht, daß sie die Ehe bricht; und wer eine Geschiedene freit, der bricht die Ehe." (Mt 5,27–32)

„Es versammelten sich bei Jesus die Pharisäer und etliche von den Schriftgelehrten, die von Jerusalem gekommen waren. Und sie sahen etliche seiner Jünger mit unreinen Händen, das heißt: ohne Waschung der Hände, ihr Brot essen. Denn die Pharisäer und alle Juden essen nicht, sie waschen denn die Hände mit einer Handvoll Wasser und halten so die Satzungen der Ältesten; wenn sie vom Markt kommen, essen sie nicht, sie waschen sich denn. Und es sind viele andere Dinge, die sie zu halten angenommen haben, wie: Trinkgefäße und Krüge und Kessel zu waschen. Da fragten ihn die Pharisäer und Schriftgelehrten: Warum handeln deine Jünger nicht nach den Satzungen der Ältesten, sondern essen ihr Brot mit unreinen Händen? Er aber sprach zu ihnen: Gar fein hat von euch Heuchlern Jesaja geweissagt, wie geschrieben steht: ‚Dies Volk ehrt mich mit den Lippen; aber ihr Herz ist ferne von mir. Vergeblich dienen sie mir, weil sie lehren solche Lehren, die nichts als Menschengebote sind.' – Ihr verlasset Gottes Gebot und haltet den Menschen Satzungen. Und er sprach zu ihnen: Gar fein hebt ihr Gottes Gebot auf, auf daß ihr eure Satzungen haltet. Denn Mose hat gesagt: ‚Du sollst deinen Vater und deine Mutter ehren', und: ‚Wer Vater und Mutter flucht, der soll des Todes sterben.' Ihr aber sagt: Wenn einer spricht zu Vater oder Mutter: Korban, das heißt Opfergabe, soll sein, was dir sollte von mir zukommen – so laßt ihr ihn hinfort nichts tun für seinen Vater oder seine Mutter und hebt so Gottes Wort auf durch eure Satzungen, die ihr aufgestellt habt; und dergleichen tut ihr viel." (Mk 7,1–13)

Dabei richtet sich diese Strenge Jesu nicht nur gegen die Schriftgelehrten und Pharisäer, die ihn als Gotteslästerer und Landesverräter verfolgten, sondern auch gegen seine eigenen Jünger, ja vor allem *gegen sich selbst*.

„Es werden nicht alle, die zu mir sagen: Herr, Herr! in das Himmelreich kommen, sondern die den Willen tun meines Vaters im Himmel. Es werden viele zu mir sagen an jenem Tage: Herr, Herr, haben wir nicht in deinem Namen geweissagt? Haben wir nicht in deinem Namen böse Geister ausgetrieben? Haben wir nicht in deinem Namen viele Taten getan? Dann werde ich ihnen bekennen: Ich habe euch nie gekannt; weichet von mir, ihr Übeltäter!" (Mt 7,21–23)

„Da kam Jesus in die Gegend von Cäsarea Philippi und fragte seine Jünger und sprach: Wer sagen die Leute, daß des Menschen Sohn sei?... Da antwortete Simon Petrus und sprach: Du bist Christus, des lebendigen Gottes Sohn! Und Jesus antwortete und sprach zu ihm: Selig bist du, Simon, Jonas Sohn; denn Fleisch und Blut hat dir das nicht offenbart, sondern mein Vater im Himmel. Und ich sage dir auch: Du bist Petrus, und auf diesen Felsen will ich bauen meine Gemeinde, und die Pforten der Hölle sollen sie nicht überwältigen... Seit der Zeit fing Jesus Christus an und zeigte seinen Jüngern, wie er müßte hin nach Jerusalem gehen und viel leiden von den Ältesten und Hohenpriestern und Schriftgelehrten und getötet werden und am dritten Tage auferstehen. Und Petrus nahm ihn zu sich, fuhr ihn an und sprach: Herr, das verhüte Gott! Das widerfahre dir nur nicht! Er aber wandte sich um und sprach zu Petrus: Hebe dich, Satan, von mir! Du bist mir ein Ärgernis; denn du meinst nicht, was göttlich, sondern was menschlich ist." (Mt 16,13–23)

Wir müssen immer wieder daran denken, daß jenes „Hebe dich, Satan, von mir! Du bist mir ein Ärgernis" den Jünger Petrus wie ein Donnerschlag traf gerade in dem Augenblick, in dem sein Glaube an Jesus, sein Vertrauen auf ihn Höhe und Tiefe des Bekenntnisses gewonnen hatte. (Dabei mag man sich auch an jene seltsame Geschichte erinnern, die uns im Markusevangelium überliefert ist: daß Jesus, gleich nachdem er von Johannes getauft worden war und am Jordan die Stimme vom Himmel herab hörte „Du bist mein lieber Sohn, an welchem ich Wohlgefallen habe", vom Geist in die Wüste geführt wurde, um dort vom Teufel versucht zu werden!) – Für Jesus wie auch für den Sensei konnte es keinen heiligen Menschen noch irgendwelche Verhältnisse in dieser Welt geben, die von der Versuchung der Sünde einfach frei wären. Im Gegenteil, je heiliger und reiner diese Menschen und Verhältnisse sich darstellen – und mögen sie dabei auch mit besonderen Geschichten und jenem Glanz geschmückt sein, der die Menschen hoffen läßt – desto listiger und grausamer überfällt sie die Versuchung zur Sünde. Die Zöllner und Sünder dieser Welt sind nur die „Geringsten" gegenüber jenen Mächtigen, die sie zur Sünde verführen und längst selbst zuvor vom Teufel gefangengenommen worden sind. Darum wendet sich ihnen Jesus zu wie den Kindern, mit Worten einer zarten und starken Liebe (hören wir darin nicht auch etwas von der tiefen Trauer des Sensei, der sich seiner Frau erbarmt?):

> „Zu derselben Stunde traten die Jünger zu Jesus und sprachen: Wer ist doch der Größte im Himmelreich? Jesus rief ein Kind zu sich und stellte es mitten unter sie und sprach: Wahrlich, ich sage euch: Wenn ihr nicht umkehrt und werdet wie die Kinder, so werdet ihr nicht ins Himmelreich kommen. Wer nun sich selbst erniedrigt wie dies Kind, der ist der Größte im Himmelreich. Und wer ein solches Kind aufnimmt in meinem Namen, der nimmt mich auf. Wer aber Ärgernis gibt einem dieser Kleinen, die an mich glauben, dem wäre besser, daß ein Mühlstein an seinen Hals gehängt und er ersäuft würde im Meer, wo es am tiefsten ist... Sehet zu, daß ihr nicht jemand von diesen Kleinen verachtet. Denn ich sage euch: Ihre Engel im Himmel sehen allezeit das Angesicht meines Vaters im Himmel. Denn des Menschen Sohn ist gekommen, selig zu machen, was verloren ist. – Was meint ihr? Wenn irgendein Mensch hundert Schafe hätte und eins unter ihnen sich verirrte: läßt er nicht die neunundneunzig auf den Bergen, geht hin und sucht das verirrte? Und wenn sich's begibt, daß er's findet, wahrlich, ich sage euch, er freut sich darüber mehr als über die neunundneunzig, die nicht verirrt sind. Also ist's auch bei eurem Vater im Himmel nicht der Wille, daß eins von diesen Kleinen verloren werde." (Mt 18,1–14)

## 6. *Die Belehrung des Sensei und das Evangelium Jesu – der entscheidende Unterschied zwischen beiden*

Wir können also nicht umhin, im Sensei von *Kokoro* und in dem Jesus der Evangelien das Gemeinsame zu sehen: In jener zarten Liebe zum Reinen, in dem feurigen Haß gegen das Unreine, in der scharfen Einsicht in das Herz des Menschen. Jedoch, gerade wenn wir uns so die Übereinstimmung klar machen, wird uns von selbst klar, wo der entscheidende Unterschied zwischen den beiden liegt. Der aufmerksame Hörer mag es schon längst gemerkt haben.

Denn wenn der Sensei auch sagt: „Ich spürte nur tief die Sünde des Menschen" (S. 352), so ist doch das Hauptinteresse des Sensei nicht auf die *Sünde selbst*, sondern nur auf verschiedene, böse Auswüchse als Folgen der Sünde gerichtet. „Die Versuchung der Sünde" beim Sensei scheint immer noch etwas bloß Zufälliges, ihm selber eigentlich Fremdes oder Unbekanntes zu sein. Damit meine ich freilich nicht, daß der Sensei in *Kokoro*, wie z.B. der Mann Sôsuke vom Roman *Mon* („Das Tor"), die von ihm selbst begangene Tat oder den unglücklichen Zustand, in den er sich selbst brachte, nur von solchen schon eingetretenen Folgen aus betrachtet. Der Sensei erkennt schon die *Sünde des Menschen* als die verborgene Ursache solcher Tat und solchen

Zustandes, und zwar nicht als eine magische Kraft oder als eine übernatürlich-metaphysische Substanz, sondern – so könnte man sagen – durchaus empirisch-wissenschaftlich als etwas, was das Gute aus irgendeinem Anlaß in einem Nu in ein Böses verwandelt. Indem sich der Sensei an den Tag erinnert, wo er seinen Freund zu seiner eigenen Wohnung umziehen ließ, sagt er zwar: „Es war einfach, wie wenn ich achtlos am Weg stand, auf dem ein Dämon schnell daherlief, um mit seinem Schatten auf einmal mein ganzes Leben zu verfinstern." Das Wort „Dämon" hat aber dabei schon einen viel genaueren, real nachweisbaren Inhalt, den man im Begriff „Kraft des Schicksals, das ein gewöhnliches Ereignis plötzlich, ohne daß der Mensch etwas dazu tut oder kann, in ein fatales verwandelt" (vor dieser „Kraft" fürchtet sich Sôsuke im Roman *Mon*!) nicht finden kann. Von jenem üblichen Glauben an irgendeine „magische Kraft" kann erst recht nicht geredet werden. Insofern trägt der Fehler des Sensei über ein „zufälliges" Ereignis, das nur ihn als einen privat-einzelnen Menschen angeht, hinaus den Charakter der „notwendigen" Folge, die einen universalen Hintergrund hat. Es mag etwas widersprüchlich klingen, aber die Sünde ist beim Sensei nicht mehr irgendeine bloß allgemeine Kraft, die als solche – ganz gleich ob sie als „Dämon", „Schicksal", „Gesellschaft" oder als sonst etwas vorgestellt wird, – mit seinem „Ich-selbst" nichts zu tun hat, sondern er ist sich ihrer völlig klar und unabweisbar als einer Wirkung *seiner eigenen Sünde* bewußt. Deshalb besucht er mehr als jener Sôsuke von *Mon* den Zen-Tempel in *Kamakura*, – mit der flüchtigen Hoffnung darauf, daß er der Fürchterlichkeit der zufällig enthüllten Folge glücklich entrinnen möchte. Dem enttäuschten Sôsuke bangt davor, von einer ähnlichen Angst auch in Zukunft in verschiedenen Formen und Graden wieder und wieder überfallen zu werden. Der Sensei will dagegen die Strafe seiner Tat aufrichtig auf sich nehmen und seinen geliebten Nachfolger vor der Wiederholung der gleichen Wirkung der Sünde schützen.

Trotzdem ist der Kampf des Sensei immer noch gegen die *Wirkung* der Sünde gerichtet, nicht gegen *die Sünde selbst*. Die Sünde selbst steht schon an der Schwelle seines Bewußtseins. Doch will er noch nicht das Problem der Sünde selbst anpacken, sondern versucht mit ganzer Kraft und Seele, einzelne Wirkungen der Sünde aufzuhalten. Das hält er für möglich – aufgrund seiner Erfahrung, auf die er in seinem Vermächtnis wie folgt reflektiert: „Ich hätte wohl zu mir selbst zurückgefunden, wenn mir jemand zugeflüstert hätte: ‚Du bist feige!'." Er glaubt auch, daß seine Frau gleich verstehen würde, woher die Entfremdung zwischen ihr und ihm kommt, wenn er ihr nur alles, was er erfahren hat und weiß, erzählen würde (S. 349). Jedoch zweifelt er andererseits heimlich und mit Recht, ob nicht die Sünde, solange sie selbst nicht in Fesseln gelegt ist, letzten Endes stärker als alles menschliche Streben zum Reinen sei, ob die Kluft zwischen Mensch und Mensch, die öde Einsamkeit des Menschen schließlich dadurch gar nicht zu ändern sei, ja um so unüberbrückbarer werde, wenn er einem anderen alles gesteht.

Ich wiederhole: Für Sôsuke von *Mon* war selbst die Folge der Sünde eine zufällige Wirkung einer fremden, unverständlichen Kraft. Darum konnte er nicht umhin, verschiedene Versuche in der Finsternis zu machen, um von dieser Wirkung loszukommen. Dagegen wollte der Sensei des Romans *Kokoro* die Wirkung dieser unfaßbaren Kraft an den Tag bringen, indem er deren Folge bewußt und entschieden auf sich nahm. Aber diese *unfaßbare Kraft*, nämlich die Sünde selbst, bleibt immer noch bestehen als etwas Unfaßbares, als etwas bloß Grundlos-Zufälliges wie das Faktum des Menschseins selbst. Insofern mußte auch im Sensei eine Art von Angst, die der des Sôsuke ähnlich ist, verbleiben: Die Sünde selbst könnte, wenn nur ihre Zeit da ist, mit noch grausameren Kunstgriffen den Menschen und seine Welt überfallen.

Der Kampf Jesu dagegen war von Anfang an über alle verschiedenen Übel hinaus direkt auf *die Sünde selbst* gerichtet. Im strikten Gegensatz zum Sensei, bei dem die Sünde nur insofern zum Problem wurde, als sie sich auf ein bestimmtes Übel bezog, sind bei Jesus alle verschiedenen Übel nur insofern ein Problem, als sie Früchte der Sünde selbst sind. Der Sensei wollte seinen lieben Schüler und andere vor der Sünde schützen, indem er die Folge der Sünde als eine eigene Sache anerkannte und gestand. Jesus dagegen will die Jünger, die ihn verehren, und alle Menschen von der Sünde selbst frei machen, indem er *die Sünde selbst als seine eigene Sache auf sich nimmt*. Für diesen Jesus, der die Sünde selbst als seine eigene Sache auf sich genommen hat, ist es kein Trost, daß er in seiner Vergangenheit nichts Böses getan hat, das ihn von seinen geliebten Jüngern unwiederbringbar entfernt hätte. Es ist ihm nicht mehr erlaubt zu hoffen, geschweige denn zu verlangen, aufgrund der Reinheit seiner ganzen Vergangenheit mit seinen Jüngern für ewig eins zu sein. Er ist sozusagen von Geburt an absolut einsam. Deshalb versuchte er nicht, durch irgendeine Tat oder Rede die sich auftuende, fürchterliche Entfernung am Ende seines Lebens zu überwinden, als nicht nur seine alten Feinde, sondern auch die von ihm geliebte Volksmenge, die Menschen, die er geheilt und ernährt hatte, gegen ihn aufstanden, ja, selbst seine treuesten Jünger, die ihm immer gefolgt waren, nun von ihm weggingen.

> „Da er verklagt ward von den Hohenpriestern und Ältesten, antwortete er nichts. Da sprach Pilatus zu ihm: Hörst du nicht, wie hart sie dich verklagen? Und er antwortete ihm nicht auf *ein* Wort, so daß sich der Statthalter sehr verwunderte." (Mt 27,12–14)

„Und er antwortete ihm nicht auf ein Wort, so daß sich der Statthalter sehr verwunderte" – das war so, wie Jesus es selbst einst gesagt hatte: „So jemand mit dir rechten will und deinen Rock nehmen, dem laß auch den Mantel. Und so jemand dich nötigt eine Meile, so gehe mit ihm zwei." (Mt 5,40–41). So mußte er nun die Folgen der Sünde, die er auf sich genommen hatte, ertragen, jene Sünde, die er als seine eigene Sache anerkannt hatte, tragen bis zum Kreuzestod.

Darum, im Unterschied zum Sensei, der sagen würde: „Wehe demjenigen, der sich geärgert hat", sagt Jesus: „Wehe *der Welt* der Ärgernisse wegen!" Über den Jammer des Sensei hinaus, der das Unglück, daß jemand sich geärgert hat, bedauert, bedauert Jesus das Unglück des Menschen selbst. Bevor er wie der Sensei versucht, die künftigen Ärgernisse aufzuhalten, erklärt er entschieden und kühl: Es muß ja Ärgernis kommen. Daß er die Sünde selbst als etwas anerkennt, was tatsächlich von ihm selber nicht zu trennen ist, heißt nichts anderes, als daß die Sünde vor seinen und aller Augen als der für das Faktum des Menschseins unvermeidliche, universale Schaden enthüllt wird.

Hätte Jesus dann aber seine Jünger und die Volksmenge nur deswegen mit sich geführt, um sie alle am Ende seines Weges mit solch harten Worten zurückzustoßen? War der große Schrei: „Eli, Eli, lama sabachthani?" nur das Geschrei der Verzweiflung des jungen Mannes, der sich selbst und die Welt bis dahin betrogen hatte? – Wir haben aber vorhin im Vergleich mit Sôsuke gesehen, daß der Sensei von *Kokoro*, als er seinen einst begangenen Fehler in seinem Herzen als seine eigene Sache anerkannte, selber schon nicht wie sein junger Schüler war, der im Begriffe stand, den gleichen Fehler zu begehen. Ja, wir haben gesehen, daß der Sensei für seine vergangene Tat nur insofern die Verantwortung auf sich nehmen konnte, als er sich von dergleichen „unbewußten" Fehlern als der eigenen Sache bewußt wurde und sich dadurch eben davon frei machen konnte. Wie könnten wir dann daran zweifeln, daß Jesus, als er in den Schrei ausbrach „Eli, Eli lama sabachthani?", selber schon mit ganzem Leib und ganzer Seele von Gott selbst aufgenommen war? Noch genauer gesagt: Er konnte nur insofern die Sünde Adams, des Menschen schlechthin, bis zum bitteren Tod als seine eigene Sache annehmen, als er tatsächlich das Kind, der Sohn Gottes, der absolute Gott selbst war. Daß er streng urteilte „Wehe der Welt der Ärgernisse wegen!", daß er ohne Zurückhaltung laut schreien konnte „Eli, Eli, lama sabachthani?", das weist darauf hin, daß er als der Sohn Gottes die Sünde der Menschen selbst auf sich genommen hat. Das war keine dialektische Theorie, sondern das einfache und entschiedene *Faktum*, die erstaunliche Tatsache, daß der sündige Sohn Josephs eo ipso der heilige Sohn Gottes ist – daß das *Evangelium*, das Wort Jesu „Deine Sünde ist vergeben!" keine Lüge ist.

Eben habe ich von dem Sensei gesprochen, der sich nur des einstigen Fehlers klar bewußt war und insofern, davon befreit, diesen innig und offen bekennen konnte. Das war ein Nachweis dafür, daß der Mensch Jesus nur als der Sohn Gottes die Sünde des Menschen selbst als solche restlos offenbar machen konnte. Das bedeutet aber natürlich nicht, daß die Wahrheit des Wortes Jesu bewiesen wird durch einen Analogieschluß, den die Herzensverfassung des Sensei nahelegt. Schon in der Belehrung des Sensei handelt es sich um eine „Tatsache", nicht etwa um eine „bloße Theorie" (S. 100). Ihr Inhalt ist keineswegs durch einen Schluß aus einem schon bekannten Gedanken zu erklären, sondern allein durch das Wort der Tatsache, auf die der Sensei selber gestoßen ist, die auch bei seinem jungen Schüler anwesend und als solche wahrnehmbar ist. Genauso ist das Evangelium Jesu selbst nur ein einfaches Faktum, „in dem kein allzu tiefer Sinn liegt" (S. 100), das Wort des Faktums, das Jesus selber war. Wer es vernehmen und aufnehmen will, der muß unbedingt selber dasselbe Wort hören, das auch bei ihm selbst erklingt. Wer aber das Wort Jesu auf solche Weise hört, der versteht sofort, daß das Evangelium Jesu – die Nachricht von der Seligkeit – nichts anderes braucht, um seine Wahrheit zu erweisen.

> „Die Jünger traten zu Jesus und sprachen: Warum redest du zu jenen in Gleichnissen? Er antwortete und sprach: Euch ist's gegeben, daß ihr die Geheimnisse des Himmelreichs verstehet, diesen aber ist's nicht gegeben. Denn wer da hat, dem wird gegeben, daß er die Fülle habe; wer aber nicht hat, dem wird auch genommen, was er hat. Darum rede ich zu ihnen in Gleichnissen. Denn mit sehenden Augen sehen sie nicht, und mit hörenden Ohren hören sie nicht; und sie verstehen es auch nicht." (Mt 13,10–13)

Wenn wir auch die Belehrung des Sensei als einen unzweifelhaften Nachweis für das Evangelium Jesu herangezogen haben, so geschah es nicht, um das Evangelium als Wahrheit Jesu zu verteidigen, sondern umgekehrt nur, um die Erfahrung und die Belehrung des Sensei als ein Gleichnis oder ein Zeichen des Evangeliums Jesu verständlich zu machen. Solange wir nur von der Herzensverfassung des Sensei ausgehen und das, was dahinter steht, suchen und erdenken, werden wir nicht umhin können, uns einer scheinbaren Beruhigung oder auch einer wahnsinnigen Verzweiflung auszuliefern. Sie müssen tief daran denken, daß das „Mysterium des Himmelreichs" nichts anderes ist als dessen „Tor", daß im Himmelreich, wo die Sünde des Menschen vernichtet ist, das Ende zugleich der Anfang, daß das *In-die-Tiefe-dieses-Himmels-Hineingehen* eo ipso das *Bis-zum-Ende-dieser-Erde-Vorangehen* ist.

Wenn wir das Evangelium Jesu wie oben erwähnt vernehmen, dann wird uns von selbst auch der entscheidende Unterschied zwischen dem *Glauben*

*Jesu* und dem des Sensei klar. Wie schon erklärt, gibt es zwischen den beiden keinen Unterschied darin, daß sie die Lauterkeit der Kinder liebten und lobten. Beim Sensei aber war der absolut heilige Gegenstand oder der Inhalt des Glaubens die *Reinheit der Kinder*, des Menschen überhaupt, ungeachtet dessen, ob es dabei um das Verhältnis zwischen König und Volk, Eltern und Kindern, Mann und Frau, Gott (Buddha) und Mensch (wie bei seinem Freund K., der nach dem „Weg" eifrig suchte), geht. Die frohe Verbindung zwischen Mensch und Mensch oder zwischen Gott und Mensch kann für den Sensei nur dann bewahrt werden, wenn der reine, treue Herzenszustand des Menschen andauert. In dem Augenblick, wo dieser verlorengeht, hört auch jede Verbindung auf und wird „unwiederbringlich" zerstört. Und der Weg, auf dem dieser Schaden wiedergutgemacht wird, kann in nichts anderem bestehen als in der Rache, die gegen denjenigen geübt wird, der diesen Schaden verursacht hat, sei es nun das eigene Selbst oder ein anderer. Dagegen steht der Glaube Jesu nicht auf einem solchen reinen Zustand des Menschen oder auf irgendeinem reinen Menschen, sondern einfach und ausschließlich auf dem *Sein des Menschen selbst*, nämlich auf dem *Faktum des Menschseins selbst*, daß der Mensch von Gott, der ganz anders ist als der Mensch, getrennt nirgends existieren kann, daß der Sohn des Menschen eo ipso der Sohn Gottes ist. Jesus sagt: „Wahrlich, wahrlich, ich sage euch: Wer nicht das Reich Gottes annimmt wie ein Kind, der wird nicht hineinkommen" (Luk 18,17). Er denkt dabei nicht von der Reinheit des Kindes her an das Himmelreich, sondern vom Himmelreich her hin zu den Kindern. Er macht von der Tatsache des Himmelreichs aus, worin er selbst (der Sohn des Menschen, der Menschensohn) schon wohnt, das Geheimnis des kleinen Kindes klar, das so rein und glückselig sein kann, ohne daß es besonders daran denkt oder danach verlangt. Für Jesus wird das Himmelreich nicht dadurch wirklich, daß das reine Kind da ist; nein, ganz umgekehrt, weil ein solch reines Kind den Erwachsenen und allen Dingen darin ganz gleich ist, daß es nicht von sich selbst aus, sondern nur als völlig verborgen, doch gegenwärtig existierendes Zeichen des Himmelreiches entstehen und bestehen kann, darum können und müssen nicht nur die Kinder, sondern auch die Erwachsenen wie Kinder *werden*. Eben deshalb konnte Jesus sein Evangelium, das einfach zu glauben ist, *als die neue Verheißung des wahren Gottes* verkündigen, indem er nicht nur Kinder, sondern auch Mutter und Vater, König und Untertan, Gesetz und Propheten, Lilien auf dem Feld und Vögel unter dem Himmel, kurz alles Gute, Schöne und Heilige in dieser Welt *als deren Gleichnisse* aufnahm.

Weiter, wenn der Glaube Jesu auf das oben erwähnte *Faktum* festgelegt ist, braucht er nicht mehr, wie der Sensei, seine letzte Hoffnung etwa auf die ewige Dauer der Treue seiner Jünger zu setzen. Denn für Jesus wird die Verbindung zwischen Gott und Mensch nicht besonders durch eine solche Treue geschaffen, sondern sie *ist* das *ewig neue Faktum, der unerschütterliche Wille Gottes selbst*. Gerade deshalb muß das Gebet „Unser Vater im Himmel! Dein Name werde geheiligt. Dein Reich komme. Dein Wille geschehe wie auf Erden... im Himmel" die einzige, aber doch völlig genügende Hoffnung für seine Jünger sein, die ihnen bleibt. Damit sieht und versteht man von selbst, daß sich der Wille dieses Gottes nicht nur in allen Phasen des Lebens als reines Herz und schönes Verhältnis unter den Menschen Tag für Tag bestätigt, sondern auch, daß weder Vergessenheit und Auflehnung dagegen noch der grausamste Schaden, den das reine Herz dadurch erleidet, den Willen dieses Gottes erschüttern, geschweige denn vernichten kann.

„Und siehe, die beiden Besessenen schrien und sprachen: Was willst du von uns, du Sohn Gottes? Bist du hergekommen, uns zu quälen, ehe es Zeit ist?" (Mt 8,29)

Selbst den brutalsten Besessenen ist es nicht mehr erlaubt, *Jesus gegenüber* so zu sprechen und so zu denken. Die Rache wird dort für uns in das *Gericht des gnadenvoll-gerechten Gottes* verwandelt, das allein wir in dieser Welt genau zu hören und zu bezeugen haben.

Oder sollte man hier gegen Jesus einwenden: Wenn die Verbindung zwischen Gott und Mensch bzw. Mensch und Mensch das in ihm selbst gegebene einfache Faktum wäre, wenn die Empörung und der Angriff dagegen als solche schon der Zusammenbruch und Untergang der betreffenden Menschen wären, *wofür und für wen* denn könnten unsere Liebe und unser Kampf nötig sein? Wenn wir uns aber nicht enthalten können, *auf eine solche Weise* zu fragen, nämlich „wofür" und „für wen", – ist das nicht ein Zeichen dafür, daß es im tiefsten Grunde unserer Liebe und unserer Kämpfe noch etwas gibt, was wir, bewußt oder unbewußt, schließlich doch für uns selbst gewinnen und bei uns selbst behalten möchten? Ein Zeichen dafür, wie unfaßbar tief die Selbstsucht, die Sünde des Menschen ist? Es irritiert uns, als wäre es äußerst absurd, daß der Mensch von Geburt an Sünder ist, der von keinen guten Worten und Taten errettet werden kann, daß er aber selber dennoch jetzt und hier als Eigentum Gottes bei Gott selbst existiert, so daß demgegenüber unsere Sünde selbst einfach ohnmächtig ist, daß eben dieser Mensch also schon an den Ort eingesetzt ist, wo seine Rettung wirklich da ist und er als begnadeter, vollkommen erretteter Mensch bis zum Ende lieben und kämpfen muß. Das wahre Evangelium des Menschensohnes Jesus, der *diese* Sünde als seine eigene Sache auf sich genommen hat – seine unerschütterliche Liebe und sein unaufhörlicher Kampf bis zum Kreuztod – weisen auf, welch eine unsinnige Spitzfindigkeit und lächerliche Selbstgerechtigkeit zu solchen Zweifeln führen.

„Jesus trat in das Schiff und fuhr wieder herüber und kam in seine Stadt. Und siehe, da brachten sie zu ihm einen Gichtbrüchigen, der lag auf einem Bette. Da nun Jesus ihren Glauben sah, sprach er zu dem Gichtbrüchigen: Sei getrost, mein Sohn, deine Sünden sind dir vergeben. Und siehe, etliche unter den Schriftgelehrten sprachen bei sich selbst: Dieser lästert Gott. Da aber Jesus ihre Gedanken merkte, sprach er: Warum denkt ihr so Arges in euren Herzen? Was ist leichter, zu sagen: Dir sind deine Sünden vergeben, oder zu sagen: Stehe auf und wandle? Auf daß ihr aber wisset, daß des Menschen Sohn Vollmacht hat, auf Erden die Sünden zu vergeben, – sprach er zu dem Gichtbrüchigen: Stehe auf, hebe dein Bett auf und gehe heim! – Und er stand auf und ging heim. Da das Volk das sah, fürchtete es sich und pries Gott, der solche Macht den Menschen gegeben hat." (Mt 9,1–8)

Wir können nur dann, von unserem Ärgernis befreit, aufstehen und gehen, wenn wir das Wort Gottes „Deine Sünden sind vergeben!" als jetzt und hier fest entschiedenes Faktum des „Menschensohnes" hören, wenn wir also aufhören, „die Vergebung der Sünden" (die Aufhebung der Spaltung zwischen Gott und Mensch) beim sogenannten „Gott" zu suchen, der in irgendeiner vom Menschen abgetrennten Ferne existieren soll.

## *7. Das Kreuz und die Auferstehung Jesu*

So verstehen wir, daß der Anfang und das Ende unseres Lebens für ewig fest bestimmt ist durch die Grundtatsache, daß das Kind der Sünde mit dem Sohn Gottes eins, daß der Sohn Gottes eo ipso das Kind der Sünde ist. Das bedeutet freilich nicht, daß es für uns Menschen als Menschen nichts Wichtiges mehr zu tun gibt oder unser Leben und unsere Geschichte durch bloße Zufälligkeiten beherrscht sind, sondern ganz im Gegenteil, daß gerade in dieser Grundtatsache der erfreuliche Befehl und Auftrag für uns alle und jeden Menschen enthalten sind: Wir sollen hier und jetzt unser Bestes für die ganze Welt tun, indem wir die Vergangenheit (Vorfahren) übernehmen und auf die Zukunft (Nachkommen) blicken. Hier liegt der entscheidende Unterschied zwischen dem Schicksal oder dem Fatalismus (im gewöhnlichen Sinne) einerseits und der *Vorsehung Gottes* im Sinne Jesu andererseits. Die folgenden drei Worte Jesu, die am Anfang, in der Mitte und am Ende seines Umgangs mit den Jüngern gesprochen sind, machen das deutlich:

„Ihr sollt nicht wähnen, daß ich gekommen bin, das Gesetz oder die Propheten aufzulösen; ich bin nicht gekommen aufzulösen, sondern zu erfüllen." (Mt 5,17)

„Jesus sprach zu seinen Jüngern allen: Wer mir folgen will, der verleugne sich selbst und nehme sein Kreuz auf sich täglich und folge mir nach." (Lk 9,23)

„Das ist mein Gebot, daß ihr euch untereinander liebet, gleichwie ich euch liebe.“ (Joh 15,12)

Die Belehrung des Sensei war darin weit über die vulgäre Ansicht der Welt über Recht und Unrecht, Gut und Böse hinaus wissenschaftlich und moralisch, daß er einerseits nichts Heiliges anerkannte, was von der hier und jetzt zu vollziehenden rein menschlichen Tat des Menschen selbst abgesondert, irgendwo an einem Ort errichtet worden wäre, daß er aber andererseits der Gefahr fest ins Gesicht sah, die den Menschen eben anläßlich jener Reinheit ständig und in einem Nu in den bodenlosen Abgrund hinabzustoßen droht. Soweit aber der Glaube und die Hoffnung des Sensei nicht auf das Faktum des Menschseins selbst (den Entstehungs- und Bestehensgrund seines Selbst), sondern auf das Reine als eine Folge desselben Faktums gesetzt war, konnte er nicht umhin, noch ein Stückchen Traum und Sentimentalität, folglich auch einen angstvollen Kunstgriff gelten zu lassen, der es erlaubt, die Augen vor der künftigen Wirklichkeit zu schließen. Wer könnte sagen, daß der Selbstmord des Sensei nichts mit einem solchen ängstlichen Kunstgriff zu tun habe, durch den er der Folge seiner eigenen Sünde irgendwie zu entfliehen oder der mühevollen Suche nach gründlicher Erfassung der menschlichen Sünde auszuweichen versuchte? Der aufrichtige Sensei drückte diese vage Angst deutlich aus, als er seinem Schüler versprach, ihm das Geständnis seines Lebens mitzuteilen: „Aber meine Erfahrungen werden Ihnen vielleicht nicht von großem Nutzen sein. Vielleicht wäre es sogar besser, Sie hörten mir nicht zu“ (S. 107). Als er aber jenes Versprechen in Form des Vermächtnisses erfüllt hatte, mußte er dieselbe Angst durch ähnlich klingende Worte zerstreuen, wie etwa durch die Rede von der „Verschiedenheit der Generationen“ oder „den verschiedenen Charakteren, mit denen jedes Individuum geboren wird“ (S. 357). So muß man wohl auch fragen, ob der Sensei wirklich selber das Motiv seines Selbstmordes völlig verstanden hatte, als er sagte: „Ebenso, wie ich das Motiv des General *Nogi* zu sterben nicht völlig verstehen kann, werden vielleicht auch Sie nicht restlos begreifen, warum ich aus dem Leben scheide.“

Das Kreuz Jesu dagegen ereignete sich an seinem eigenen Leibe. Es war der von ihm selber gewählte Weg *als die notwendige Folge* dessen, daß der beim Sensei noch übriggebliebene Traum, die Angst und jener Kunstgriff durch das Faktum des jetzt und hier existierenden Menschen selbst von Grund aus ausgerottet war. Zur Zeit, wo das Reine und das Unreine, der rechte Glaube und der Aberglaube je als Früchte beurteilt werden, die vom Faktum „Gottessohn eo ipso Menschensohn“ her auf dasselbe hin entstehen und vergehen, m. a. W. zur Zeit, wo der Reine und der Unreine, der Gläubige und der

Ungläubige in der Tatsache, daß sie alle Sünder sind, durch und durch gleich werden, erst dann stirbt die Sünde und lebt der Mensch auf und tritt das Evangelium Jesu an die Stelle der Belehrung des Sensei. Nur als derjenige, der nicht nur eine der Folgen der Sünde, sondern vor allem die Sünde selbst auf sich genommen hat, der die vom Sensei noch nicht gewußte letzte Trauer des Menschen kannte, konnte Jesus seine Belehrung mit dem Segen: „Selig sind, die da Leid tragen; denn sie sollen getröstet werden", beginnen. Nur als derjenige, der auf diese Weise anfangen konnte, konnte Jesus seinen Segen mit der tiefgreifenden Prophetie und dem realen Nachweis wie folgt schließen: „Selig seid ihr, wenn euch die Menschen um meinetwillen schmähen und verfolgen und reden allerlei Übles wider euch, so sie daran lügen. Seid fröhlich und getrost; es wird euch im Himmel wohl belohnt werden. Denn also haben sie verfolgt die Propheten, die vor euch gewesen sind" (Mt 5,11–12). Darum konnte er auch, obwohl er unverhohlen kundtat, wie fürchterlich es sei, ihm nachzufolgen, zugleich doch entschieden erklären, daß die Nachfolge ganz bestimmt zur höchsten Glückseligkeit führe. Daß Jesus, der doch von allen seinen Jüngern verlassen, ganz alleine keuchend den Weg zum Kreuz ging, keinen Augenblick an seinem Evangelium zweifelte, das in die ganze Welt hinaus gepredigt werden sollte, daß er, der ohne Schuld gekreuzigt wurde, seinen Vater dennoch bitten konnte um die Vergebung für die, die ihn töteten, damit sie zur Wahrheit ihres wirklichen Selbst durch die Hingabe seines eigenen Lebens erwachen möchten – alles das war die Offenbarung der Kraft Gottes, die jetzt und hier die Sünde selbst vertilgt.

> „Und da die Eltern das Kind Jesus in den Tempel brachten, daß sie für ihn täten, wie man pflegt nach dem Gesetz, da nahm er (Simeon) ihn auf seine Arme und lobte Gott und sprach:
> Herr, nun lässest du einen Diener im Frieden fahren, wie du gesagt hast;
> denn meine Augen haben deinen Heiland gesehen, welchen du bereitet hast vor allen Völkern,
> ein Licht, zu erleuchten die Heiden, und zum Preis deines Volkes Israel."
> Lk 2,27–32

Daß die Jünger diesen Jesus vor Augen sahen, daß der Lehrer, dem sie begegneten, für den sie sich so sehr ereiferten, kein Gelehrter noch Pharisäer, sondern *Christus* war, dem absolute Autorität und Freiheit innewohnt, das war für Petrus und die anderen Jünger das Glück, das groß genug war, *„in Frieden dahinzufahren"*. Aber je deutlicher es wurde, daß ihr Lehrer „mehr als Salomo und Jona" war (Lk 11,27–32) und „ein Licht, zu erleuchten die Heiden, und zum Preis des Gottesvolkes Israels" (Lk 2,31), desto größer war auch die Gefahr für sie, die an ihn glaubten. Und diese Gefahr hörte nicht auf, sie, seine Jünger, nicht nur als eine von außen kommende Verfolgung zu bedrängen, sondern sie auch anzugehen als eine von innen her wachsende Versuchung der Sünde. Die Jünger Jesu konnten sich, genauso wie der junge Schüler des Sensei (S. 50), zu seiner Lebenszeit nicht enthalten, trotz seiner strengen Ermahnung, für Jesus zu schwärmen. Obwohl sie Jesus, der viel mehr ist als der Sensei, Tag und Nacht als ihren Lehrer bei sich hatten, scheint es, als wüßten sie in Wahrheit nichts von der Trauer des Menschen, nicht einmal so viel wie der Sensei von seinen eigenen Erfahrungen her davon verstand. Das Kreuz Jesu aber stürzte sie alle mit einem Schlag in die Finsternis hinein, vor der selbst der Sensei die Augen verschließen mußte. Doch konnten sie nur durch eine solche Finsternis hindurch zum Licht Gottes erwachen, das in ihnen, die sie noch wie versteinert verharrten, warm hervorleuchtete, um sie in Wahrheit verstehen zu lassen, woher alle Reden und Taten Jesu während seiner Lebenszeit kamen. Sie sahen ihren ersehnten Jesus vor Augen, der mit dem wirklichen Leib auferstand. Und gleich wie der Schüler eine Weile nach dem Tode seines verehrten Lehrers seine unsagbare Trauer, Dankbarkeit und Entschlossenheit in einem Buch, nämlich *Kokoro,* niederschrieb, so stellten die Jünger Jesu viele Jahre nach seinem Kreuzestod ihre tödliche Verzweiflung damals und dann die unaussprechliche Freude des neuen Lebens dar, in dem die Herrschaft der Sünde ausgerottet ist, was nicht einmal der Tod verhindern kann. Sie schrieben die folgenden Worte nieder, die für Menschen, die *„dem auferstandenen Jesus“* noch nicht *begegnet* sind, nur wie verrückt klingen können:

„Und siehe, zwei von ihnen gingen an demselben Tage in einen Flecken, der war von Jerusalem sechzig Feld Wegs weit: des Name heißt Emmaus. Und sie redeten miteinander von allen diesen Geschichten. Und es geschah, da sie so redeten und befragten sich miteinander, nahte Jesus zu ihnen und wandelte mit ihnen. Aber ihre Augen wurden gehalten, daß sie ihn nicht kannten. Er sprach aber zu ihnen: Was sind das für Reden, die ihr zwischen euch handelt unterwegs, und seid traurig? Da antwortete einer mit Namen Kleopas und sprach zu ihm: Bist du allein unter den Fremdlingen zu Jerusalem, der nicht wisse, was in diesen Tagen darin geschehen ist? Und er sprach zu ihnen: Welches? Sie aber sprachen zu ihm: Das von Jesus von Nazareth, welcher war ein Prophet, mächtig von Taten und Worten vor Gott und allem Volk; wie ihn unsere Hohenpriester und Obersten überantwortet haben zur Verdammnis des Todes und gekreuzigt. Wir aber hofften, er sollte Israel erlösen. Und über das alles ist heute der dritte Tag, daß solches geschehen ist... Und Jesus sprach zu ihnen: O ihr Toren und trägen Herzens, zu glauben alle dem, was die Propheten geredet haben! Mußte nicht Christus solches leiden und zu seiner Herrlichkeit eingehen? Und er fing an von Mose und allen Propheten und legte ihnen alle Schriften aus, die von ihm gesagt waren. Und sie kamen nahe zum Flecken, da sie hingingen; und er stellte sich, als wollte er weitergehen. Und sie nötigten ihn und sprachen: Bleibe bei uns, denn es will Abend werden, und der Tag hat sich geneiget. Und er ging hinein, bei ihnen zu bleiben. Und es geschah, da er mit ihnen zu Tische saß, nahm er das Brot, dankte, brach's und gab's ihnen. Da wurden ihre Augen geöffnet und sie erkannten ihn. Und er verschwand vor ihnen. Und sie sprachen untereinander: Brannte nicht unser Herz in uns, da er mit uns redete auf dem Wege, als er uns die Schrift öffnete? Und sie standen auf zu derselben Stunde, kehrten wieder gen Jerusalem und fanden die Elf versammelt und die bei ihnen waren, welche sprachen: Der Herr ist wahrhaftig auferstanden und Simon erschienen. Und sie erzählten ihnen, was auf dem Wege geschehen war und wie er von ihnen erkannt wäre an dem, da er das Brot brach. – Da sie aber davon redeten, trat er selbst, Jesus, mitten unter sie und sprach zu ihnen: Friede sei mit euch! Sie erschraken aber und fürchteten sich, meinten, sie sähen einen Geist. Und er sprach zu ihnen: Was seid ihr so erschrokken und warum kommen solche Gedanken in euer Herz? Sehet meine Hände und meine Füße: ich bin's selber. Fühlet mich an und sehet; denn ein Geist hat nicht Fleisch und Bein, wie ihr sehet, daß ich habe. Und da er das sagte, zeigte er ihnen Hände und Füße. Da sie aber noch nicht glaubten vor Freuden und sich verwunderten, sprach er zu ihnen: Habt ihr hier etwas zu essen? Und sie legten ihm vor ein Stück von gebratenem Fisch und Honigseim. Und er nahm's und aß vor ihnen. Er sprach aber zu ihnen: Das sind die Reden, die ich zu euch sagte, da ich noch bei euch war; denn es muß alles erfüllt werden, was von mir geschrieben ist im Gesetz Moses, in den Propheten und in den Psalmen. Da öffnete er ihnen das Verständnis, daß sie die Schrift verstanden, und sprach zu ihnen: Also ist's geschrieben, und also mußte Christus leiden und auferstehen von den Toten am dritten Tage und predigen lassen in seinem Namen Buße und Vergebung der Sünden unter allen Völkern und anheben zu Jerusalem. Ihr aber seid des alles Zeugen. Und siehe, ich will auf euch senden die Verheißung meines Vaters. Ihr aber sollt in der Stadt Jerusalem bleiben, bis daß ihr angetan werdet mit Kraft aus der Höhe." (Lk 24,13–49)

Das Kreuz Jesu, der mit seinen Worten und Werken alles Mögliche getan hatte, um sich selbst seinen Jüngern verständlich zu machen, war zugleich der Schlüssel dazu, das ihm vorausgegangene Gesetz und die Propheten wirklich zu verstehen und das ewige Licht zu erkennen, das seinen Jüngern und allen nachfolgenden Generationen den Ort erleuchtet, an dem sie letztlich alle stehen. Hierüber müssen wir wieder und wieder nachdenken, – im Vergleich mit dem Tod des Sensei, der gleicherweise an die, die ihm vorangegangen waren, mit tiefer Trauer dachte und sich des nach ihm Kommenden herzlichst erbarmte, der jedoch dabei einen Rest von Unklarheit und Angst in seinem Herzen zurückbehielt.

## V. *Schlußwort*

### 1. *Jesus, sofern er mit dem Sensei vergleichbar ist und Jesus als der eine Gottmensch*

In dieser Vorlesung habe ich versucht, die erstaunliche Übereinstimmung und die dennoch unübersehbare, entscheidende Verschiedenheit zwischen der Selbsterkenntnis und dem Menschenbild des Sensei als eines Menschen und demjenigen des Jesus klarzumachen, indem ich die ganze Struktur und Dynamik des *Kokoro* von Sôseki und die der Evangelien ausführlich und eingehend verglichen habe. Soweit wir aber unser Problem auf die Gestalt der Selbsterkenntnis des Menschen als Mensch einschränken, können wir nicht anders, als daß wir den Unterschied zwischen den beiden, wie „entschieden" er immer auch sein mag, schließlich (nur) in der Vollkommenheit bzw. Unvollkommenheit, oder auch der Gründlichkeit bzw. der Oberflächlichkeit der Selbsterkenntnis oder der Auffassung vom Menschen finden. Eine solche Unterscheidung wird von den Evangelien selbst durchaus nahegelegt.

Wie allgemein bekannt, ist *Jesus von Nazareth* aber in den Evangelien selbst vor allem „der Sohn Gottes", der „Gott dem Vater", der dem „Schöpfer Gott" völlig gleich ist, ehe er ein Mensch wurde. Er ist von Natur aus mit Gott dem Vater direkt und vollkommen eins. Trotzdem ist er als ein Mensch, allen anderen Menschen gleich, der Sohn eines Menschen, ein wirklicher Mensch, der wortwörtlich „Fleisch" ist, ja er ist als Glied des Gott auf das hartnäckigste widerstehenden Volkes Israel in dieser Welt in Erscheinung getreten. So folgte er dem Willen seines Vaters, der aus seiner eigenen absoluten Liebe, aus seiner unentgeltlichen Barmherzigkeit, die alle geschöpflichen Menschen, alle ihrem Schöpfer widersprechenden, der Nichtigkeit entgegeneilenden Sünder umfaßt. Für die Apostel war Jesus, den sie mit ihren eigenen Augen sahen und mit ihren eigenen Händen tasteten, mit aller Konsequenz ein wirklicher Mensch und so allein derjenige, der selber Gott ist, die Menschengestalt also, die als auf dieser Erde überströmende Liebe des absoluten Herrn erschienen war. Die Gestalt, die sie als *Jesus von Nazareth* sahen und betasteten, seine Worte und Taten bis zum Kreuzestod, waren für sie etwas, in dem sie nichts anderes vernehmen konnten als die Stimme der Vergebung, der Ermutigung und Ermahnung, mit der sich der wahre, barmherzige Gott, der jetzt und hier gegenwärtig ist, für sie selbst, für alle Sünder persönlich kundtut. „Der wahre Mensch, der selber der wahre Gott ist", war die *Person* des Menschen Jesu selbst, wie es die spätere Kirche auch bekannt hat.

In *Jesus von Nazareth* waren als einem solchen Menschen die Selbständigkeit Gottes, die die Wahrheit des Gott- und Menschseins offenbart, und die Tätigkeit des Menschen, die Gott in dieser Welt ausdrückt – oder noch einfacher formuliert: Gottes Beziehung zum Menschen, des Menschen Beziehung zu Gott und die Selbstbeziehung (Selbstbestimmung) des Menschen – vollkommen und positiv eins. Als ein Mensch, der in seiner Herkunft völlig verschieden von uns allen sündigen Menschen ist, macht Jesus inmitten dieser Welt für alle Menschen den einzigen Maßstab aus. Als ein solcher Mensch war er selbst für die Apostel ganz natürlich etwas, was vom Anfang der Schöpfung dieser Welt her als der einzige Kern dieser geschaffenen Welt wirkt, und derjenige, der am Ende dieser Welt kommen wird, um die Lebendigen und die Toten zu richten.

Insofern darf Jesus von Nazareth, obwohl er ein der Wahrheit seines Selbst vollkommen bewußter Mensch ist, niemals mit anderen Menschen, die ganz anderer Herkunft sind, verwechselt werden. Sein Leiden ist wesentlich anders als die Leiden, die die anderen Menschen erfahren müssen, um sich selbst zu vervollkommnen. Es ist nämlich das Leiden Gottes selbst, der die gegen ihn sich auflehnenden Menschen erduldet, und die unendliche Trauer, in der sich der in sich selbst vollkommene Gott des Unglücks des Menschen erbarmt, welcher zum ewigen Tod eilt, indem er seinem wahren Herrn, seiner eigentlichen Stütze widerspricht. Weil die Liebe und Geduld dieses Gottes, dieses Gottmenschen allen und allem in dieser Welt vorausgeht, darum kann es auch geschehen, daß der sündige Mensch leidet und sucht, bis er zum Herrn, zur ursprünglichen Heimat und zum eigentlichen Sitz des Menschen zurückkehrt, und zu einem solchen Menschen wird, der dem von Gott selbst bestimmten Wesen des Menschen entspricht und in diesem wahren Sinne „natürlich“ lebt. Das eben ist die eine, notwendige und gebührende Aufgabe des Menschen.

Jesus in den Evangelien ist also gewiß ein wirklich-fleischlicher Mensch, der vollkommen ist und in allem wahrhaft dem ursprünglichen Wesen entsprechend seinen Lebensweg geht. Aber nicht nur dies, sondern er ist vor allem das faktische Urbild, das zugleich als Urkraft wirkt, ohne die die Idee von „vollkommenen Menschen“ für uns wirkliche Menschen nichts anderes wäre als „ein gemalter Reiskuchen“ und also nichts anders sein könnte als die Ursache der Verzweiflung selbst. Als solches Urbild ist in Jesus das Vorbild aller Menschen enthalten.

Ob dieses Urteil der Evangelisten über ihren Lehrer, der ein historischer Mensch war, mit den betreffenden historischen Tatsachen völlig übereinstimmt oder nicht – ob nicht ihr Glaube, auch wenn er „Glaube“ genannt wird, doch vielleicht nicht viel mehr sein könnte als eine Art menschlicher

Gedanke, sofern ja darin noch etwas enthalten ist, was noch genauer durchdacht werden muß! – das eingehend nachzuprüfen, ist hier nicht der Ort. Doch daran gibt es keinerlei Zweifel, daß die Erkenntnis bzw. die Verkündigung *Jesu von Nazareth* als desjenigen, dem die oben erwähnte einzigartige Bedeutung und Stellung gebührt, eine wesentliche, wichtige Erleuchtung der wahren Struktur des Seinsortes des wirklichen Menschen bzw. des Spielraums seines Lebens bietet, die sonst leicht außer acht gelassen würde. Wie sich das Zentrum und seine sich unendlich erweiternde Peripherie gegeneinander unumkehrbar verhalten, so findet die Erkenntnis Jesu Christi gleichsam zwei Pole, die sich so zueinander unumkehrbar verhalten: *den Menschen Jesus,* der, allen anderen Menschen gleich und doch von allen anderen Menschen unterschieden, der *Sohn Gottes* ist und als solcher genannt wird. Es geht um die Erkenntnis des *absolut untrennbar-unvermischbar-unumkehrbaren* Verhältnisses zwischen Gott und Mensch selbst, das in der Person Jesu besteht, nicht aber nur in ihm, sondern auch, sofern Jesus der eine Gottmensch ist, überall und bei jedem Menschen gegenwärtig ist und herrscht und somit zum Existenzort jedes sündigen Menschen wird. Tatsächlich kann die rechte Selbsterkenntnis eines wirklichen Menschen niemals bloß vom Innerhalb seines Selbst – von ihm selbst, sofern er vom Grundkontext seines Seins isoliert betrachtet wird – herkommen. Es kann auf keinen Fall in Wirklichkeit einen Menschen geben, der bloß für sich Mensch wäre. Der Mensch kann sich selbst nie recht erkennen, ohne daß Gott selbst dem Menschen mit seinen den Menschen hörbaren und verständlichen Worten kundtut, was eigentlich Gott und Mensch jeweils seien; denn der Mensch ist von Anfang bis zum Ende in der Hand Gottes und kann von Gott getrennt niemals existieren. Darum sprechen die Evangelien von der für die Selbsterkenntnis des Menschen unentbehrlichen Wirkung des Heiligen Geistes, welche die Wirkung Gottes auf den Menschen im Widerspruch zu seiner Sünde ist. Und der wirkliche Mensch, der sich selbst dank und kraft des Heiligen Geistes erkennt, kann nicht umhin, seine eigene Sünde, sich selbst als Sünder zu bekennen. So wie Johannes der Täufer und die Volksmenge um ihn herum in dem herannahenden Jesus den Sohn Gottes erblickten, kann der Mensch nichts anderes tun, als mit tiefer Dankbarkeit und Buße an seinem eigenen Existenzort anzuerkennen, daß der von ihm unterschiedene Gottmensch schon vor seiner Geburt bei ihm war und trotz seines absurden Widerwillens gegen ihn nicht aufhört, ihn zu begleiten.

Wir dürfen also die Evangelisten, die Jesus von Nazareth als den von allen anderen sich unterscheidenden, heiligen Menschen darstellen, nicht allzu leicht als Götzenverehrer auslachen, wie Sōseki es einst auf dem Schiff bei seiner Europareise tat. Während diese Darstellungsweise auch die „Gläubigen“ allzu oft zur religiösen, in sich geschlossenen Arroganz verführt hat, so vergessen die Evangelisten doch nicht, davor zu warnen, indem sie die Worte Jesu überliefern: „Es werden nicht alle, die mir sagen, ‚Herr, Herr!‘ in das Himmelreich kommen, sondern die den Willen tun meines Vaters im Himmel. Es werden viele zu mir sagen an jenem Tage ‚Herr, Herr!‘, haben wir nicht in deinem Namen Teufel ausgetrieben, haben wir nicht in deinem Namen viele Taten getan? Dann werde ich ihnen bekennen: Ich habe euch noch nie gekannt; weicht alle von mir, ihr Übeltäter!“ (Mt 7,21–23).

Wie ich an anderem Ort erklärt habe, kann auch der Buddhismus, besonders der Zen-Buddhismus, der dem Christentum einen vulgären Theismus vorwirft, trotz seiner gründlichen Selbsterkenntnis von der Tendenz nicht völlig frei sein, die strenge Struktur des Existenzortes des Menschen außer acht zu lassen und in einen verworrenen Mystizismus zu verfallen.

In dieser Vorlesung habe ich meine Betrachtung darauf eingeschränkt, die Selbsterkenntnis Jesu als eines Menschen im Vergleich mit der des Sensei vom *Kokoro* klarzumachen. Insofern konnte ich nicht umhin, die Seite des Auftritts und der Tätigkeit Gottes als eines Menschen, die sachlich den ersten Grund und das letzte Ziel jener Selbsterkenntnis Jesu als eines Menschen ausmacht, eine Weile in Klammern zu setzen. Freilich bedeutet dies nicht, daß wir dabei die Wirkung und die Gestalt des Gottmenschen in Jesus verlassen könnten, um die Selbsterkenntnis des Menschen Jesus, seinen Gehorsam gegenüber Gott und seine Liebe zu den Nächsten in Wahrheit zu vernehmen. Insofern konnten wir auch in dieser Vorlesung nicht vermeiden, von jenem Punkt zu sprechen, auf den alles in den Evangelien ankommt. Sie werden jedenfalls, so hoffe ich, gemerkt haben, daß meine Betrachtung der Selbsterkenntnis Jesu, sofern er ein *fleischlicher Mensch* ist, im Vergleich mit der des Sensei von *Kokoro* ganz anders ist als diejenige im Modernismus und im Humanismus des 18. und 19. Jahrhunderts.

### 2. *Sōseki nach der Abfassung seines Buches Kokoro*

Sōseki selbst ist, nachdem er sein Buch *Kokoro* geschrieben hatte, wie schon in der Einleitung in dieser Vorlesung kurz erwähnt, durch tödliche Leiden und Kämpfe hindurch schließlich kurz vor seinem Tode, zur wahrhaft gründlichen Erkenntnis seines Selbst gelangt.

...

Die Fragmente, Briefe, Tagebücher und Werke Sōsekis, die nach *Kokoro* erschienen sind, zeigen ganz klar, daß der Verfasser ungefähr im Mai 1915, siebzehn Monate vor seinem Tode, endlich zur Wahrheit seines Selbst erwachte, indem er an den *heiligen Grenzpunkt* gelangte, wo das große Selbst (das wahre gestaltlose Subjekt) mit dem kleinen Selbst (dem menschlichen Subjekt) unmittelbar eins, doch absolut unvermischbar, und zwar in absolut unumkehrbarer Ordnung, unterschieden ist.

Jetzt, im radikalen Unterschied zu *Kokoro*, setzt Sōseki die letzte Stütze seines Lebens nicht mehr auf seine Habe, ganz gleich ob diese geistig oder materiell, vergangen oder zukünftig, individuell oder gemeinschaftlich ist. Die düstere Einsamkeit, in der er, der Mensch, sich selbst schließlich nicht mehr ertragen kann, von der sich zu lösen ihm aber streng verboten ist, – denn alles Gute, ja die reinste Liebe müßte sich dann verwandeln in eine Falle, in die der betreffende Mensch stürzt und in jene fürchterliche Lage gerät wie der Sensei von *Kokoro* – diese seltsam-erstickende Einsamkeit ist nun für Sōseki restlos verschwunden. Er bleibt freilich wie immer ein winzig kleines, hier und jetzt aufs strengste begrenztes „Ich-selbst", jedoch braucht er nicht mehr über seine Einsamkeit zu klagen. Denn das große, gestaltlose Ich-selbst ist völlig unverdient und immer neu mit ihm. Gerade als ein solches, unbedingt begrenztes Ding ist er trotz aller seiner Sünden in diese Welt eingesetzt als unübersehbarer Ausdruck des einen Lichtes des gestaltlosen Selbst – wie alle anderen Menschen und Dinge. Als ein solcher Ausdruck ist er von allen Dingen und Menschen völlig frei und selbständig, allerdings nicht für sich selbst, sondern allein dazu, mit ganzer Kraft und Seele ihnen allen zu dienen.

So kann ich mich nicht enthalten, anzuerkennen, daß der eine Grenzpunkt zwischen dem gestaltlosen großen Selbst und dem gestalthaften kleinen Selbst, zu dem unser Sōseki erwachte, nichts anderes ist als Christus, der Sohn Gottes, der sozusagen den tief verborgenen, jedoch allgegenwärtigen Kern der ganzen Person des fleischlichen Menschen Jesus ausmacht.

...

So[2] belehren uns das Leben und die Werke Sōsekis, daß die erste und letzte Wahrheit des Lebens völlig unabhängig von all ihren Erscheinungsformen innerhalb dieser Welt einschließlich des Buddhismus und des Christentums bei jedem Menschen, ganz gleich ob Mann oder Frau, alt oder jung, im Osten oder im Westen, aufs konkreteste und persönlichste da ist und herrscht. Es ist wohl höchste Zeit für uns alle zu lernen, wie unsinnig und schädlich es ist,

---

[2] Takizawa legt in den vorhergehenden Abschnitten mit Hilfe eines Durchgangs durch die Werke Sōsekis dar, daß dieser „schon lange auf dem Wege zu dieser radikalen Umkehr war". Er bringt diese Umkehr auf die kurze Formel: vom *Jiko-Honi* („Anthropozentrismus") zum *Sokuten-Kyoshi* („Auf Grund des Willens des Himmels"), und setzt sie parallel zu der „Umkehr des Apostels Paulus von der Selbstrechtfertigung zur ‚Rechtfertigung allein durch die Gnade'". Diese Feststellung führt Takizawa schließlich zu der Auffassung, Sōsekis Verhältnis zum Christentum wäre ganz anders geworden, wären ihm noch zehn Jahre länger zu leben vergönnt gewesen. (Anm. d. Hg.)

daß wir sowohl im positiven als auch im negativen Sinne uns über die absolute Gleichheit aller Menschen hinweg darüber unterhalten, „was größer sei, der Buddhismus im Osten oder das Christentum im Westen".

Freilich kann kein Mensch von der Wirklichkeit der Geschichte und Gesellschaft getrennt leben und denken. Gerade diese Wirklichkeit ereignet sich aber in Wahrheit allein aufgrund und innerhalb jener absolut realen Gleichheit. Wer diese Gleichheit nur für eine abstrakte, allgemeine Idee hält, der weiß im Grunde nichts davon, was Verschiedenheit der Wirklichkeit eigentlich ist, oder was es heißt, daß ein Mensch tatsächlich in dieser Welt existiert. So wird er nichts anderes tun können, als „Geschichte und Gesellschaft" völlig abstrakt im Hohlraum seines Kopfes zu errichten.

# „Rechtfertigung“ im Buddhismus und im Christentum

Beginnen möchte ich mit einem Wort *Shinrans* (1173–1262), des Stifters der „Wahren Lehren des Reinen Landes“ *(Jodō-Shinshu)* in Japan. *Yuien*, einer seiner vertrautesten Schüler, hat nun dieses Wort in seinem Büchlein „*Tanniskō*“, das von tiefem Kummer über den von der Wahrheit abweichenden Glauben berichtet, überliefert:

„Wenn wir glauben, daß wir durch das Wunder des Gelübdes *Amidas* gerettet werden und dadurch die Hingeburt (nämlich in das „Reine Land“ – d. Vf.) erreichen können, und wenn demzufolge in uns der Gedanke aufsteigt, „Nembutsu“ (*Namu – Amidabutsu* = Amen, Amida-Buddha) auszusprechen, dann schon läßt er uns die Gnade der Aufnahme und das Nieverlassen zuteil werden. Man wisse: Beim ‚Hauptgelübde‘ *Amidas* kommt es nicht darauf an, ob man jung oder alt, gut oder böse ist, sondern allein auf den Glauben. Denn das Gelübde ist gerade dazu da, daß er dem von schwersten Sünden und mächtigsten Leidenschaften gezeichneten menschlichen Wesen zur Hilfe komme. Wer also an das Hauptgelübde glaubt, der hat anderes Gute nicht nötig – denn es gibt nichts Besseres als „Nembutsu“! –, der braucht sich auch vor dem Bösen nicht zu fürchten – denn nichts Böses ist imstande, *Amidas* Hauptgelübde irgendwie zu stören.“

## *I*

Nach „*Daimuryōju-kyō*“ (dem großen „Sutra vom unermeßlichen Leben, hindernislosen Licht“, dem Hauptsutra des Jodo-Buddhismus, eben jenes Glaubens an das Reine Land *Amida-Buddhas*) gab es in uralter Zeit einen König, der eines Tages die Predigt von *Sejizai-Obutsu* (d. h. des inmitten der Welt völlig freien, königlichen Buddhas) hörte und sich frei entschloß, selbst Buddha zu werden. Er verließ sein Schloß, nannte sich *Hōzō-Bosatsu* (d. h. der Suchende, der in sich selbst das Buddha-Dharma, die erleuchtend-erlösende Wahrheit enthält), übte sich unter der Führung jenes Buddhas unzählige Milliarden Jahre lang, durch alle Leiden hindurch. Endlich tauchten ihm – nach *Daimuryōju-Kyō* – 48 Gelübde vom Herzensgrunde auf, die in einem Hauptgelübde zusammengefaßt sind: „Wenn ich Buddha werde und alle Menschen, die von ganzem Herzen fröhlich an mich glauben und mit dem Verlangen nach der seligen Hingeburt meinen Namen, wenn auch nur einmal, anrufen, und wenn sie gleichwohl nicht in meinem Land geboren werden können – will ich selbst niemals Buddha werden."

Im selben Sutra steht dann auch geschrieben, daß dieser König aus uralter Zeit, der spätere *Hōzō-Bosatsu* (also der Suchende, der in sich selbst das Buddha-Dharma enthält), mit diesem Gelübde und wegen der darauffolgenden milliardenjährigen Übungen schon lange – seit unzähligen Jahren – Buddha geworden ist. Und daß er Buddha bleibt: mit dem Namen *Amida* (d.h. das ewig lebendige, hindernislose Licht), der gewiß, von hier aus, in unerreichbarer Ferne, aber doch mit seinem Namen ganz konkret und persönlich für alle Menschen und bei jedem einzelnen da ist.

Derjenige also, der so fest schwur, niemals selber Buddha zu werden, ehe alle Menschen im Glauben an ihn und mit dem Anruf seines Namens in seinem seligen Land geboren werden können, und der sich auch nach diesem Schwur Milliarden Jahre lang übte, der ist eben dadurch schon ein solcher Buddha geworden!

*Hōzō-Bosatsu* wurde *Amida-Buddha* (das ewige Leben, die eine Wahrheit, die nach allen Richtungen hindernislos leuchtet). *Das Gelübde des Hōzō-Bosatsu ist zugleich das Gelübde des Amida-Buddha,* das, wie wir eben gesehen haben, gerade dazu da ist, den Menschen in ihren schwersten Sünden und in ihren mächtigsten Leidenschaften zu Hilfe zu kommen. Dabei gibt es, das ist noch wieder zu betonen, nichts Böses, das imstande wäre, *Amidas* Hauptgelübde irgendwie infrage zu stellen. *Um entschieden gerettet zu werden, um sich für ewig rechtfertigen zu lassen, ist für die sündigen Menschen gar nichts anderes nötig als der Glaube an das Wunder des Gelübdes Amidas und der Anruf seines Namens Namu-Amidabutsu.* Das Gelübde *Amidas* hat nichts damit zu tun „ob der betreffende Mensch gut oder böse ist". Er verlangt vom Menschen nur den Glauben, der in die Anrufung des Namens *Namu-Amidabutsu* ausbricht. Wenn sich dieser Glaube, wenn sich diese Namensanrufung in uns selbst ereignet, dann sind wir schon in die Gnade *Amidas* aufgenommen, die uns nie verläßt.

Ganz kurz gefaßt ist dies der Kern der Rechtfertigungs- oder Errettungslehre im *Jōdō-Shin-Buddhismus*, in der „Wahren Lehre vom Reinen Land". Sie ist uns außer im *Tannisho* in fast allen Schriften *Shinrans* überliefert.

## II

1. Gewiß haben Sie bemerkt, wie erstaunlich tief die Rechtfertigungslehre in diesem Buddhismus mit der Rechtfertigungslehre im Christentum übereinstimmt. – Freilich ist *Hōzō-Bosatsu* – im Unterschied zu Jesus von Nazareth – kein historisch greifbarer Mensch. Jedoch kann und darf man nicht daraus folgern, daß er deswegen nur ein beliebig erstelltes Phantasiegebilde sei, das keine reale Grundlage hat, weder im ursprünglich-wesentlichen, noch im innergeschichtlich-historischen Sinn. Denn hinter dem in jenem Sutra dargestellten Lebenslauf des *Hōzō-Bosatsu* steht ohne Zweifel der des Shakjamuni, der auch ein König war und eines Tages sein Schloß verließ, um den Weg des Heils (des Buddha-Werdens) für sich selbst und alle anderen Menschen zu suchen und der durch alle Leiden hindurch endlich zur Wahrheit der Buddha-Natur erwachte.

Bis dahin hatte Shakjamuni selbst nicht gewußt, was oder wer er eigentlich sei, woher er ursprünglich in diese Welt gekommen sei, wohin er schließlich gehe. Erst nach seinem Erwachen verstand er in Wahrheit, daß der Ort, an dem er sich jetzt befindet, *kein anderer Ort ist als das Nirwana, ewig still und doch voller Leben und schöpferischer Kraft.* Das Nirwana hat ihn niemals verlassen, auch während er noch nichts davon wußte und an der Beständigkeit und am Glück seines Königtums keinerlei Zweifel hegte. Darum und nur darum wurde er dazu geführt, alle seine Habe zu verlassen, um den wahren Heilsweg zu suchen. Das Erwachen dazu kam auch nicht zu ihm von irgendeinem anderen, der, von ihm als einem gewöhnlichen Menschen losgelöst, irgendwo für sich existiert hätte, sondern kam direkt von ihm selbst her, sowahr die rettende Kraft zum Erwachen nicht von anderswo, sondern gerade von dem Ort her, wo er selbst existiert, zu ihm gekommen ist.

Das bedeutet aber nicht, daß Shakjamuni als gewöhnlicher Mensch nicht unterschieden wäre von dem ewig gegenwärtigen Herrn des Nirwans, daß er also mit dem Buddha im ursprünglichen Sinn identisch wäre. Vielmehr bedeutet es – ganz im Gegenteil! – daß der gewöhnliche Mensch und der ursprüngliche Buddha in ein und demselben Shakjamuni unterschieden ist, daß zwischen den beiden die eine, absolut unvermischbare *Grenze* liegt. Weil das so ist, kann ja der gewöhnliche Mensch das Nirwana, seine ursprüngliche Heimat, vergessen, kann sich verirren und sich von allerlei Sachen und Werten dieser Welt gefangennehmen lassen – um so, unvermeidlich, in die grenzenlose Finsternis zu versinken. Ja, in Wirklichkeit ist er sogar in dieser Finsternis geboren, kann ihr mit keinem Wollen und Tun entrinnen. Diese fatale Finsternis, das dem Menschen angeborene Irren und seine Verzweiflung spiegeln nur auf negative, d.h. verkehrte Weise das

Vorhandensein jener heiligen Grenze, über die hinaus kein Mensch gehen kann. Dabei kann jenes ganz enge Verhältnis zwischen dem Menschen und dem ursprünglichen Buddha freilich nicht im Geringsten erschüttert, geschweige denn vernichtet werden. Darum braucht der Mensch nicht zu zweifeln, darf nicht sich selbst und sein tägliches Leben verfluchen. Der *Anruf* des ursprünglichen Buddhas zum *Glauben an Ihn* verläßt den verwirrten und ganz und gar sündigen Menschen auch jetzt nicht, dringt sozusagen von der verborgenen Rückseite seines Lebens aus in seine Existenz selbst ein. Also kann nichts in dieser Welt, nichts, was immer vorgestellt werden mag, den Menschen daran hindern, diesen Anruf des ursprünglichen Buddhas zu hören, an Ihn fest zu glauben, Ihn laut zu loben. Aber das alles nicht, um sich in der nun gewonnenen Ruhe zu gefallen, sondern allein, um, von Grund auf bewegt und in nicht zu hindernden Kraft, allen anderen Menschen, auch den schlimmsten Feinden, von ihrem eigenen Lebensgrund her zu helfen, so wie sich *Hōzō-Bosatsu in seinem Hauptgelübde dazu entschlossen hatte.*

2. So verstehen wir, warum im großen Sutra vom unermeßlichen Leben in Form einer Predigt Shakjamunis erzählt wird, daß *Hōzō-Bosatsu* zum *Amida-Buddha* geworden ist und daß *beide* nun *eine* Person sind, so daß das Gelübde des *Hōzō-Bosatsu* eo ipso das Gelübde des wahren Buddhas ist.

Historisch ist es natürlich nicht sicher, daß die Predigt, in der die Geschichte des *Hōzō-Bosatsu* erzählt wird, vom Shakjamuni selbst gehalten worden ist. Vielleicht ist sie von seinen ersten oder auch späteren Jüngern gedichtet worden. Doch verbirgt sich hinter dieser scheinbar äußerst mythologischen Geschichte die einzigartig-einmalige *Geschichte*, die sich im Shakjamuni selbst ereignet hat: daß er durch seine schwere unermeßlich langwährende Übung hindurch eines Morgens zur ursprünglichen, ewig gegenwärtigen Wahrheit seines eigenen Seins erweckt wurde. Dieses Erwachen ist eine durchaus spontan in ihm ausgebrochene und, in diesem Sinne, seine eigentliche Tat. Jedoch ist diese Tat keineswegs Kraft seines gewöhnlichen, d. h. ihm selbst bewußten und vor Augen stehenden Ich-selbst gewirkt. Der wahre Grund, der wirkende Ursprung und das Endziel dieser Tat kann nichts anderes sein als sein verborgenes wahres Selbst, das dieses sein gewöhnliches Ich-selbst einfach vernichtet und dadurch zugleich als neues, selbstloses Ichselbst auferstehen läßt. Es ist also nichts anderes als der ursprüngliche, ewig gegenwärtige, schrankenlos barmherzige Buddha.

Daß Shakjamuni in jenem Augenblick des Erwachens Buddha *wurde*, ist eine *selige Wirkung* des *Urfaktums*, daß er, ehe er bewußt oder unbewußt etwas tat, *schon unentrinnbar und untrennbar mit dem wahren ursprünglichen Buddha eins war.* Direkt hinter dem *Erwachen* des Shakjamuni als eines gewöhnlichen Menschen steht das *Erwecken* des wahren, ursprünglichen

Buddhas, der des Menschen Ich-selbst umsonst und grundlos-unbedingt belebt, indem Er es gründlich und restlos tötet. – Von hier aus zurückgeblickt, war sein Suchen, sein Üben selbst schon die Wirkung der großen Gnade des wahren Buddhas, der alle Sünder als seine Kinder liebt und nie verläßt.

Dieses Seins- bzw. Wirkungsverhältnis zwischen dem wahren, ursprünglichen Buddha und dem gewöhnlichen Menschen in dem Menschen Shakjamuni ist die einzigartige Struktur bzw. Dynamik, die – für gewöhnliche Augen völlig unsichtbar – mit keinem Seins- und Wirkungsverhältnis innerhalb dieser Welt zu vergleichen ist, die jedoch ganz konkret und real für jeden wirklich existierenden Menschen jetzt und hier immer neu gilt. Diese reale, gnadenvolle und streng richtende Wahrheit des Lebens wollte Shakjamuni sicher allen Menschen kundtun, um sie zu ihrer ursprünglichen, immer von neuem bei ihnen anwesenden und auf sie wartenden Heimat zurückkehren zu lassen. Der Verfasser jener Geschichte des *Hōzō-Bosatsu* ist sicher einer derjenigen, die solche Predigt Shakjamunis recht gehört, d. h. aber die darin kundgetane Wahrheit bei sich selbst entdeckt hat. Sonst wäre es ihm unmöglich gewesen, vom Gelübde des *Hōzō-Bosatsu* einerseits als von der freien Wahl der Suchenden zu reden, andererseits aber als von einer Entscheidung, die der wahre Buddha, seinem eigenen Wesen entsprechend, völlig natürlich und unerschütterlich getroffen hat. Eben so gilt es und ist es gemeint, wenn es heißt: *Hōzō-Bosatsu* ist zum Buddha geworden. Darum lehrte *Shinran* seinen Schüler *Yuien* und andere Jünger: „Wenn jemand an *Amida-Buddha* glaubt und seinen Namen anruft, läßt Er ihn sofort an seiner Barmherzigkeit teilnehmen und in Seinem seligen Land geboren werden.“

3. Tatsächlich ist hier mit Recht vom *Wunder* die Rede. Es gibt keine Worte, keine Verhältnisse, mit deren Hilfe man die reale Wahrheit dieser „Geschichte“ verstehen und erklären kann. Nichts bleibt uns übrig, als daß wir sie einfach anerkennen, d. h. glauben. Jedoch ist dieses Mysterium keine bloße Irrationalität oder Transzendenz, sondern die Wahrheit im strengsten Sinne, außer der in dieser Welt keine Realitäten und keine Wahrheiten bei uns Menschen und für uns Menschen entstehen und sich entwickeln können. Glaube darf kein blinder Glaube sein, sondern soll selber ein wahres Verständnis als der Anfang aller wahren Verständnisse vom Grund und Ziel des menschlichen Lebens sein.

Gerade darum gilt es, ganz aufmerksam und genau, eben gründlich, zu bedenken, was das *Werden* hier eigentlich bedeutet. – Nach dem „Sutra vom unermeßlichen Leben“ ist *Hōzō-Bosatsu Amida-Buddha* geworden, indem er durch alle Leiden hindurch zu jenem Hauptgelübde gelangte. Allein durch die Gnade dieses *Buddhas* wird der in Sünden geborene Mensch im Glauben an *Ihn* und im Anrufen seines Namens gerechtfertigt – welches beides auch nur durch die Barmherzigkeit *Amidas* ihm geschenkt wird.

Wie Sie sehen, gibt es zwischen *Hōzō-Bosatsu* und *Amida-Buddha* gewiß ein Ursache-Wirkungs-Verhältnis. Tatsächlich wird in der Lehre dieser buddhistischen Schule „des Reinen Landes" *Hōzō-Bosatsu* öfter als *Amida-Buddha* in seiner Ursache-Position, *Amida-Buddha* dementsprechend als *Hōzō-Bosatsu* in seiner Wirkungsposition bezeichnet. Hier aber ist das Ursache-Wirkungs-Verhältnis absolut einzigartig. Es handelt sich dabei um ein *Werden*, das sich im Entstehens- und Existenzgrund eines Menschen selbst, d.h. im Sein des wahren, ursprünglichen Buddhas ereignet. Von diesem Grund aus gesehen ist mit demselben Wort *„werden"* ein doppeltes Ereignis gemeint:

a) Dieses Werden ist ein Ereignis *innerhalb der Zeit*. Dem *Hōzō-Bosatsu*, der bis dahin höchstens nur ein Suchender war, ist nun durch die Führung seines Lehrers *Sejizaiô-Butsu* zur freiwilligen Übernahme, zur Wahl jenes Hauptgelübdes gelangt, das sozusagen dem Herzenskern des wahren, ursprünglichen Buddha vollkommen entspricht. Da hat sich bei ihm eine radikale Veränderung der Existenzweise des Menschen *Hōzō* ereignet, um deretwillen Shakjamuni in jenem Satz erklärt, daß er schon Buddha geworden ist. Die Wahl der Hauptgelübde durch *Hōzō* ist die Grundbedingung für sein Buddha-Werden. Dieses Werden, das sicher ein innerzeitliches Ereignis ist, kann aber niemals von bloßen innerhalb der Zeit, etwa der durch sie gesetzten Reihenfolge herkommen. Ja es kann nicht einmal durch die Führung seines Lehrers *Sejizaiô-Butsu* geschehen. Der sachlich-letzte Ursprung dieses Werdens liegt allein im ewig-gegenwärtigen, wahren Buddha selbst, der mit *Hōzō-Bosatsu* im absoluten Unterschied untrennbar eins ist. – Die oben erwähnten Sätze: „...Er übte sich unzählige Milliarden Jahre lang durch alle Leiden hindurch, um endlich zur Wahl jenes Gelübdes zu gelangen und dadurch selbst *Amida-Buddha* zu werden", treffen gerade den unsagbar eigentümlichen Charakter dieses *Werdens*. In unseren Ohren klingt das sehr mythologisch. Wenn wir aber einmal zu der uns direkt angehenden Wahrheit jenes Gelübdes erweckt werden, werden wir von selbst verstehen, daß damit der absolut überzeitlich-räumliche, jedoch keineswegs zeit- und raumlose Charakter dieses Werdens erstaunlich feinfühlig und phantasievoll ausgedrückt ist.

b) Hinter dem *Werden* im eben erklärten Sinne steht direkt und davon absolut untrennbar die sonderbare Kraft des wahren, ursprünglichen Buddha, die jenes Werden bei *Hōzō-Bosatsu* wirkt. Die Wahl des Hauptgelübdes des *Hōzō-Bosatsu* ist, von ihrer Kehrseite her gesehen, als solche die Wahl und Anerkennung *Hōzōs* als Buddha durch den wahren, ursprünglichen

Buddha. Das *Gelübde des Buddha ist eo ipso das Gelübde des wahren, ursprünglichen Buddha,* d.h. *Amida-Buddhas.* Von hier aus kommt der *zweite* Sinn jenes Satzes, daß *Hōzō* wegen jenes Hauptgelübdes Buddha *geworden* sei, in den Blick. Es wird nämlich darauf hingewiesen, daß *Hōzō* nicht mehr als ein gewöhnlicher Mensch, sondern ausschließlich als der wahre, ursprüngliche Buddha *Amida* wirkt. Dieser *Amida* ist nicht zeitlos (von der Zeit losgelöst). Aber er ist keine sichtbare, innerzeitliche Gestalt wie *Hōzō.* Er war schon vor der Wahl des Hauptgelübdes bei *Hōzō.* Er war von Anfang an am Ort, wo *Hōzō* geboren wurde, und begleitete ihn unaufhörlich, auch als er noch als König lebte. Dieses „war", diese Vergangenheit ist aber keine innerzeitlich-relative Vergangenheit, sondern weist nur darauf hin, daß es keinen Zeitpunkt gibt, wo *Er* nicht mit *Hōzō in der absolut unumkehrbaren Verschiedenheit* doch *untrennbar eins* ist. Als solcher ewiggegenwärtiger Buddha ruft *Amida* durch jenes Hauptgelübde *Hōzōs*, das nun als Sein eigenes Gelübde in weite Fernen erschallt, alle und jeden Menschen zum Glauben an Ihn und zum Anrufen Seines Namens. Und er verspricht, alle Menschen trotz ihrer unheilbaren Sünde in Sein Land aufzunehmen und niemehr alleinzulassen.

Von hier aus kann und muß man also sagen, daß der ewig-gegenwärtige *Amida-Buddha* aus reiner Barmherzigkeit zu einem Menschen, nämlich zu *Hōzō-Bosatsu, wurde.* In der Tat ist öfter so gelehrt worden, trotz der oben erwähnten Bezeichnung des *Hōzōs* als *Amida* in der Position als Ursache und des *Amidas* als *Hōzō* in der Position als Wirkung.

Das Wort „werden", das vom Verhältnis zwischen *Hōzō* und *Amida* spricht, bezieht sich also in diesem zweiten Sinn auf keinen Fall auf das „Vorher" und „Nachher" innerhalb der Zeit, sondern ausschließlich auf das einzigartig-sachliche Verhältnis zwischen dem unbeschränkt barmherzigen, absoluten Subjekt und dem menschlichen Subjekt, das völlig umsonst und trotz seiner Sünde von Ihm selbst gestützt und zum Glauben aufgerufen ist. Der Mensch *Hōzō* ist im Grunde seines Entstehens und Bestehens mit dem ursprünglichen Buddha *Amida* untrennbar eins. Beide aber sind unvermischbar. Sachlich geht *Amida-Buddha* dem Menschen *Hōzō* absolut voraus. Die Wahl des Hauptgelübdes *Hōzōs* entspricht vollkommen genau dem absolut selbstlosen, unbeschränkt barmherzigen Willen *Amidas.* Insofern ist das Gelübde *Hōzōs* zugleich – obwohl im unumkehrbaren Unterschied – das Gelübde *Amidas*, wie *Shinran* sagt: „durch das Wunder des Gelübdes *Amidas* ...".

Wenn wir also im Sutra hören: „*Hōzō* ist Buddha geworden", müssen wir uns streng vor der falschen Meinung hüten, daß sich da ein Mensch wegen der Wahl und Übernahme des höchsten Gelübdes zum ewig-gegenwärtigen

Buddha verwandelt habe, daß erst mit dem Zustandekommen dieses Gelübdes eine glaubwürdige Brücke zwischen der seligen Ewigkeit und der flüchtigen Zeit oder zwischen dem reinen Land und dieser sündigen Welt geschlagen worden sei, die allein den Grund der Rechtfertigung des sündigen Menschen lege. *Amida braucht* sich nicht in *Hōzō* zu verwandeln. Denn Er ist von Anfang an mit diesem eins. *Hōzō kann* sich nicht in *Amida* verwandeln. Denn zwischen beiden liegt die unvermischbare Grenze, an der beide voneinander aufs härteste geschieden und zugleich aufs innigste verbunden sind. Was *Hōzō* tun konnte, war allein: das Gelübde zu wählen und auf sich zu nehmen, was dem Gelübde *Amidas* genau entspricht.

Dem absolut selbstlosen, mit fleischlichen Ohren niemals hörbaren Gelübde *Amidas* zu folgen, sich das Gelübde anzueignen und nichts anderes zu wünschen als das, was der barmherzige *Amida* für alle Sünder wünscht – das ist alles, was *Hōzō* tun kann, und damit hat er völlig genug getan. Dasselbe Gelübde, soweit es das des *Amida* ist, könnte man im Unterschied zum Gelübde des Menschen *Hōzō etwa „Urgelübde"* nennen. Dieses Urgelübde gehört als eine umsonst gegebene Gabe ganz umsonst zum Sein des Menschen selbst, völlig ungeachtet dessen, ob er rein oder befleckt, gut oder böse ist. Denn das konkret-wirkliche Sein des Menschen ist im Grunde völlig unmöglich, wenn es nicht in dem einen heiligen, absolut untrennbar-unvermischbar-unumkehrbaren Verhältnis zwischen ihm und dem wahren, ursprünglichen Buddha ruht. *Der wahre ursprüngliche Buddha, sofern er das absolute, bei jedem Menschen gegenwärtige Subjekt ist, das ihn trotz all seines Aufbegehrens fest stützt und zum Glauben und zum neuen Leben für alle anderen Menschen aufruft – dieser ist Amida-Buddha,* der sich in uralter Zeit in den Übungen und in der Gelübde-Wahl des *Hōzō-Bosatsu* kundgetan, kurz: in der Gestalt des *Hōzō* geoffenbart hat.

Wenn wir an das Urgelübde *Amidas* glauben und demnach Seinen Namen anrufen, werden wir ungeachtet unserer Sünde, ja gerade als Sünder gerechtfertigt. Da ereignet sich die radikale Veränderung unserer Lebens- und Denkweise. Damit werden wir Glieder des Reines Landes *Amidas*. Das heißt aber nicht, daß wir uns in *Amida* verwandeln, sondern ganz im Gegenteil, daß wir *Amida* danken und loben und unsere (jedoch nicht mehr zu fürchtende!) Sünde bekennen. Sofern es die positive Seite unseres Glaubens angeht, verhalten wir uns dabei nicht anders als *Hōzō-Bosatsu*, tun wir nichts weniger als er selbst. Das bedeutet auch, daß unsere Rechtfertigung durch *Amida* im Glauben an Ihn nicht nur unserer eigenen Seligkeit gilt, sondern *vor allem* der aller anderen Menschen: daß sie dieselbe Rechtfertigung durch *Amida* finden und empfangen dürfen und sollen, der ja auch bei ihnen von Anfang an ist und auf ihren Glauben wartet.

Gleich wie bei *Hōzō*, so kommt auch bei uns der Glaube bzw. der Namensanruf *Amidas* von einem zweifachen Ursprung her. Einmal, geschichtlich, vom Glauben bzw. vom Namensanruf eines Menschen her, der *vor uns war* und eben so geschichtlich voraus war; sodann aber und zugleich vom Gelübde *Amida-Buddhas* selbst her, der uns absolut voraus *ist* im Sinne urgeschichtlichen, nicht in der Geschichte selbst sich erst darstellenden Seins. Von uns, den Suchenden aus gesehen, kommt zuerst die Begegnung mit einem Vorgänger. Sachlich, wesentlich aber geht das Zweite, die urgeschichtliche Begegnung, voraus. Beides ist voneinander untrennbar, miteinander unvermischbar, verhält sich zueinander in unumkehrbarer Ordnung. Und zwar gibt es bei der ersteren, innergeschichtlichen Begegnung zwischen dem Vorgänger und dem Nachfolger je eine bestimmte, sichtbare Entfernung. Bei der zweiten, urgeschichtlichen Begegnung dagegen gibt es keine solche zeitlich-räumliche Entfernung. *Amida-Buddha* und der an Ihn Glaubende sind miteinander absolut untrennbar eins. Jedoch besteht zwischen diesen beiden die eine, absolut unüberwindbare Grenze und unumkehrbare Ordnung. In diesem Sinne muß man sagen, daß es hier eine wenngleich völlig gestaltlose, doch wahrlich *unendliche Entfernung* gibt, nämlich zwischen dem absoluten Oben und dem Unten, dem Grund und dem Begründetsein, dem unbedingten Vorher und dem so oder so bedingten Nachher. Die sichtlich erfaßbare Entfernung und Ordnung innerhalb der Geschichte zwischen dem Lehrer und dem Schüler sind nur ein notwendiger Reflex dieser urgeschichtlichen, absolut unsichtbar-unerfaßbaren Entfernung und Ordnung zwischen dem ewiggegenwärtigen *Amida*, der bei jedem Menschen ohne Unterschied ist und wirkt, und dem allein durch Seine Gnade erweckten Glauben oder Namensanruf.

4. Nun verstehen wir ganz genau, was das „*werden*“ in den folgenden beiden Lehrsätzen eigentlich bedeutet:

„*Hōzō* wurde zu *Amida*“
„*Amida* wurde zu *Hōzō*“[1].

---

[1] Wie ich von meinem alten Freund Tempo Hoshino, einem der größten Amida-Buddhisten, erfahre, tritt *diese* Formulierung in drei grundlegenden Sutren und deren Auslegung einschließlich der Schriften Shinrans so *nicht* auf. Sachlich aber kann und muß man es so formulieren. Denn Hōzō ist von einem wahren, ursprünglich-gestaltlosen Buddha aus und zu Ihm hin erschienen. Der Ort, an dem Hōzō steht, ist zugleich der Ort, an dem der eine ursprüngliche Buddha existierte. Und der ist, sofern Er mit Hōzō in unumkehrbarer Unterschiedenheit eins ist, Amida-Buddha, der alle Sünder unaufhörlich dazu aufruft, an Ihn zu glauben und ganz neu zu leben. Insofern könnte man Amida als den *Urmittler* zwischen Buddha und den Sündern bezeichnen, wie ich es vorhin dargestellt habe. Hierin stimmt mir auch Hoshino völlig zu. – Näheres darüber bei anderer Gelegenheit (vgl. Anm. 2).

Beides bedeutet keineswegs die *Verwandlung* des einen in den anderen, noch eine durch eine „übernatürlich-persönliche" Kraft „irgendwie" verwirklichte *Vereinigung* oder *Verbindung* der beiden, die sonst voneinander durch die unermeßliche tiefe Kluft abgetrennt liegen – wie es heute noch bei den meisten Repräsentanten dieser buddhistischen Schule „geglaubt" und gelehrt wird. Nein, *Hōzō* und *Amida* sind zwar durchaus zwei, aber von Anfang an eins, und zwar in der absolut unumkehrbaren Ordnung. Das „wurde" weist also hierbei nur auf die einzigartige, dynamische Beziehung zwischen den beiden hin. Der erste Satz *„Hōzō* wurde zu *Amida*" bedeutet, daß das Gelübde *Hōzō*s zwar durchaus die Wahl eines sterblichen Menschen war, aber keineswegs aus seiner menschlichen Subjektivität herkam, sondern allein durch den ursprünglichen gnädigen Willen *Amidas* entstanden ist. Insofern *ist* es eo ipso das barmherzige Gelübde *Amida*s! Der zweite Satz bedeutet, daß *Amida* sich selbst im Gelübde, in der Gestalt des Menschen *Hōzō* geoffenbart hat, daß Buddha also nur als *Amida* – der sich aus lauter Barmherzigkeit als der Mensch *Hōzō* zeigt – der wahre, ewig-gegenwärtige Buddha ist.

Erst von hier aus können wir auch das *Verhältnis zwischen Hōzō und den ihm folgenden Gläubigen* genau erfassen. Wie oben gesagt, gibt es zwischen *Hōzō* und den ihm folgenden Gläubigen späterer Zeiten keinen grundsätzlichen Unterschied, insofern sich das Urgelübde *Amidas* in ihrem Denken, Sprechen und Handeln widerspiegelt. Nicht weniger als bei *Hōzō* ist auch der Glaube bzw. Namensanruf die eine Gabe *Amida*s, des wahren, ursprünglichen Buddha. Der Unterschied zwischen den beiden liegt nur darin, daß bei *Hōzō* wegen der Vollkommenheit seiner Übungen und seiner Gelübde-Wahl *die Seite des Wirkens Amida*s, bei den späteren Gläubigen dagegen wegen ihrer Sünden und Verirrungen *die Seite der menschlichen Entscheidung* im Vordergrund steht. Darum übersieht man zu oft die grundsätzliche Gleichheit zwischen *Hōzō* und den anderen Gläubigen, die eben „gewöhnliche Menschen" sind. Ein solches „Übersehen" freilich ist nur ein Zeichen für jene oberflächliche, den wahren Grund nicht berührende Denkweise, nach der man sich – oft unbewußt – Buddha und Mensch zuerst voneinander getrennt und isoliert vorstellt, um dann die unermeßliche tiefe Kluft zwischen den beiden „irgendwie" überbrücken zu wollen: in der frommen Zuwendung zu einem „Mittler" , in der magischen Anwendung von „Heilsmitteln", oft auch in bloßer Wundergläubigkeit. Aber eben diese oberflächliche, vulgär-religiöse Denkweise sollte durch die Lehre von der Einheit in der unumkehrbaren Verschiedenheit zwischen *Amida* und *Hōzō* radikal aufgehoben werden. Um diesen sehr verbreiteten, fatalen Irrtum auszuschließen, wird es eine unerläßliche Hilfe sein, wenn wir den grundsätzlichen Unterschied zwischen dem *Urgelübde* Amidas und dem unserer Ohren vernehmbaren *Gelübde* des bestimmten, innergeschichtlichen Menschen *Hōzō* aufmerksam betrachten. Es kann zwar kein Urgelübde *Amidas* geben, das nicht in sich selbst das dementsprechende Gelübde als menschliche Wahl enthält. Doch daraus darf nicht gefolgert werden, daß es auch umgekehrt kein Urgelübde *Amidas* gäbe, wenn nicht ein Mensch hörbar und erkennbar ein solches Gelübde auf sich nimmt.

Unklarheiten an dieser Stelle sind verhängnisvoll. Wenn wir, durch die uns gewohnte Logik und den Wortsinn verführt, den Unterschied zwischen dem Urgelübde und dem mit Ohren vernehmbaren Gelübde außeracht lassen und für das Erstere völlig taub uns ganz dem Zweiten zuwenden würden, wird der Glaube verwandelt in eine selbständige, ipsistische Entscheidung, die keinem real-entschiedenen Grund und Ziel entspricht, sondern nur in der Luft hängt. Ebenso degeneriert der Namensanruf *(Namu Amidabutsu)* zum künstlich-wahnsinnigen Geschrei, das das echte und spontane Denken und Reden des Menschen „im Namen der Gnade *Amida*s“ verstopft. – So beginnt die *Verkehrung* jener *wahren Religion,* die nichts für sich selbst verlangt, die in allem für alle Menschen und für das ganze Universum offen ist und war – wie es im Gelübde des *Hōzō-Bosatsu* klar zum Ausdruck gekommen ist. Eine *Umkehrung* in die vulgäre Religion, die im Namen der Gnade *Amida*s alles für sich selbst verlangt und nichts für die anderen Menschen und Dinge schafft.

Der eigentliche Buddhismus hat mit dieser Scheinfrömmigkeit, die immer mit einem religiösen „sacrificium intellectus“ verbunden ist, gar nichts zu tun. Auch bei *Shinran*, dem Stifter der Wahren Lehre des Reinen Landes, in der – im scheinbaren Gegensatz zum Zen-Buddhismus – auf der Rettung oder Rechtfertigung „allein durch den Glauben“ bestanden wird, wird auf das schärfste davor gewarnt, daß der Glaube an *Amida-Buddha*, der Anruf seines Namens *„Namu-Amidabutsu“* bewußt oder unterbewußt in selbstsüchtig-engherziges Menschenwerk verfällt, statt daß er vom Sein des einfachen Menschen her gleichwie frisches Wasser aus tiefverborgener Quelle von selbst unaufhaltsam hervorquillt. Wie mir scheint, gibt es im Laufe des Lebens *Shinran*s (er wurde 90 Jahre alt – was für seine Zeit ein ungewöhnlich langes Leben bedeutet!) gewisse Schwankungen zwischen der wahren Erkenntnis und anderen Denkrichtungen, in denen sich die Wahrheit des religiösen Denkens verkehrt. Es ist aber sicher, daß er von Anfang an, im Augenblick, wo er Schüler von *Hōnen* (1133–1212) wurde, schon aufs innigste fühlte, daß *Amida-Buddha* in seiner absoluten Unterschiedenheit und unumkehrbaren Überlegenheit doch persönlich bei ihm selbst ist, ihn niemals verläßt und in diesem Sinne vollkommen mit ihm selbst eins ist. Die

Kraft *Amida*s gehörte als durchaus fremde ihm doch ganz und gar zu, so daß er in seiner spätesten Lebenszeit von dieser Kraft als vom *„Jinen-Hōni"* sprach und auch seine Jünger dieses Wort aufschreiben ließ, das soviel bedeutet wie „Dharmagemäße Natürlichkeit" oder auch „Natürlichkeit vom Dharma her".

## *III*

1. Nun, endlich, komme ich auf den Vergleich der christlichen Rechtfertigungslehre mit derjenigen des Buddhismus, wie ihn *Shinran* gelehrt hat. Das kann freilich jetzt nur noch in Kürze geschehen. Doch waren Sie gewiß schon bei der bisherigen Darstellung selber schon genötigt, den Vergleich zu christlichen Lehrtraditionen zu ziehen.

Es gibt tatsächlich eine erstaunliche Entsprechung zwischen der Geschichte von *Hōzō-Amida* und der Geschichte von *Jesus Christus*, dem *„Sohn Gottes"*. Freilich ist Jesus in den Evangelien ein in der Geschichte wirklich dagewesener Mensch, während *Hōzō* eine Menschengestalt ist, die – obwohl ganz konkret bestimmt – doch nur in der Erzählung des „großen Sutra vom unermeßlichen Leben" auftritt. Jedoch, genau gesehen, ist der Unterschied in dieser Hinsicht nicht so unüberbrückbar groß, wie es auf den ersten Blick scheint. Hinter der Sage jenes Sutra steht als deren tatsächlicher Anlaß und Gegenstand sicher Shakjamuni selbst, der einerseits durch und durch ein gewöhnlicher Mensch war, der aber andererseits nichts weniger als die Selbstoffenbarung des wahren ursprünglichen Buddha (des absoluten Subjekts) ist. Aus diesem ursprünglichen Verhältnis zwischen dem wahren unendlichen Subjekt und dem endlichen, schlicht menschlichen Subjekt in Buddha-Shakjamuni tauchte die phantasievolle, tief berührende Geschichte jenes Sutra auf wie aus einem unendlich tiefen Grund. Die Geschichte Jesu scheint dagegen im deutlichen Kontrast dazu von einem wirklichen Menschen zu handeln. Aber, wie wir heute durch die biblische Wissenschaft wissen, zeichnen die Evangelisten kein historisch-wissenschaftlich genaues Bild des damaligen Jesus von Nazareth. Es handelt sich in ihrer Darstellung vielmehr um eine auslegende Reproduktion des Seins und Wirkens des Menschen Jesu von vornherein unter Einschluß, ja unter der Voraussetzung des Ereignisses seiner Auferstehung. Im Sein und Wirken des Menschen Jesu haben sie – je in ihrer besonderen Weise, im Grunde einstimmig – das Sein und Wirken des wahren Gottes gesehen. In Jesus ist Gott und Mensch tatsächlich eins, jedoch in der unvermischbaren Unterschiedenheit und unumkehrbaren Ordnung. Die unüberschreitbare Grenze zwischen Gott und

Mensch ist in Geburt, Leiden und Tod Jesu nirgends durchbrochen oder auch nur in ihrer gebieterischen Härte gemildert. Im Gegenteil: Der einzigartige Sinn des Lebens Jesu liegt gerade darin, daß diese Grenze so eindeutig geoffenbart ist, daß angesichts ihrer kein Mensch mehr eine Grenzüberschreitung riskieren kann, sei es durch das stolze Selbstvertrauen auf die eigene Kraft und das eigene Gutsein, sei es durch jenes scheinbar so tiefe und doch so eitle Sündenbewußtsein, das den Menschen seiner eigenen Verantwortlichkeit enthebt. Vielmehr macht die Geschichte Jesu ganz deutlich, daß der Mensch, ob rein oder unrein, gut oder böse, mit Gott zusammen existiert, ja mit ihm eins ist in der unvermischbaren Unterschiedenheit und unumkehrbaren Ordnung, unentrinnbar.

Durch die Reden und Taten Jesu geführt und am Ende durch den Kreuzestod Jesu aufs tiefste erschreckt, erwachten seine Jünger zur Wahrheit, zum verborgenen Herrn seiner ganzen „Person", wurden zur erkennenden Wahrnahme und persönlicher Annahme des einzigartig-wunderbaren, realen Verhältnisses zwischen dem einen wahren Gott und jedem wirklichen Menschen geführt.

So wurden die Reden, die Taten, so wurde die Gestalt des Menschen Jesus für die Jünger zugleich zu Reden und Taten – und zur Gestalt des Christus, des Sohnes Gottes. Das ist der Grund für den doppelten Lehrsatz: „Der Logos ward Fleisch" und, dem korrespondierend: „Jesus wurde wegen seines vollkommen gehorsamen Lebens bis zum Kreuzestod vom wahren Gott selbst auferweckt und eingesetzt ‚zur Rechten des Vaters'". Kurz: „Jesus wurde Christus, der Sohn Gottes."

Dieses „werden" bedeutet freilich nicht eine Sukzession, ein „Ursache-Wirkungs-Verhältnis" innerhalb der Zeit. Es bedeutet auch nicht, daß sich ein fleischlicher Mensch namens Jesus in Gott verwandelt habe – oder umgekehrt, daß sich Gott in einen fleischlichen Menschen verwandelte, um Gott und Mensch, die wegen der Sünde des Menschen oder aus irgendeinem anderen mysteriösen Grunde voneinander geschieden, jeder für sich isoliert existieren, nun aufs neue miteinander zu verbinden und also den verlorenen Menschen zu retten. – Wenn das so wäre, dann würde schon in Jesus selbst, dann aber unvermeidlich in allen Gläubigen die heilige Grenze zwischen Gott und Mensch verwischt werden. Das aber eben ist unmöglich und auch unnötig, wie es ja die Reden und Taten Jesu, sein Leben und sein Tod unübersehbar gemacht haben.

Wenn wir Christen – diese geoffenbarte Wahrheit übersehend – Jesus ansähen als den, in dem sich Gott zum Menschen und der Mensch sich zu Gott über die in und von Gott selbst gesetzte und gesegnete Grenze hinweggesetzt und also verwandelt habe: dann würden wir Gott zum Menschen herab- und den Menschen zu Gott hinaufsetzen. Wir Christen würden einem noch schlimmeren Pharisäismus verfallen, als er uns aus dem Neuen Testament bekannt geworden ist.

Nein, jener doppelte Lehrsatz hat eigentlich mit einer solchen, vulgären Religion gar nichts zu tun. „Jesus wurde Christus, der Sohn Gottes", dieser Satz weist darauf hin, daß Reden und Taten Jesu bis hin zu seinem Kreuzestod durchaus die eines fleischlichen Menschen waren, daß sie aber in ihrer Bestimmung durch den Gehorsam gegenüber Gott sachlich und inhaltlich keineswegs von seinem fleischlichen Ich-selbst, sondern ausschließlich vom wahren Gott her gekommen sind, der ewig-gegenwärtig mit jedem Menschen ist, der trotz des Menschen Sünde ihn niemals verläßt, sondern bei ihm bleibt und ihn anruft, sofort zu seiner wahren Heimat, dem Reich Gottes, zurückzukehren. So ist Jesus der Christus und der Sohn Gottes. So ist er der Weg, die Wahrheit und das Leben, ohne den niemand „zum Vater kommt".

Um alle fatalen Mißverständnisse auszuschließen, dürfte man aber noch einen Schritt weitergehen. Dann ist es notwendig, „Christus" in einem ersten, ursprünglichen Sinne von „Christus" in einem zweiten, zeichenhaften Sinne zu unterscheiden. Jesus als der „Christus im zweiten Sinne" ist *der erste Christ, die vollkommene Norm aller Christen.* Sein Kreuz müssen wir selbst mit ihm zusammen tragen. „Christus im ersten Sinne" dagegen *ist* im Grunde des Seins des fleischlichen Menschen Jesu, geht allem seinen Wirken voraus, wirkt unaufhörlich bei ihm und bei jedem Menschen, ehe dieser, ja ehe Jesus selbst etwas tut oder redet. Dieser Christus, der im Anfang war, jetzt ist und bis am Ende der Welt überall sein wird, kann nicht „eingegrenzt" werden in den Christus im zweiten, zeichenhaften Sinn. Weder der Satz „Jesus wurde Christus, der Sohn Gottes" noch der Satz „Der ewige Logos wurde Jesus" können jenes streng geordnete Verhältnis zwischen Christus im ersten und im zweiten Sinne rückgängig machen. Ähnlich wie es ja auch unmöglich ist, uns mit Gott zu identifizieren unter Berufung darauf, daß wir ja im Glauben an Jesus Christus „Gottes Kinder" genannt werden. Wenn wir in diesem Punkt nicht klar sehen, verfallen wir in den gleichen Fehler, dessentwegen Petrus unmittelbar nach seinem Bekenntnis „Du bist Christus, des lebendigen Gottes Sohn" von Jesus selbst als „Satan" zurückgewiesen wurde (Mt 16,23).

„Rechtfertigung allein durch die Gnade Gottes" im streng ursprünglichen Sinn und die „Rechtfertigung allein durch den Glauben" sind zwar voneinander untrennbar, aber nicht einfach identisch. Das Erste geht dem Zweiten in der nun schon oft festgestellten Ordnung unbedingt voraus. Das bedeutet auch, daß der rechtfertigende Glaube nicht letztlich über die Gemeinschaft mit Gott entscheidet. Er kann ja nur annehmen und wahrnehmen, daß durch die Gnade Gottes diese Entscheidung ein für allemal gefallen ist. „An Jesus glauben", das kann daher nicht die Grenze einer Religionsgemeinschaft bedeuten. Wer sich im Namen „Jesus Christus" über den Unterschied zwischen dem Zeichenhaften und Ursprünglichen, also auch zwischen dem Glauben und der Gnade Gottes selbst hinwegsetzt, der verfällt in die gleiche vulgäre Religiosität, die im Buddhismus mit der selbstsüchtigen, magisch befangenen Anrufung *Amida*s *(„Namu-Amidabutsu")* gegeben und von *Shinran* auf das schärfste zurückgewiesen worden ist, wovor er seine Schüler eindringlich gewarnt hat, und was er als gesetzliches Menschenwerk verurteilt hat.

2. Mit dem allen übersehe ich freilich nicht, daß in der Bibel im Blick auf Jesus nirgends von „Stufen der Übung", geschweige denn vom „Erwachen zum Glauben" oder von einem „Hingelangen" zur „Wahl eines Hauptgelübdes" die Rede ist. Doch stört das keineswegs die sachlich-wesentliche Entsprechung von dem, was *Hōzō-Amida* und dem, was *Jesus Christus* über das Verhältnis von Gott und Mensch und über die Rechtfertigung des Menschen aussagen. Das ursprüngliche, absolut untrennbar-unvermischbar-unumkehrbare Verhältnis zwischen dem wahren Gott und dem fleischlichen Menschen, von dem allein jene Beziehung geprägt ist, die dem Namen *Hōzō-Amida* wie in dem Namen *Jesus Christus* zum Ausdruck kommt, bleibt fest, ist für ewig und überall ganz konkret gegenwärtig.

Historisch-wissenschaftlich kann man ja nicht feststellen, daß Jesus von Nazareth genau so empfangen, geboren, aufgewachsen und gestorben ist, wie es in den Evangelien geschrieben steht. Es könnte durchaus sein, daß Jesus zuerst Jünger des Johannes des Täufers gewesen und erst dann zu dem geworden ist, als den ihn seine Jünger kennengelernt haben. Das aber hindert nicht, daß die Jünger – erwacht zum verborgenen Geheimnis und Kern der Person Jesu in ihrer ganzen Wahrheit – nun von eben diesem Kernpunkt her auch das fleischliche Leben Jesu als vollkommenes Zeichen jener Wahrheit reflektierten und erzählend und predigend reproduzierten. So aber tritt auf's Natürlichste die Gottheit im Sein Jesu selbst in den Vordergrund der Darstellung. Demgegenüber richtet sich – historisch gesehen – das Interesse der buddhistischen Überlieferung in jenem Sutra auf *Hōzō* als dem Suchenden. Dabei tritt, wiederum auf das natürlichste, die Menschheit im Sein *Hōzō*s in den Vordergrund. Die wesentliche Entsprechung zwischen beiden Traditionen bleibt davon unberührt.

## IV

Heute wird von allen Seiten ein gründliches und eingehendes Gespräch zwischen Ost und West und so auch ein durchgängiges Wechselverständnis zwischen Buddhismus und Christentum verlangt. Zu meiner großen Freude bin ich dazu eingeladen worden, an dieser Aufgabe mitzuwirken. So habe ich heute ganz offen dargestellt, was mir dank meiner beiden großen Lehrer *Nishida Kitarō* und *Karl Barth* vor über 40 Jahren im Blick auf die uns hier beschäftigenden Fragen zum ersten Mal einfiel und worüber ich seither keinen Tag aufhörte nachzudenken. Allzu oft habe ich erfahren, daß ernste Christen und gutmütige Buddhisten trotz ihres heißen Verlangens nach einem solchen Gespräch nun doch im Herzensgrund *aneinander* völlig uninteressiert sind, und zwar bloß, weil der mit fleischlichen Ohren zu hörende *Name* auf beiden Seiten so ganz anders klingt. Der hörbare Name „Jesus Christus" ist freilich sehr wichtig. Er ist für uns fleischliche Menschen unentbehrlich. Doch scheint es mir, als fordere nun gerade der Träger dieses Namens, Er, der an und für sich *für uns alle* existiert, von seinem eigenen Entstehungsgrund aus dazu auf, den Zugriff, mit dem wir Ihn in diesem seinem Namen fest für uns selbst in Anspruch nehmen, zu lockern, ja, die Hand zu lösen. Damit wir seinen Namen nun gerade so als den des Heils für alle Menschen um so reiner und lauterer anrufen können.

Ein wenig fürchte ich wohl, daß meine vielleicht allzu offene Darstellung Sie oft erschreckt hat. Ich bitte Sie deswegen von Herzen um Entschuldigung. Doch wäre ich Ihnen sehr dankbar, wenn Sie mich eine Weile dulden und mit mir gemeinsam und im Vergleich mit dem buddhistischen Lehrsatz „*Amida* wurde *Hōzō*" nachdenken wollten, was das „werden" im christlichen Lehrsatz „Der Logos wurde Fleisch" eigentlich bedeutet[2].

[2] Hinweis des Herausgebers: Vom Verfasser erschien 1979 in der Reihe „Studien zur interkulturellen Geschichte des Christentums" ein Aufsatzband unter dem Titel „Reflexionen über die universale Grundfrage im Buddhismus und Christentum" zum Problem ebd. S. 81 ff.

Prof. Dr. Jürgen Moltmann

Tübingen, den 10. 1. 1975

Lieber Herr Takizawa,

gestern abend konnte ich mich nicht richtig von Ihnen verabschieden, weil Sie von Fragern und Verehrern umringt waren. Darum möchte ich Ihnen auf diese Weise noch einmal herzlich danken für Ihren Besuch in Tübingen, das Gespräch und Ihren Vortrag. Weil Sie Ihr Thema biographisch angefaßt haben, haben Sie auf viele Hörer einen tiefen Eindruck gemacht. Auch ich selbst glaube, Sie nun besser zu verstehen. Ich fühle keine grundsätzliche Differenz. Wie sollte auch eine solche in der gemeinsamen Nähe des Immanuel bestehen! Ich möchte aber eine Frage stellen:

Wird nicht durch die starke Betonung des göttlichen Immanuel *Jesus im Fleisch* auf eine Weise abgewertet, die doketisch werden kann? Ich war an Fichte erinnert: Nicht das Historische, allein das Metaphysische macht selig. Fichte begnügte sich deshalb mit dem Johannesprolog und brauchte die Evangelien nicht mehr. Ist man ans Ziel gekommen, braucht man des Weges nicht mehr zu gedenken. Jesus im Fleisch wird dann zum Vorbild für den ewigen Sohn Gottes als Urbild. Seine Passion und sein Tod für uns ist aber doch mehr als ein irdischer Widerschein für eine Geisterfahrung, die wir machen. Nach meiner begrenzten und „westlichen" Einsicht ist das objektive universale Versöhntsein des Menschengeschlechts in seinem, alle einschließenden Versöhnungstod begründet und nicht schon in seinem Urbildcharakter. Weil er „für uns" gestorben ist, sind wir alle schon in ihm, bevor wir es hören und erfahren, aber damit wir es hören und glauben.

Als Zeichen der Dankbarkeit für das Gespräch schicke ich Ihnen das Beigelegte.

Mit allen guten Wünschen<br>
Ihr<br>
Jürgen Moltmann

Heidelberg, den 21. Januar 1975

Lieber Herr Moltmann!

Recht herzlichen Dank für Ihren freundlichen Brief vom 10. 1. mit Ihren drei schönen Schriften. Ich wollte Ihnen auch schon gerne geschrieben haben – gleich nach meiner Rückkehr nach Heidelberg – um Ihnen nochmals meinen Dank auszudrücken und eine Frage gerade in Bezug auf Ihr „pro me" zu stellen. Leider war ich damals, als Ihr Brief ankam, noch mitten bei der Ausarbeitung eines Aufsatzes über „Christentum und Japan in der Krise der heutigen Welt" zur Unterlage für die Sozietät der hiesigen Fakultät am 31. Januar. So komme ich erst heute dazu, Ihnen etwas ausführlicher zu antworten.

Ihr Buch „Mensch" habe ich schon in Japan durchgelesen. Die Meditation über Mk 8,31–38 habe ich gestern mit Freude gelesen. Eigentlich sollte und möchte ich Ihnen erst schreiben, nachdem ich auch die dritte Schrift durchgelesen habe, die mich gewiß sehr interessieren wird, zumal ich auch ein Buch über „Spiel, Kunst und Leben" vor etwa 20 Jahren geschrieben habe. Dann würde es aber zu spät sein. So teilte ich Ihnen heute nur meine augenblicklichen Gedanken in Bezug auf die mir von Ihnen gestellten Fragen mit.

Die Lektüre Ihrer Meditation zu Mk 8,31–38 hat mich wohl einsehen lassen, warum Sie mir so freundlich schreiben: „Ich fühle keine grundsätzliche Differenz. Wie sollte auch eine solche in der gemeinsamen Nähe des Immanuel bestehen!" Ich hoffe auch, daß wir uns einander irgendwann völlig verstehen können.

1. „Das Wort ward Fleisch" im Prolog des Joh kann natürlich nicht bedeuten, daß sich das Wort in Fleisch verwandelt hätte; auch nicht, daß sich das Wort selbst erst irgendwie hätte in die Fleischeswelt hineinbegeben müssen, welche vorher von ihm selbst abgesondert und abgetrennt irgendwo in der bodenlosen Finsternis für sich liegt, um erst danach in den Kontakt bzw. Kampf mit der Fleischeswelt zu kommen. Angenommen, daß sich das Wort Gottes „irgendwie" bewegte, so könnte man gar nicht verstehen, woher und auf welche Weise das geschah. Der Satz wäre dann völlig leer und sinnlos. Denn das Wort, durch das alles geschaffen und gehalten ist, unter dessen Herrschaft auch der Mensch ist, diese ursprüngliche, unumkehrbare Beziehung, diese unverwechselbar-unübertretbare Grenze selbst – kann

nicht durch unsere Sünden, auch nicht durch die Kraft des Nichtigen vernichtet oder auch nur erschüttert werden. Abseits von dieser scharfen, realen Grenze irgendwo eine Sündenwelt vorauszusetzen, das wäre selbst nur eine Fiktion dessen, der „das Wort Gottes“ zwar im Munde führt, aber gar nicht versteht, was, wo und wie es existiert. Dies bedeutete ja gedankenlos der raffinierten Versuchung der Sünde oder des Nichtigen zu unterliegen, das sich uns so zeigt, als ob es eine mit dem Wort Gottes, mit Gott selbst, wetteifernde Kraft hätte.

„Das Wort Gottes ward Fleisch“ kann also nur bedeuten, daß es, ohne aufzuhören, es selbst zu sein, eine bestimmte fleischliche Gestalt annahm, an der uns geborenen Sündern offenbar gezeigt wird, was, wo und wie das Wort Gottes ist, bzw. wie wir Menschen von ihm ursprünglich geschaffen sind, wie töricht, frech und schamlos wir alle denken und handeln, als ob wir in einem vom Wort Gottes abgesonderten, für sich existierenden Raum wohnten.

Das Leben dieses Fleisches, das Leben des „fleischgewordenen Wortes Gottes“ wird insofern das Leben des Leidens, Dienens und Kämpfens bis zum Kreuzestode sein, durch das uns die größte nötige Hilfe in dieser Welt zum Erwachen zur Wahrheit unseres eigenen Lebens, zur Befreiung von unserer „mauvaise foi“ einschließlich des bisherigen tiefsten Sünderbewußtseins geleistet wird.

2. Durch meine Auslegung des Verses „das Wort ward Fleisch“ wird also nicht, wie Sie fürchten, „Jesus im Fleisch auf eine Weise abgewertet“, sondern gerade und genau als solches gewertet. Dann wird uns sogar auch klar, daß wir in der „Notwendigkeit“ des Kreuzes Jesu auf Golgatha zwei grundsätzlich verschiedene Seiten unterscheiden müssen, die sich in Wahrheit nie kontinuierlich behandeln lassen. Ich meine die Notwendigkeit, die direkt von der ursprünglich-wesentlichen Beziehung[1] zwischen dem Heiligen Gott und dem sündigen Menschen herkommt, und die Notwendigkeit, die von der kontingenten, jedoch von uns Menschen bewußt oder unbewußt gewählten Lebens- und Denkweise, kurz, von der jeweiligen innergeschichtlichen Situation bedingt ist.

Genau gesehen ist selbst bei Paulus, wie mir scheint, dieser Unterschied nicht völlig verwischt, wie man z.B. an 1.Kor 2,8 und 2.Kor 5,16 sehen kann. Haben Sie auch an dieses Problem gedacht, als Sie von jenem „muß“ der Verheißung Gottes (Meditation über Mk 8,31–38. S. 21) und der „göttlichen Notwendigkeit“ (eben dort S. 23) redeten?

---

[1] Ich sage hier „ursprünglich-wesentliche Beziehung“, um diese von den „innergeschichtlich-wesentlichen Beziehungen“ streng zu unterscheiden. Wenn diese Unterscheidung fehlt, wird man nie die menschliche Geschichte echt wissenschaftlich, d.h. durchaus methodisch und zugleich durchaus historisch-faktisch erforschen können.

Sie werden vielleicht sehen, daß sich meine Frage an Herrn Jüngel, wenn ich ihn damals nicht mißverstand, gerade auf diesen Punkt bezieht. Freilich durch den Glauben an das Urfaktum Immanuel oder den Immanuel im ersten Sinne (Karl Barth) sollte eigentlich von selbst eine Bahn eröffnet werden, auf der man die irdisch-zeitliche Geschichte des Lebens Jesus von neuem aufnehmen und genau so zur Sprache kommen lassen kann, wie sie wirklich war, ehe die christliche Verkündigung begann. Dazu müßte aber der Weg Karl Barths, der die faktische Möglichkeit der Erkenntnis des wahren Heilandes außerhalb der Mauern der christlichen Kirche anerkannte, bis zum Ende gegangen werden. Man dürfte nicht fürchten, völlig „abstrakt" zu werden. Diese Furcht kommt nur aus der unbewußten Hoffärtigkeit des Menschen, der vergessen hat, daß er nur als ein äußerst beschränktes Wesen vom Sein Gottes, des Menschen und der ganzen Welt denken kann. Hier sollten wir Christen das Verfahren der echten Zen-Buddhisten lernen, die von allen sichtbaren Gestalten einmal ablassen, um durch den großen, radikalen Tod hindurch aufzuerstehen. Die Theologie oder Theo-Anthropologie muß an einem äußersten Pol ihres Bereichs zur rein abstrakten Theorie werden, um sich gerade am anderen äußersten Pol völlig vorurteilsfreier, historisch-kritischer Forschung zu entwickeln. Das fordern uns heute gerade die biblischen Darstellungen unausweichlich ab. Solange wir hier zurückweichen, werden wir nie vom bisherigen, halb-historischen, halb-metaphysischen Verfahren ganz loskommen können. Erst durch jene beiden äußersten Pole hindurch werden wir den Weg betreten können, die biblische Geschichte so wie sie geschah zu verdeutlichen.

3. Über Fichte kann ich nicht gut urteilen, weil ich ihn kaum kenne. Nishida aber hat in seiner frühen Zeit Fichte oft zitiert. Später dagegen hat er damit völlig aufgehört. Vielleicht, weil er die grundsätzliche Verschiedenheit zwischen sich selbst und Fichte bemerkte. Neigt Fichte nicht dazu, die scharfe Grenze, den unauflöslichen, realen Widerspruch zwischen Gott und Mensch, den man als solchen zu denken lernen muß, irgendwie künstlich aufzulösen, wie es dann bei der Hegelschen Dialektik sehr klar der Fall ist?

„Die Selbstidentität des absolut Widersprechenden" ist eben als solche ohne Erweichung oder Auflockerung zu denken, d. h. im Menschsein, je bei einem Ich-Selbst als unauflösbar-unwiderlegbare Tatsache zu entdecken. Sie ist für uns geborene Blinde, die wir unbewußt immer in isoliert-abstrakter Weise denken, nicht so leicht zu verstehen, wie es Herr Dr. Welker zu meinen scheint. Hier sollte man auch beim Zen-Buddhisten lernen, für den das christliche Bekenntnis „Jesus ist Christus, der Sohn Gottes", nämlich ein fleischlicher Mensch sei direkt eins mit dem allmächtigen Gott, eine große Frage ist, die durchzudenken er etwa im Namen „Geheimnis, Ärgernis" usw. nicht aufhören würde, bis daß Gott, der Heilige Geist, ihn von aller künstlichen Dialektik befreit und ihm die Augen öffnet, diese absolute, gestaltlose Wahrheit klar zu schauen.

4. Sie schreiben: Seine Passion und sein Tod für uns ist doch mehr als ein irdischer Widerschein für eine Geisteserfahrung, die wir machen! Soweit stimme ich Ihnen völlig zu. Das Urfaktum Immanuel, das ich meine, der Immanuel im ersten Sinne bei Karl Barth, ist aber keineswegs „eine Geisteserfahrung, die wir machen.“ Unsere Geisteserfahrung, wie hoch und vollkommen sie auch immer sein mag, kann selbst nicht mehr sein als ein irdischer, antwortender Widerschein des uns aufrufenden Urfaktums Immanuel. Ich meine nur, daß im geschichtlichen, wirklichen Leben, Passion und Tod Jesu, von dem das NT erzählt, sicher eine solche Seite enthalten ist, die man als eine Weise der Selbstbestimmung des fleischlichen Menschen „Vorbild“ nennen darf, die also von der anderen Seite – nämlich vom Sein bzw. vom Wirken des Immanuel im ersten Sinne – streng unterschieden werden muß.

Was ich demgegenüber „Urbild“ genannt habe, ist auf keinen Fall unsere geistige Erfahrung, einschließlich des Glaubens und der Dogmen, sondern Gott, der Immanuel selbst, im Sinne von Gen 1,27, der Adam als sein Ebenbild geschaffen hat, der also dementsprechend das an und für sich real Seiende, lebendige „Urbild“ genannt werden darf.

Dieses Urfaktum Immanuel braucht gar nicht von etwas anderem zuvor begründet zu werden. Es kann von keinem innergeschichtlichen Ereignis „begründet“ werden –, auch wenn dies die Empfängnis und Geburt Jesu von Nazareth oder sein Kreuzestod wäre. Das Verhältnis zwischen dem Urfaktum Immanuel und den innergeschichtlichen Worten und Taten der nur dort und damals existierenden Gestalt Jesu ist in Wahrheit völlig umgekehrt. Sonst würde für uns das Kreuz auf Golgotha selbst in der Luft schweben, weil dann dabei der Fels, auf den das Haus aufgebaut werden soll (Mat 7,24), völlig außer Acht gelassen wird.

Der Immanuel im ersten Sinne, den die Bibel den ewigen Christus nennt, stellt wohl alle Menschen einschließlich des Menschen Jesus von Nazareth gleich. Diese radikale Gleichstellung hat Jesus, sofern er ein fleischliches, menschliches Subjekt ist, niemals von sich zurückgewiesen. Die schonungslose Gleichstellung macht keinen Menschen – nicht nur nicht Jesus von Nazareth – zu einem Beispiel eines so hohen und universalen Gattungsbegriffs, sondern setzt ganz im Gegenteil jeden Menschen als einen unersetzbaren mit keinem anderen verwechselbaren Menschen ein, der sich selbst jeden Augenblick ein für allemal auf seine eigene Verantwortung hin bestimmen soll, weil das Subjekt dieser Gleichstellung kein vom einzelnen Menschen abgeleiteter Allgemeinbegriff, sondern eben Gott, der Herr, der Schöpfer, Versöhner und Richter selbst ist. Wenn man also fürchtet, daß diese Gleichstellung Jesus im Fleisch zu einem bloßen Beispiel einer Idee herabsetzen würde, ist man dann nicht schon vom „religiösen Geist" des Nichtigen gefangengenommen, der alle anderen Menschen zu bloßen Beispielen der vorausgesetzten Dogmen herabsetzen will?

5. Brauche ich noch zu erklären, daß die Anerkennung des Urbildes des Menschen in Jesus von Nazareth nichts mit dem sogenannten Doketismus zu tun hat? Denn das Urbild im oben erwähnten Sinne ist weder Idee, noch Begriff noch ein Geist, der in einem von dieser Erde abgesonderten hohen „Himmel" schwebt, sondern jedes Mal ganz konkret und individuell also im strengsten Sinne leiblich, es lebt und herrscht überall, wo ein Mensch wirklich da ist, – ganz ungeachtet seines spezifischen Charakters. Daß dieses Urbild nie zu unserem Bewußtsein wird, daß es niemals mit fleischlichen Augen zu sehen ist, daß es sich auf keinen Fall in den nur dort und damals vorhandenen fleischlichen Leib Jesu einschließen läßt, das hindert keineswegs, daß es selbst persönlich und leiblich ist und lebt. Solange wir alle in unserem Leben und Sterben auf dieser Erde gleichförmig mit Jesus von Nazareth werden, wird dieses Urbild, Christus, der Sohn Gottes, der sich selbst im Kreuz auf Golgatha geoffenbart hat, niemals aufhören, in jedem von uns selbst zu leiden, genau wie in Jesus auf Golgatha.

Sie wollen den sichtbaren Leib Jesu am Kreuz in keinem Sinn als Zeichen gelten lassen – aufgrund der Bibel, die das Kreuz Jesu niemals ausdrücklich als Zeichen benennt. Dieselbe Bibel läßt aber Simeon vorhersagen, „siehe, dieser wird gesetzt zum Fall und Aufstehen vieler in Israel und zu einem Zeichen, dem widersprochen wird" (Luk 2,34). Außerdem bezeichnet Jesus sich selbst nach Mt als „Zeichen der Zeit" (Mt 16,3). Darf man denselben Leib Jesu als zwei wesentlich verschiedene Sachen auffassen? Übrigens verstehe ich unter dem „Zeichen" nicht Zeichen unserer „geistigen Erfahrungen", überhaupt keine von uns geschaffenen Zeichen für andere einzelne Dinge, sondern vor allem die Zeichen, die Gott, den Schöpfer, Versöhner und Richter selbst in irgendeiner Weise inmitten dieser Welt ausdrücken, also Gestalten der Geschöpfe, insbesondere der Menschen, zwischen denen dann auch verschiedene Zeichenbeziehungen notwendig entstehen werden. Es scheint mir, daß in der Bibel das Wort „Zeichen" in einem solchen Sinne gebraucht ist, was ich freilich noch genauer und ausführlicher untersuchen und nachweisen müßte.

6. Zum Schluß möchte ich Sie vielmehr fragen, was Sie meinen, wenn Sie vom „pro me" vor dem Geschehen des Urfaktums Immanuel reden? Was für ein „Ich" ist es? Wo liegt es eigentlich? Kann es überhaupt einen Raum in

Wirklichkeit geben, der abgesondert vom Urfaktum Immanuel, außerhalb der direkten Herrschaft dieses Gottes bestünde? Ist im Immanuel im ersten Sinne dagegen nicht notwendig das „für uns“ in der in jedem Augenblick neuen schöpferisch-eschatologischen Spannung enthalten, wie es am klarsten in der Lebensgeschichte Jesu von Nazareth bis zu seinem Kreuzestod geoffenbart ist? Gott, dem Immanuel im ersten u. zweiten Sinne entsprechen könnte und müßte man auch „für uns“ im ersten (urgeschichtlichen) und zweiten, innergeschichtlichen Sinne unterscheiden, – ebenso in bezug auf „ein für allemal“.

Lieber Herr Moltmann, hoffentlich habe ich im Leben noch eine Gelegenheit, über das alles mit Ihnen zu sprechen. Bitte grüßen Sie von mir recht herzlich Herrn Käsemann, Herrn Jüngel, alle Ihre Kollegen und auch unsere japanischen Studenten.

Mit herzlichem Dank und Gruß und allen guten Wünschen für Sie und Ihre liebe Familie

Ihr Katsumi Takizawa

Prof. D. Helmut Gollwitzer, D. D.

1 Berlin 33, den 29. 11. 77

Verehrter, lieber Herr Takizawa!

Mit dem Wiedersehen hat es leider bei Ihrem letzten Aufenthalt in Berlin wieder nicht geklappt; mir wurde zu spät klar, daß es die angekündigten Tage Ihres Kommens nach Berlin sind, und deshalb habe ich zu spät angerufen. Nun hoffe ich sehr, daß wir uns bei Ihrem letzten Aufenthalt in Berlin im Februar wirklich sehen werden. Zur Vorbereitung darauf und zum Dank für Ihre Briefe und für die zwei zugesandten Vorträge möchte ich nun versuchen, meine Gedanken zu der Anfrage an Barths – und nicht nur Barths – Christologie einmal zu ordnen. Übrigens ist der Vortrag über „Die Rechtfertigung im Buddhismus und im Christentum" mir besonders eindrücklich gewesen. Ich würde ihn sehr gern in unserer Zeitschrift „Evangelische Theologie" veröffentlicht sehen und bitte Sie, mir auf einer Karte kurz mitzuteilen, ob ich ihn an die Schriftleitung weiterschicken darf; eine Veröffentlichung außerdem noch an anderer Stelle können Sie sich vorbehalten, so daß dieser dann nichts im Wege stehen würde.

Sie haben auf die Gegenfrage, die Markus Barth ihnen auf dem Leuenberg mit Berufung auf den Johannes-Prolog gestellt hat, ihm ausführlich geantwortet; das ist – wie alles, was ich von Ihnen gelesen habe, – in meine Überlegungen eingegangen. Besonders eindrücklich war mir bei jenem Abendgespräch auf dem Leuenberg aber das Votum von Hans Georg Geyer; denn er sprach genau das aus, was ich immer stärker empfinde, und was ich schon am Nachmittag vorher Ihnen anzudeuten versuchte. Als Ihre Anfrage an Barth uns vor Jahren bekannt wurde, löste sie zunächst einen Befremdungseffekt aus und damit auch einen Widerstand, bei dem mich aber immer schon beunruhigte, ob es bei ihm bleiben müsse, und ob mit ihm bestimmte Motive, die hinter Ihrer Anfrage stehen, nicht niedergeschlagen würden, bevor sie in ihrem ganzen Ernst gehört sind. Herr Geyer bat Sie zu verstehen, aus welchen Sorgen wir gehindert sind, uns Ihren Darlegungen anzuschließen, und er gab Ihnen und uns allen zu erwägen, ob diese Sorgen nicht vielleicht bedingt sind durch unsere spezifische geistesgeschichtliche Situation im Abendland. Sollte das zutreffen, dann müßte die Erkenntnis der historischen Bedingtheit unserer Denkweise uns offen machen für Ihre andersartige Weiterführung des Barthschen Ansatzes (um eine solche handelt es sich ja bei Ihnen, und nicht um ein Verlassen, wie Sie mit Recht immer wieder betonen) und andererseits uns wachsam sein lassen dafür, daß nicht Ihre aus einer anderen historischen Situation entstehende Denkweise bei uns in unserer Situation diejenigen schädlichen Folgen hat, von denen Barth sich abzukehren und gegen die er die Theologie zu sichern sich genötigt sah.

Worum es sich dabei handelt, kann ich am besten klarmachen, wenn ich den erwähnten Befremdungseffekt schildere: Innerhalb des großen Problems, das die Vereinigung von hebräischen und griechischen Denktraditionen in der abendländischen christlichen Theologie für diese Theologie von jeher bedeutete, gehört es zu ihren besonderen Aufgaben, nicht dem Sog des Allgemeinen zu verfallen, das in der griechischen Tradition vorherrscht – nicht also von allgemeinen Begriffen auszugehen und unter sie das Konkrete zu subsumieren, also den lebendigen Gott als Einzelfall des allgemeinen Begriffes Gott anzusehen und von daher vorbestimmt sein zu lassen, sondern ganz entschieden aus dem Konkretum des lebendigen Gottes, seines Bundes mit Israel, seiner Offenbarung in Jesus Christus die allenfalls notwendigen Allgemeinbegriffe zu entwickeln, bzw., soweit sie von außen dargeboten werden, umzubestimmen. Barth und Martin Buber haben zur gleichen Zeit diesen Ausgang vom Konkreten betont; bei Barth, weil christologisch bei dem Konkretum Jesus von Nazareth ansetzend, geschieht das noch konsequenter als bei Buber. (Auch Ihnen ist das Wort konkret wichtig, gerade für die Beziehung des Menschen zum göttlichen Urgrund, und ich würde mich freuen, wenn Sie Ihr Verständnis von konkret in dieser Beziehung einmal genauer darlegten.) Die griechische Komponente des abendländischen Denkens wirkte immer wieder auf eine Lockerung dieses konkreten Denkens und auf seine Übermächtigung durch den Ausgang vom Allgemeinen her hin. In der Theologie des 19. Jahrhunderts zeigte sich das besonders deutlich, wenn auch in anderer Weise als z.B. in der scholastischen Gotteslehre; deshalb wurde ihr die Christologie zur besonderen Schwierigkeit. So hat etwa David Friedrich Strauß in seiner „Glaubenslehre“ in der dortigen, höchst gescheiten Darstellung Schleiermachers behauptet, die Christologie sei für Schleiermacher ein unbewältigter Fremdkörper geblieben. (Umgekehrt behauptet soeben der dänische Theologe Jörgensen in seinem eben erschienenen Buche „Das religionsphilosophische Offenbarungsverständnis des späteren Schleiermacher“ eine Konvergenz zwischen Schleiermacher und Barth, die gerade in Schleiermachers Bindung an die Christologie bestehe und von Barth freilich nicht erkannt worden sei.) Der Subjektivismus der von Schleiermacher ausgehenden Theologie samt der Leben-Jesu-Forschung mußte die Lehre von der Inkarnation auflösen und konnte Jesus – etwas verkürzt gesprochen – nur als besonders exemplarische Gestalt der liebenden Aufnahme der Gottesidee in das menschliche Bewußtsein verstehen. Die vom alten Dogma behauptete Präexistenz des logos ensarkos wurde unterschieden in die Präexistenz des logos asarkos und in dessen zeitliche Verleiblichung im Menschen Jesus. Diese Unterscheidung öffnete die Tür für die Vorstellung, daß prinzipiell solche Verleiblichung auch andererwärts in anderen Personen geschehen könne, ja daß Jesus als der „Erstgeborene unter vielen Brüdern" (Römer 8,29) nur der primus inter pares ist – und Sie wissen vielleicht, daß von da aus Troeltsch den Ausweg aus der Frage der Absolutheit des Christentums fand: Es ist die Gottesoffenbarung für den europäischen Kulturkreis, nicht aber für die ganze Menschheit aller Zeiten und aller Kontinente. Mit der Einzigartigkeit der durch die Inkarnation geschehenen Verbindung Gottes und Jesu von Nazareth zu derjenigen Art von Identität, die das Chalcedonense zu formulieren versucht hat, fiel dann auch die Universalität der Gottesoffenbarung in Jesus weg. Und Gott erschien als von seiner Christusoffenbarung abgelöster, transzendenter Hintergrund, wodurch die Konkretheit des lebendigen Gottes der Allgemeinheit der Gottesidee verfiel.

Mit einem Exempel für die Folgen dieser Auffassung hatte ich vor einigen Jahren zu tun, als die mir befreundete Witwe von Adolf Grimme, einem religiösen Sozialisten, führenden Sozialdemokraten und früheren preußischen Kultusminister, der in der Zeit seiner Zuchthaushaft unter den Nazis ein Buch schrieb, dessen Manuskript sie mir mit der Bitte, es zu veröffentlichen, übergab. Grimme, der ein hochgebildeter Mann und Schüler Edmund Husserls gewesen war, wendet hier Husserls phänomenologische Methode auf das Johannesevangelium an und kontrastiert heftig Johannes gegen Paulus. In Paulus sieht er den Vertreter dessen, was Sie „fanatischen Christomonismus" nennen, den Verursacher einer Kirchenlehre, die den Glauben gesetzlich an das Fürwahrhalten eines Faktums bindet (ähnlich wie Buber in seinem Buch „Zwei Glaubensweisen") und Gott die Freiheit nimmt, immer neu sich in gleicher Weise zu offenbaren, wie er es in der Verbindung seines Wortes und Geistes mit dem Menschen Jesus getan hat. Deshalb unterscheidet er den logos von Jesus als dessen nicht einmaliger, sondern bestenfalls erstmaliger Offenbarungsgestalt. Und zitiert dafür bezeichnenderweise Fichtes Wort: „Nicht das Historische macht selig", sondern eben der logos, der in Jesus waltet als dem „Beispiel aller Beispiele", aber nicht auf ihn beschränkt, auch nicht allein durch seine Offenbarung in Jesus auf alle anderen Menschen wirkend. Ich war mit dieser Christologie Grimmes so wenig einverstanden, daß ich es ablehnte, die Veröffentlichung zu übernehmen, wohl aber dazu beitrug, daß das Buch veröffentlicht wurde; ich habe es in seiner Bedeutung kritisch gewürdigt in einer Besprechung (EvTh 1970, 444–447). Wenn Sie sich meine Besprechung oder gar dieses Buch („Sinn und Widersinn des Christentums", Heidelberg 1969) ansehen, dann werden Sie festellen können, ob irgendeine Analogie zwischen dem von Ihnen Gemeinten und einer solchen Auffassung besteht, jedenfalls aber die Befürchtungen erkennen, aus denen immer wieder unsere Gegenfragen gegen Ihre Anfrage entstanden sind. Insofern ist das Buch ein gutes Beispiel für Geyers Hinweis auf die spezifische Problematik unserer Situation. Als Barth sich von dem Subjektivismus des 19. Jahrhunderts und von der philosophischen Umklammerung der Theologie abwandte und das strenge dogmatische Fragen wieder aufnahm, mußte ihm die einzigartige, universal geltende, nicht wiederholbare und keiner Wiederholung bedürftige Selbstidentifizierung Gottes mit dem Menschen Jesus von Nazareth der Ausgangspunkt seines Nachdenkens über das christliche Offenbarungsverständnis werden.

Das ist sozusagen der Stand unserer Diskussion bis zum heutigen Tage. Ich möchte nun versuchen, ganz ungeschützt darzustellen, weshalb mich Ihre Anfrage trotzdem nicht in Ruhe gelassen hat, und in welcher Weise ich mich ihr im Laufe dieses jahrelangen Nachdenkens angenähert habe – aber auch, welche Gegenfrage bisher dennoch für mich bestehen bleibt.

Daß wir den sog. Absolutheitsanspruch des Christentums neu überdenken müssen, ist mir seit langem klar, sowohl wegen des sich damit legitimierenden hybriden Imperialismus der weißen Rasse, wie er auch Theorie und Praxis der Mission der christlichen Kirche bestimmt hat (ich weise Sie dafür auf das eben erschienene Heft von „Verkündigung und Forschung" 2/1977 hin!), vielen Völkern zum schrecklichen Verhängnis, als auch wegen der heutigen Begegnung der Religionen, für die im ökumenischen Bereich nicht zufällig heute lieber das Wort Dialog statt Bekehrung gewählt wird. Wir sind in dieser Hinsicht noch ganz im Tasten, wie Neu-Delhi 1961 und die warnenden Rufe von Visser't Hooft und Wilhelm Niesel gezeigt haben. Daß es sich dabei weder um die Absolutheit der christlichen Religion noch der christlichen Kirche, sondern der Person Jesu Christi handelt, wie man heute zu sagen pflegt, ist ein Fortschritt, aber Ihre Frage ist eben, ob er genügt. Bei Barth ist dieser Fortschritt am konsequentesten durchgedacht, und wir haben ja gerade an dem Abschnitt über die Wörter neben dem Wort und die Lichter neben dem Licht auf dem Leuenberg uns vorgeführt, daß weder Verengung noch imperialistische Hybris die unvermeidliche Folge sein müssen, bei Barth jedenfalls nicht gewesen sind. Ich finde das bei Ihren abschätzigen Ausdrücken „fanatisch" und „vulgär" noch zu wenig bedacht. Aber, wie gesagt, ich bin beunruhigt von Ihrer Frage und frage deshalb selber weiter. Ihre Gedanken unterstreichen mir, daß, was sich auch bei Barth findet (KD II/1, 55–67), innerhalb der hypostatischen Union der beiden Naturen zu unterscheiden ist zwischen dem Offenbarenden und dem Zeichen und Mittel seiner Offenbarung, also dem Menschen Jesus. Was diesen Menschen zu einem besonderen Ereignis macht, geschieht nicht um seiner selbst willen, also auch nicht dazu, daß unsere Blicke bei ihm haften bleiben, sondern um des lebendigen Gottes willen, dazu also, daß, wie Luther sich ausdrückte, unsere Augen zwar ansetzen bei der untersten Stufe, zu der sich Gott herabgelassen hat, von ihr aber aufsteigen zum lebendigen Gott selbst. Die christliche Theologie hat bei aller Betonung der Identität immerhin doch auch die Nichtidentität festhalten zu müssen gemeint – und bei Barth wird das vorangetrieben bis zu dem freien Gegenüber der zwei Subjekte Gott und Jesus (KD IV/3, § 70,1). Das Motiv für dieses Festhalten der Nichtidentität war Jesu Gemeinschaft mit uns Menschen, seine Stellvertreterfunktion, sein Brudersein mit uns allen, damit die Realität der Kondeszendenz Gottes in unser Fleisch und in unser Elend. Aber die dabei noch nicht genügend bedachte Konsequenz dieser Nichtidentität besteht darin, daß Gottes Wirklichkeit zwar ganz eingegangen ist in seine Selbstidentifizierung mit Jesus, nicht aber sich in ihr erschöpft. Das Extra-Calvinisticum, das Barth verteidigt hat, müßte Ihnen von daher sympathischer sein als die lutherische Christologie. Durch die christologische Konzentration konnte verdunkelt werden, daß Gottes Wirklichkeit und Gegenwart der menschlichen Kreatur auch in ihrem Abfall nicht fremd wird, daß also in der Offenbarung Gottes in Jesus nicht insofern etwas Neues beginnt, als würde ein abgerissener Faden neu angesponnen, oder als begänne jetzt erst eine Verbindung Gottes mit den Menschen, wie sie vorher nicht bestanden habe (die Gefahr bei der lutherischen und der reformierten Form einer heilsgeschichtlichen Bundestheologie, die zugunsten des Christusbundes die vorhergehenden Bünde abwertet). Daß Gott seiner Kreatur, wie sie sich zu ihm auch verhalten möge, treu und gegenwärtig bleibt, und daß sie allein dadurch zu leben vermag, davon darf nicht zum Ruhme der Besonderheit der Christusoffenbarung etwas abgestrichen werden. So ist dann die Christusoffenbarung nicht, wie Calvin sagte, die restitutio der ursprünglichen Gottesverbindung, als sei diese verlorengegangen, sondern die Bestätigung und Offenbarung dieser Verbindung gerade als einer nicht abgerissenen von seiten Gottes.

So hat jene Nichtidentität zur Folge: Es geht nicht um Jesus, sondern um Gott – und die Frage ist, zu welchen Folgerungen dieser Satz führt. Paul Tillich z. B. hat immer mit diesen Problemen gerungen, um das Paradox der Partikularität und der Universalität der Christusoffenbarung verständlich machen zu können. Darum sagt er, die Christusoffenbarung sei „die letztgültige Offenbarung, nicht die letzte", und zwar gerade deshalb, weil sie „die Macht hat, sich selbst zu verneinen, ohne sich selbst zu verlieren", d.h., weil die Offenbarung hier ein Medium hat, „das seine eigenen endlichen Bedingungen überwindet, indem es sie und sich selbst mit ihnen opfert", nämlich die Versuchung überwindet, „für sein endliches Wesen Unbedingtheit zu beanspruchen". Jesus „ist der Christus als der, der alles, was nur ‚Jesus' in ihm ist, zum Opfer bringt", und der deshalb sagt: „Wer an mich glaubt, der glaubt nicht an *mich*" (Joh 12,44) (Syst. Theol. I, 160–165, dazu II ab 107 – Schluß). Ich würde gern wissen, ob Sie diese Texte kennen und wieweit Sie mit ihnen übereinstimmen und sich von ihnen unterscheiden. Die obengenannte abendländische Gefahr zeigt sich dabei aber auch bei Tillich daran, daß er zunächst – und dies eben scheint mir idealistisch – von Offenbarung und Religion höchst allgemein sprechen kann, wie es in der Gotteslehre des 1. Bandes seiner Syst. Theol. besonders deutlich wird, und deshalb in Probleme gerät, die er mit seinem „Gott über Gott" in seiner Schrift „Mut zum Sein" nur ganz unbefriedigend bewältigt – weshalb aber gerade dies einer Barth überdrüssigen Generation der zwei Jahrzehnte nach 1945 besonderen Eindruck gemacht hat. Darüber habe ich mich einmal mit einem Tillichaner auseinandergesetzt (EvTh 1966, 652ff.). Bei einer Beurteilung Tillichs gerade von Ihrer Seite wäre m.E. wohl zweierlei zu unterscheiden: Einerseits wird bei ihm, wie gesagt, diejenige Gefahr sichtbar, derentwegen H.G. Geyer Sie um Geduld mit unserem Widerspruch bat. Sie zeigt sich an Tillichs Gotteslehre (Syst. Theol. I), in der, um anthropomorphe Rede von Gott auf eine „eigentlichere" Rede von Gott hin zu übersteigen, der biblische Name Gottes ersetzt wird durch das „Sein selbst", was schließlich von einer philosophischen Gottesidee nicht mehr unterscheidbar ist; Tillich hat ja in seiner Schrift „Biblische Religion und die Frage nach dem Sein" diese Ununterscheidbarkeit geradezu zu seinem Programm gemacht. Mit dieser Tillichschen Gotteslehre aber wollen Sie sicher nichts zu tun haben; denn was Sie vom Willen und Wirken des lebendigen Urgrundes sagen, stimmt wohl mit Barths Gottesaussagen überein, nicht aber mit Tillichs Abstrahierungen. – Andererseits läßt sich Tillichs Christologie auch abgesehen von dieser spezifisch abendländischen Gefahr betrachten, zunächst einmal für sich, und hier eben entsteht mir die Frage nach Ihrer Übereinstimmung mit ihm. Denn mit seinem Begriff „letztgültig" möchte er gerade vermeiden, Gottesoffenbarung auf die Jesusoffenbarung einzuengen und allen sonstigen Gotteserfahrungen der Menschheit Authentizität abzusprechen. Dieses Problem hat ihn immer bewegt, und bei unserer letzten Begegnung, nach einem längeren Japanaufenthalt mit hervorragenden Zen-

Buddhisten, schaute er mich nachdenklich an und sagte: „Herr Gollwitzer, es ist wirklich unmöglich, nur *eine* Offenbarung zu behaupten!“

Das führt mich zu der Frage nach dem zentralen Motiv Ihrer Anfrage. Habe ich es gerade durch Ihren neuen Buddhismus-Aufsatz recht verstanden? Es geht Ihnen darum, aufgrund der unabgerissenen, dauernden Lebensgegenwart Gottes zu seinen Geschöpfen theologisch die Möglichkeit der gleichen Gnadenoffenbarung auch extra Jesum Christum offenzuhalten, die Christologie also vor dem logischen Zwang, dies leugnen zu müssen, zu bewahren. Deshalb führen Sie immer wieder gerade diejenige Gestalt des Buddhismus vor, deren Nähe zur reformatorischen Gnadentheologie den christlichen Theologen Kopfzerbrechen gemacht hat (vgl. neben Barths entsprechenden Seiten – KD I/2, 376ff. –, mit denen Sie sich ja schon auseinandergesetzt haben, auch Paul Althaus, „Theologische Aufsätze“ 1929, I, 199ff.). Läuft es bei Barth darauf hinaus, daß dort drüben im Buddhismus der Name Jesus Christus fehlt, so bei Althaus, daß die Historizität Jesu fehlt, also die Realität der Inkarnation; beides dürfte im Grunde das gleiche Argument sein. Auch Sie haben damit zu schaffen in Ihren beiden Buddhismus-Aufsätzen, und hier setzt nun, ungeachtet meiner bisherigen Annäherung und meiner Teilnahme an Ihrem Zentralmotiv, meine Gegenfrage ein. (Neben-Anekdote: Als ich meiner Frau sagte, worum es sich in diesem Brief an Sie handele, nämlich, einfach ausgedrückt, ob Gott seine Gnade auch außerhalb Jesu den Menschen offenbart habe, antwortete sie spontan: „Aber sicher!“ – Was dem Theologen Kopfzerbrechen macht, ist dem Glauben gewiß; denn sie sagte das nicht im rationalistischen Vertrauen auf ein lumen naturae et rationis, sondern im christlichen Vertrauen auf Gottes Zugewandtheit zu allen Menschen, das auch aus Ihren Darlegungen spricht.) Hier aber schlägt, da ich ja nun eben doch in theologischer Verantwortung denken muß, meine Annäherung an Sie und meine Teilnahme an Ihrem Zentralmotiv in eine noch unbeantwortete Frage um:

Die Singularisierung der rettenden Gnadenoffenbarung in dem Ereignis Jesus Christus, wie sie in der christlichen Theologie aufgrund neutestamentlicher Aussagen stattgefunden hat und von Barth besonders energisch vollzogen worden ist, spricht die Universalität dieses Ereignisses und seinen Tatcharakter aus.

1. Die Universalität: Es ist zu fragen, ob die Eröffnung der Möglichkeit, die Gnadenbotschaft des Jodo-Shinshu gleichzusetzen mit der Gnadenbotschaft des Evangeliums von Jesus Christus, den Ausdruck, den in letzterer die Universalität der göttlichen Gnade findet, nicht etwa überbietet, sondern unterbietet. Das eph hapax besagt ja, daß die Gnadenentscheidung Gottes so unwiderruflich und universal ist, daß sie keiner Ergänzung und Wiederho-

lung bedarf. Barth hat das mit seiner Unterscheidung von de jure und de facto besonders radikal ausgedrückt, – wie radikal, das zeigte die verwunderte und auch verständnislose Gegenfrage Emil Brunners, ob denn die Gnade Gottes in Jesus Christus auch allen Menschen ante Christum natum extra Israel gelte, was Barth natürlich sagen will. Eine häufigere Gnadenoffenbarung ist also nicht nötig und würde dieser einmaligen Abbruch tun, – und zwar eben dann, wenn man unter Offenbarung nicht nur Kundgabe versteht, sondern Selbstmitteilung Gottes in realer Gemeinschaft mit den Menschen, also Bund, wie es bei Barth immer mitzudenken ist. Dann freilich eröffnet sich die Frage, wie dies der Erkenntnis der Menschen mitgeteilt wird, also die Frage der Kundgabe, und dies hat offenbar Barth veranlaßt, gerade nach seiner Zentrierung auf das Jesus-Ereignis die reformatorische Verbindung von Ereignis, Verkündigungswort und Heiligem Geist etwas zu lockern, sowohl in seiner Tauflehre wie auch in seiner Lichterlehre. Eine Theorie auf der Linie Barths, die Ihren Aufweis des Jodo-Shinshu so miteinbeziehen will, daß sie ihn nicht – wie in jenen früheren Stellungnahmen von Barth und Althaus – ad majorem gloriam Christianismi abwertet, müßte also etwa so aussehen, daß sie solche auffallenden Kongruenzen der Religionsgeschichte (wie ich zu hören vermeine, gibt es das auch in afrikanischen und indianischen Traditionen, wenn auch nicht auf einer so hohen Reflexionsstufe wie in Japan) in den Bereich der „Austeilung" des Gnadenereignisses gehören läßt. „Austeilung" ist ein Begriff, den Luther in diesem Zusammenhang gern verwendet; im Großen Katechismus heißt es in der Auslegung des dritten Artikels: „Das Werk ist geschehen und ausgerichtet; denn Christus hat uns den Schatz erworben und gewonnen durch sein Leiden, Sterben und Auferstehen etc. Aber wenn das Werk verborgen bliebe, daß niemand wüßte, so wäre es umsonst und verloren. Daß nun solcher Schatz nicht begraben bliebe, sondern angelegt und genossen würde, hat Gott das Wort ausgehen und verkünden lassen, darin den Heiligen Geist gegeben, uns solchen Schatz und Erlösung heimzubringen und zuzueignen". Diese Verbindung von Gottes Werk in Jesus und Verkündigungswort ist einleuchtend als Sinngebung für die christliche Predigt und Mission und für ihre unverzichtbare Bindung an das extra nos im Jesus-Ereignis, an die Beziehung des Glaubens auf diese konkrete Geschichte. Aber sie hat die christliche Theologie immer in Verlegenheit hinsichtlich der Universalität des Jesus-Ereignisses gebracht, wie jene Frage von E. Brunner zeigt: Was ist mit denen, die nie Gelegenheit hatten, diese Predigt zu hören (und auch mit denen, die nur sehr schlechte christliche Predigt zu hören bekamen!)? Das gab Schwierigkeiten bis in die Prädestinationslehre hinein. Hier geht nun Barth in KD IV/3 gegenüber I/2 weiter, indem er die „wahren Worte" nicht nur, wie die frühere Theologie sich half, ihre Wahrheit beziehen läßt aus einer revelatio generalis, sondern sagt, die Gemeinde solle sie verstehen als wahre Worte, durch die ihr Herr Jesus Christus selber sie von draußen her anspricht. Er hat dabei, wie seine Beispiele zeigen, mehr an allerlei Wahrheiten, die das menschliche Leben allgemein betreffen, bis zum Sozialismus hin, gedacht und sich offenbar nicht mehr an das buddhistische Problem von I/2 erinnert. Aber gerade da bekäme es seine besondere Bedeutung: Diejenigen Menschen, die aus objektiven Gründen von der Nachricht von Jesus Christus nicht erreicht werden konnten, haben hie und da doch jedenfalls die Sache, um die es dabei geht, die unwiderrufliche, treue Bundesgnade Gottes offenbart bekommen. („Hie und da" sage ich, weil auch dadurch der freie, unerforschliche Ratschluß Gottes nicht aufgehoben wird, der uns oft so sehr mit einer Warum-Frage zu schaffen macht, und der darin besteht, daß die Universalität der Gnade eben doch nicht allen Menschen gleichermaßen und allenthalben zu Gehör kommt.) Diese auffallenden Gnadenphänomene der Religionsgeschichte wären dann Hinweis auf die Möglichkeit des Heiligen Geistes, auch denen, die von Jesus Christus nichts „wissen" können, das Vertrauen zu der ihnen unverbrüchlich zugewandten Liebe Gottes zu eröffnen.

2. Das ist ein Vermittlungsvorschlag, den ich Sie zu prüfen bitte. Er beruht darauf, daß mir nicht deutlich ist, wie bei Ihrer Parallelisierung der Jesus-Botschaft und des Jodo-Shinshu unter der gemeinsamen Überschrift der Christustreue Gottes der Tatcharakter zu seinem Recht kommt, der der Offenbarung Gottes in Jesus Christus eigen ist und der wahrscheinlich von Barth und Althaus eigentlich gemeint war. Dies führt uns in den Bereich der Versöhnungslehre, mit der ich mich immer wieder besonders beschäftigt habe, ohne daß es mir bisher möglich gewesen wäre, druckfertig zu machen, was dazu in meinen Papieren steht. Um auf die mittelalterliche Diskussion zurückzugreifen: Für Abaelard ist das Jesus-Ereignis die Kundgabe der unveränderlichen Liebe Gottes, ähnlich für A. Ritschl. Anselm setzt dagegen die Frage, womit Gott diese Liebe gegenüber seiner Gerechtigkeit rechtfertigen könne, und antwortete darauf: durch das stellvertretende Opfer des Sohnes. Bei allen Mängeln der Anselmschen Satisfaktionslehre, die sich in der Theologie und auch der Frömmigkeit bis in unsere Gesangbuchlieder verhängnisvoll ausgewirkt haben, hat er m.E. mit seiner Frage einen entscheidenden Punkt getroffen: Werden die biblischen Worte von Gericht und Zorn Gottes ernster genommen, als es bei Abaelard und Ritschl geschehen ist, dann können sie nicht als unter- und vorchristlicher Ausdruck menschlichen Schuldbewußtseins genommen werden, über dessen Irrealität hinsichtlich der unveränderlichen Liebe Gottes wir durch das Jesus-Ereignis aufgeklärt werden. Gott selbst muß uns und sich selbst(!) die Antwort darauf

geben, wie seine Liebe gegenüber seiner Gerechtigkeit bestehen könne, und eben dies hat er nicht durch ein bloßes aufklärendes Wort der Zusicherung seiner unveränderlichen Liebe, sondern durch seine eigene Opfertat (seine eigene: darin liegt der Mangel Anselms!) getan (vgl. Barths Ausführungen zu Liebe und Gerechtigkeit in KD II/1). So ist das Jesus-Ereignis Wort (Joh 1) und Tat (Paulus) in *einem* (das hat A. Grimme nicht verstanden) (2.Korinther 5,18ff.). Die Versöhnungstat am Kreuz ist selbst Wort, aber eben nicht Wort ohne Tat, und alles christliche Wort gründet in dieser Einheit von Wort und Tat, so daß Luther einmal sagen kann, wer meine, Gott hätte auch ohne das Kreuz vergeben können, begehe eine Lästerung. Eben diese Tat aber ist, wie auch Sie in Ihrem Buddhismus-Aufsatz zugeben, in den religionsgeschichtlichen Parallelen nicht zu finden, und das meinten, wie gesagt, Barth und Althaus. Diese Tat kann nur eine einmalige sein, und insofern gründet die Universalität der Gnade in der Einmaligkeit dieser Tat. Deshalb also möchte ich Ihre durch jene Parallelen gestellte Frage verlagern in den Bereich der „Austeilung", und deshalb mein obiger Vermittlungsvorschlag.

Das ist nun ein langer Brief geworden, und Sie sehen daran, wie sehr ich im Gespräch mit Ihnen bin. Sie haben viel zu tun, Ihr deutscher Aufenthalt soll ausgenützt werden, und deshalb können wir Ihre Antwort vertagen auf das erhoffte mündliche Gespräch im Februar.

Seien Sie beide von Herzen gegrüßt für die Advents- und Weihnachtszeit von uns beiden.

Ihr Helmut Gollwitzer

Nieder-Olm bei Mainz, 3. 12. 1977

Sehr verehrter, lieber Herr Prof. Gollwitzer,

recht herzlichen Dank für Ihren freundlichen, langen Brief vom 29. November voll köstlicher, aufgrund der nötigen Literatur sorgfältig nachgedachter Belehrungen. Es war mir eine große Überraschung, von Ihnen, die Sie sonst auch furchtbar beschäftigt sind, direkt eine solche ausführliche Antwort auf meine alte Frage zu hören. Mit Freude und Spannung habe ich sie wiederholt durchgelesen. Es hat mich auch sehr gefreut, darin zu finden, daß es Ihnen und Ihrer Gattin gesundheitlich auch wohl geht.

Am Ende des Briefes schreiben Sie so freundlich, daß ich meine Antwort darauf auf das mündliche Gespräch im Februar 1978 vertagen darf. Übrigens sollte ich Ihnen eigentlich nur antworten, erst nachdem ich alle Texte gelesen habe, auf die Sie mich zutreffend aufmerksam gemacht haben. Bis dahin wird es aber zu lange dauern. So erlauben Sie mir bitte, Ihnen kurz zu antworten, soweit es mir sachlich jetzt schon klar zu sein scheint, – dies auch als mögliche Grundlage für unser erhofftes Gespräch.

1. Was „das Konkrete“ bei mir betrifft, könnte ich auch etwa auf Genesis 1,2 hinweisen. „Die Erde“, von der hier die Rede ist, die vom Geist Gottes bedeckt ist, steht in Wirklichkeit niemals für sich als solche – ich meine: isoliert von bestimmten Gestalten, Himmel und Erde, usw., die wir vor Augen sehen. Was wir sehen und tasten, sind immer nur diese „konkreten“ Gestalten. Darum scheint es uns, als ob jene „Erde“ in Genesis 1,2 bloßes Nichts wäre. In Wahrheit aber ganz im Gegenteil: Keine reale Gestalt in dieser Welt kann entstehen und bestehen, ohne diese „Erde“ als Grundlage ihrer Existenz in sich selber zu enthalten. Alle Gestalten, ob materiell oder geistig, sind nichts mehr als diese „Erde“ oder je ein Punkt dieser „Erde“, der sich selbst dank und kraft des Geistes Gottes des Schöpfers zur betreffenden Gestalt gestaltet hat. Also über diese „Erde“ hinweg jene „konkreten“ Gestalten vorauszusetzen und „davon ausgehend“ zu denken, ist lauter „Abstraktion“ im Sinne der irrealen, „allgemein philosophischen Spekulation“.

Das gilt auch von unserer „Christologie“. Denn Jesus als eine irdisch-fleischliche Gestalt – nach dem Willen, durch den Geist des Vaters – ist von dieser durch Gott eingesetzten, verborgenen Grundlage gekommen und zu derselben Grundlage hin zurückgegangen, um uns alle mit ihm zu jener ihm und uns allen gemeinsamen wahren Heimat zurückzuführen und uns auf dieser scheinbar nichtigen, doch in Wahrheit unerschütterlich festen Grundlage stehen und inmitten dieser verirrten Welt für alle Menschen und Dinge arbeiten und kämpfen zu lassen. In seinen Reden und Taten, in seinem Leben und Sterben sehe ich dank des Geistes Gottes den Willen (das Wort, den Sohn) des einen wahren Gottes, der direkt auch mich jetzt und hier angeht. Wenn wir meinen oder „glauben", daß es ohne die Gestalt Jesus von Nazareth keine reale gemeinsame Heimat des ganzen Menschengeschlechts gibt und geben kann, bleibt nicht in uns immer noch ein Stück scheinbar konkrete, aber in Wahrheit abstrakt-allgemeine Denkweise übrig – trotzdem wir in ganz andere Richtung gehen wollen? (Ich verstehe wohl Ihre Sorge und Ermahnung angesichts der Gefahr der liberalen oder abstrakt-allgemeinen Denkweise. Aber es scheint mir, daß wir noch einen Schritt weiter gehen und strenger denken müssen, gerade um die fatale Falle des „Nichtigen" auszurotten.)

2. Wenn wir den einen wahren Gott denken, dürfen wir aber nicht fürchten, brauchen wir uns auch nicht davor zu fürchten, daß wir in einem bestimmten Sinne – im ganz anderen Sinne als im oben zurückgewiesenen – völlig „abstrakt" werden. Denn in dem Augenblick, in dem wir zum wahren Gott erwachen, erwachen wir zugleich zur harten, jedoch gerade als solche erfreulichen Tatsache, daß wir jetzt und hier eingeschränkte, durchaus kontingente „Erdenklöße" sind, die sich keiner auch noch so erhabenen und schönen Gestalt rühmen können noch zu rühmen brauchen. (Dann sind wir auch in unserem Bewußtsein völlig von der unmöglich-unnötigen Sorge befreit, uns den Lebensgrund irgendwie selber zu setzen – Befreiung von allen Formen der unwahren Religion und Philosophie!) Dieses Ich-selbst, dieser kontingente Erdenkloß denkt und redet vom einen wahren, ewig-universalen Gott selbst. Dann kann es nicht anders sein, als daß dieses Denken, solange es wahres Denken ist, gar keine innergeschichtlich bestimmte Gestalt in sich enthält. Wer sich hier davor fürchtet, „abstrakt-allgemein" zu werden, der weiß noch nicht, was es eigentlich heißt, recht konkret zu denken. Der fürchtet in Wahrheit die harte Tatsache, daß er selber, ob gläubig oder nicht, nichts mehr als ein winzig kleiner Erdenkloß ist. Daß wir beim Denken über den wahren Gott und den wirklichen Menschen ruhig „abstrakt-inhaltlos" bleiben dürfen, müssen und sollen, schließt freilich nicht aus, daß wir einzelne, je einmalige, geschichtliche Ereignisse und Gestalten von irgendeinem Begriff („Idee" könnte es auch heißen) oder System aus als sein „Beispiel" hervorheben könnten oder dürften. Nein, ganz im Gegenteil – gerade dann wird uns der Weg eröffnet, jedes Ereignis, ob gut oder böse, christlich oder heidnisch, genauso wie es geschehen ist, zu erforschen, zu betrachten und zu denken. Der reine Begriff von

Gott und Mensch, unser Glaube an Gott, den Immanuel, wird von selbst zur Methode der historischen Forschung der Geschichte – einschließlich Jesu von Nazareth –, in der Gott, der Immanuel, ob wir es wissen oder nicht, unaufhörlich herrscht, uns richtet und auf neues Leben hin anruft.

Wie Sie wiederholt darauf aufmerksam machen, gibt es sicher in Jesus *Etwas*, was kein Kundtun, Verkündigen oder Aufklären ist, selbst wenn es ganz genau dem einen realen Wort Gottes entspricht; sondern dieses Wort selbst ist es, was einzig den Gegenstand und zugleich das wahre Subjekt jener Verkündigung ausmacht. Dieses Etwas ist aber gerade das Evangelium Gottes, das auch der Mensch Jesus verkündigte (Mk 1,14), das also diesem absolut vorausgeht. Auf diese Weise erhält „Jesus" in den Evangelien zweifache – absolut untrennbar, unvermischbar, unumkehrbar und insofern doppelte – Bedeutung, deren sachlich erste nicht erst durch die Empfängnis des Kindes im Leibe Marias entstanden und wirklich geworden sein kann. (Sie ist ganz und gar singulär und zugleich universell.) Darum sagen auch die Evangelien und die Bekenntnisse: „empfangen durch den Heiligen Geist." Es gibt manche Theologen, die für dieses erste Element in Jesus – im Unterschied zu K. Barth und seinen echten Schülern – völlig blind sind. Dann wird es unvermeidlich, so zu denken wie E. Brunner u. a. – im Sinne eines Konglomerats von „Christentum" und „aufgeklärter Vernunft". Diese Denkweise hat K. Marx mutatis mutandis „vulgär" (vulgäre Ökonomie) genannt. – Die zweite Seite des Menschen Jesus – als eine Selbstbestimmung eines fleischlichen Subjektes – steht grundsätzlich auf der gleichen Ebene wie alle anderen menschlichen Selbstbestimmungen bzw. Gestalten. Diese Seite des Menschen Jesus ist auch freilich singulär-einmalige Tatsache, die zugleich universell gilt. Doch darf man deswegen diese beiden Seiten im Menschen Jesus nicht sorglos vermischen. Das wollte ich in meiner „Ekklesiologie anhand des Johannes-Evangeliums" klarmachen.

3. Paul Tillichs Systematische Theologie I und II habe ich etwa vor 18 Jahren einmal durchgelesen. Dazu noch habe ich die Sammlung seiner Vorträge in Japan mit mehreren jungen Leuten in unserer Gemeinde gelesen. Er ist sicher ein großer, weitherzig-tiefsinniger Mensch, aber schließlich nur ein Kulturmensch (wie man bei uns sagt); die Schärfe und die Kraft K. Barths fehlen bei ihm – das war mein Eindruck damals. Seine Rede von „letztgültig" und dem „Letzten" scheinen meinen Gedanken sehr ähnlich zu sein. Leider aber, so schien es mir damals, ist bei ihm nicht klar genug (oder gar nicht positiv klar), was, wo und wie dieses Letzte eigentlich sei. Dem harten Wort K. Barths gegen ihn, daß er ihm sagen möchte, hier könne und dürfe vom „Zweifel" nur mit tiefer Scham

geredet werden, möchte ich auch zustimmen. (Das alles ist nur mein alter Eindruck. Genaueres könnte ich erst nach der neuen Lektüre seiner Werke sagen.)

4. Was Ihre Gattin Ihnen geantwortet hat, hat mich sehr gefreut und interessiert. Ihr Verfahren möchte ich auch das meine sein lassen. Meine Frage an die Christologie K. Barths habe ich nicht erst durch den Vergleich mit dem Buddhismus gestellt, geschweige denn „im rationalistischen Vertrauen auf ein lumen naturale", sondern ganz einfach fordert mich gerade und allein das „Urfaktum Immanuel", zu dem ich durch die Führung unseres gemeinsamen Lehrers erwacht bin, diese Frage zu stellen.

5. Was Sie in der Mitte Ihres Briefes schreiben, dem stimme ich völlig zu: „... daß Gottes Wirklichkeit und Gegenwart der menschlichen Kreatur auch in ihrem Abfall nicht fremd wird"; – wenn ich dazu noch hinzufügen darf – daß diese gnadenvolle Gegenwart und Wirklichkeit Gottes aber notwendig zu seinem Gericht und Kampf dagegen wird, ohne aufzuhören, unentgeltliche Gnade zu sein, daß sie sogar zum Aufruf zum schlichten Empfang der Sündenvergebung wird, wenn die Sünde einmal in die Menschenwelt hineinkommt – ist das Einzige, was ich bei meiner Fragestellung klarmachen will. Wo dieser Gott direkt mich angeht gleich wie Jesum von Nazareth, kann kein anderer Weg für mich möglich sein, als das Kreuz selber zu tragen, das er getragen hat. In jener „Gegenwart und Wirklichkeit Gottes", dem Urfaktum Immanuel, lassen sich Wort und Tat, Sein und Wirken nicht voneinander trennen. Amida-Buddha ist für Shinran nach seinem Verständnis auch solche „Entscheidung", in der Sein und Wirken, Tat und Wort direkt eins sind. – Im „Kreuz" Jesu Christi muß man – seiner „Singularität und Universalität" oder „Einmaligkeit und ewige[n] Gegenwärtigkeit" entsprechend – das Zweifache unterscheiden, das dem Immanuel im primären und sekundären Sinne im Menschen Jesus entspricht.

Verehrter, lieber Herr Professor, ich werde Ihren Brief noch wiederholt durchlesen und möchte die Texte, auf die Sie hinweisen, im Leben möglichst viel lesen, obgleich es bis zu unserem erhofften Wiedersehen kaum möglich ist. Doch würde ich Ihnen sehr dankbar sein, wenn Sie dann mir alles sagen wollten, was Sie auch aufgrund dieses Briefes anzumerken haben.

Mit herzlichem Dank und Gruß, auch an Ihre Gattin

Ihr Katsumi Takizawa

# Liste der auf deutsch erschienenen Beiträge K. Takizawas

Über die Möglichkeit des Glaubens, in: EvTh 2/1935, S. 376–403.

Die christliche Wachsamkeit in der Predigt Karl Barths, in: Theologische Aufsätze Karl Barth zum 50. Geburtstag, hg. v. E. Wolf. München 1936, S. 523–524.

Das Grundproblem der Christologie, in: Kyûdai Bungakubu Obun Kiyô (Jahrbuch der Literarischen Fakultät der Kyûshû Universität) 4/1956, S. 1–51.

Die enge Pforte (Predigt vom 16. Januar 1966 in Berlin), in: Tetsugaku-Rombunshû (Sammlung Philosophischer Aufsätze), hg. v. Kyûshû Daigaku Tetsugakukai (Gesellschaft für Philosophie der Kyûshû Universität) 7/1971, S. 1–9.

Jesus und das asiatische Denken, in: Zeichen der Zeit 21/1967, S. 16–19.

Eine Frage an die Theologie Karl Barths und die Bedeutung des historischen Jesus, in: Kyûdai Tetsugaku Nempô (Philosophisches Jahrbuch der Kyûshû Universität) 26/1967, S. 1–34.

Die Lage der Kirche und der Universität in Japan, in: Probleme japanischer und deutscher Missionstheologie in Japan, hg. v. F. Hahn, Heidelberg 1972, S. 8–9.

Nachwort (Darstellung der „Immanuel-Theologie"), in: W. Böttcher, Rückenansicht. Perspektiven japanischen Christentums, Stuttgart 1973, S. 154–173.

Zen-Buddhismus und Christentum im gegenwärtigen Japan in: Gott in Japan, hg. v. U. Luz und S. Yagi, München 1974, S. 139–159.

„Rechtfertigung" im Buddhismus und im Christentum, in: EvTh 39/1979, S. 182–195.

Reflexionen über die universale Grundlage von Buddhismus und Christentum, hg. v. H.E. Hamer (Studien zur interkulturellen Geschichte des Christentums Bd. 24), Frankfurt a.M./Bern/Cirencester (UK) 1980.

# Literatur über K. Takizawa im deutschen Sprachraum


Walter Böttcher, Was und wie ich bei Katsumi Takizawa gelernt habe in: Spuren. Hundert Jahre Ostasien-Mission, hg. v. F. Hahn, Stuttgart 1984, S. 226–239.

Ders., Rückenansicht. Perspektiven japanischen Christentums, Stuttgart 1973.

Heyo E. Hamer, Vorwort, in: K. Takizawa, Reflexionen über die universale Grundlage von Buddhismus und Christentum, hg. v. H. E. Hamer (Studien zur interkulturellen Geschichte des Christentums Bd. 24), Frankfurt a. M./Bern/Cirencester (UK) 1980, S. I–VIII.

Werner Kohler, Japanische christologische Versuche, in: H. Bettschneider (Hg.), Das asiatische Gesicht Christi, St. Augustin 1976, S. 49–68.

Ulrich Schoen, Das Ereignis und die Antworten. Auf der Suche nach einer Theologie der Religion heute, Göttingen 1984 (bes. S. 137–150).

Theo Sundermeier, Das Kreuz in japanischer Interpretation, in: EvTh 44/1984, S. 417–440.

Yoshiki Terazono, Die Christologie Karl Barths und Takizawas. Ein Vergleich, Diss. theol. Bonn 1976.

Ders., Über das Handeln der Menschen und das Christusereignis in der theologischen Bemühung Takizawas, in: Christen und Marxisten in unserer Gesellschaft heute. Festschrift für W. Kreck, hg. v. H. Reiffen. Köln 1983, S. 218–239.

Ders., Die DOAM in den 60er Jahren – Beobachtungen und Erlebnisse aus japanischer Sicht, in: Spuren ... Hundert Jahre Ostasien-Mission, 1984, 168–175.

Noro Yoshio, Anstöße zum Gespräch, in: Gott in Japan, hg. v. U. Luz und S. Yagi. München 1973, S. 203–206.

# Quellennachweise

Was hindert mich noch, getauft zu werden?, in: Antwort – Karl Barth zum siebzigsten Geburtstag am 10. Mai 1956, hg. v. E. Wolf u. a., Zürich 1956, S. 911–925.

Der Einzelne und die Gemeinschaft – Anläßlich der Geschichte von Adam und Eva. Unveröffentlichtes Manuskript eines Vortrags, Essen 15. Februar 1975

Wettspiel und Leben. 1. Kapitel aus: K. Takizawa, Wettspiel – Kunst – Leben, übersetzt aus dem Japanischen von Haruko Kanada und Norbert-Hans Klein, bislang unveröffentlicht. Titel des Originals: Supôtsu no tetsugaku (Philosophie des Sports), Rokakuho Tôkyô 1961.

Der Tod des Lehrers. N. Sōsekis Roman „Kokoro" und die Evangelien. Unveröffentlichtes Manuskript einer Vorlesung, Mainz, August 1977

„Rechtfertigung" im Buddhismus und im Christentum, in: EvTh 39, 1979, S. 182–195.